U0938110

高等学校图书情报与档案管理系列教材

信息组织

史海燕　郭海玲　张　鑫　锅艳玲　主编

科学出版社

北　京

内 容 简 介

本书系统地讲述信息组织的基本知识、主要方法和前沿进展，在对信息组织经典方法详细介绍的基础上，介绍经典方法在网络环境下的拓展与应用、文本信息自动组织以及信息组织的新方法。全书分为8章，内容包括：信息组织概述、分类法、主题法、信息标引、分类法与主题法在网络环境下的拓展、信息描述、文本信息的自动化组织、信息组织的新方法。每章正文之前均有教学目的与要求，正文之后都附有思考题，以满足教学和自学的需要。

本书兼顾经典知识与前沿进展，内容丰富、结构合理、逻辑清晰，可以作为高等院校信息管理与信息系统、图书馆学、情报学、档案学、编辑出版、博物馆等相关专业的教材，也可以作为各类从事信息管理相关工作的机构、部门和专业工作者的参考书目。

图书在版编目（CIP）数据

信息组织/史海燕等主编. —北京：科学出版社，2022.1
高等学校图书情报与档案管理系列教材
ISBN 978-7-03-070565-5

Ⅰ. ①信… Ⅱ. ①史… Ⅲ. ①信息组织-高等学校-教材
Ⅳ. ①G254

中国版本图书馆 CIP 数据核字（2021）第 228247 号

责任编辑：方小丽 / 责任校对：贾娜娜
责任印制：张 伟 / 封面设计：蓝正设计

科学出版社 出版
北京东黄城根北街 16 号
邮政编码：100717
http://www.sciencep.com
北京九州迅驰传媒文化有限公司 印刷
科学出版社发行 各地新华书店经销
*
2022 年 1 月第 一 版 开本：787 × 1092 1/16
2022 年10月第二次印刷 印张：14 1/4
字数：338 000

定价：58.00 元

（如有印装质量问题，我社负责调换）

前　　言

信息组织，即信息整序，是指在系统科学理论的指导下，利用一定的原则、方法和技术对信息的形式特征和内容特征进行揭示和描述，并按照给定的参数和序列公式排列，使信息从无序集合转换为有序集合的过程。信息组织是信息管理活动的重要环节，也是信息检索与利用的前提和基础。信息组织是一个涉及信息科学、计算机科学、语言学、逻辑学等众多学科的知识领域，同时也是信息社会中进行信息序化与转化、体现信息价值、实现信息增值、促进信息利用的实践活动。作为一门课程，信息组织一直是信息管理与信息系统、图书馆学、情报学、档案学等专业的核心课程之一。随着信息重要性的日益凸显，各类组织机构都面临信息有效开发与利用的问题，信息组织也受到越来越多的重视。

传统信息组织以文献信息为主要对象，采用手工方式进行信息标引与信息描述，生成文献信息集合以供检索和利用。现代社会信息技术的飞速发展，使信息资源在生产方式、分布模式、表现形式等方面都呈现出新的特征，在数量方面更是急速增长，这些都对信息组织的理论、方法与实践带来挑战。为了应对这些挑战，传统信息组织方法在不断发展，例如，国内外众多的分类法和主题法在传统纸质版的基础上，纷纷推出电子版、网络版，以满足新环境下信息组织的需求。此外，随着网络环境从 Web 1.0 时代发展到 Web 2.0 时代，再到 Web 3.0 时代，信息组织也在向着知识组织的方向发展，一些新的信息组织方法不断出现，本体、关联数据、知识图谱等都是代表。

目前国内已经出版了十多部信息组织相关的教材，其中既有经典论著，也有近年来出版的教材。本书是我们在多年教学经验的基础上完成的。在教学过程中，我们深刻体会到信息技术对信息组织理论研究与实践活动所带来的影响，在每一轮教学中都对教学内容进行调整和更新以适应领域知识和实践活动的发展变化。相较于同类教材，本书力求达到既兼顾经典内容，又反映最新发展，各章节之间逻辑关系清晰，不同章节中的相关内容一致性良好，教材整体结构合理，内容展开深度适宜。

本书共 8 章，在逻辑上分为 5 部分。第一部分为信息组织的基础理论，主要介绍信息组织的基本概念与理论，对应第一章。第二部分为信息组织的经典方法，主要介绍分类法和主题法的概念、类型、结构，国内外主要的分类法和主题法，以及信息标引的理论、方法与原则，信息描述的理论与方法，包括第二章、第三章、第四章、第六章。第三部分为经典方法在网络环境下的拓展，主要介绍分类法与主题法在网络环境下的发展与应用，对应第五章。第四部分为自动化的信息组织，主要介绍文本信息的基础处理、自动标引与索引、自动分类与聚类，对应第七章。第五部分为信息组织领域的新方法，主要介绍本体、自由分类法、关联数据、知识图谱的基本知识，对应第八章。本书的编写思路和大纲由史海燕提出，第一章由锅艳玲编写，第五章由郭海玲编写，第六章由张鑫编写，其余章节由史海燕编写。史海燕负责全书的统稿和修订。

在本书的编写过程中，我们参考和借鉴了大量的文献资料，这些参考文献的作者的前期工作为本书的完成奠定了基础，在此对本书所列主要参考文献的作者表示衷心的谢意。我们尽力列出所有的参考文献，但难免有疏漏之处，对于未能列出的参考文献作者表示深深的歉意。本书在成稿的过程中，得到了科学出版社的大力支持和帮助，在此一并表示诚挚的谢意。

由于编者的学识、水平和能力有限，本书难免有不足之处，恳请各位专家、学者和广大读者不吝赐教、指正。

史海燕

2021 年 12 月于河北大学

目　　录

第一章　信息组织概述

【教学目的与要求】本章主要介绍信息组织的概念及相关概念、信息组织的主要类型、信息组织的基本流程及信息组织的主要研究内容。通过本章的学习，学生应掌握信息组织的概念，熟悉信息组织的要求，熟悉信息、信息资源、著录、标引、元数据、信息检索等相关概念，理解信息组织与信息检索的关系，熟悉信息组织的主要类型，熟悉信息组织的基本流程及相关方法，了解信息组织的主要研究内容。

第一节　信息组织的基本概念

一、信息组织的概念分析

随着现代信息技术的高度发展和广泛应用，信息已经渗透到人类社会生产生活的方方面面，成为支配和影响社会进步、经济发展、科技创新、文化繁荣的重要因素。人类大量地产生信息、使用信息，信息数量呈“井喷式”增长，但“信息爆炸”“信息超载”“信息污染”等现象反过来对人类的进步产生着不利影响。正如美国未来学家约翰·奈斯比特（John Naisbite）所言“我们淹没在信息的海洋中，却又忍受着知识的饥渴”，原始信息本身能产生的价值非常有限，人类不得不面临两大矛盾，即“知识和信息的无序性和污染性与人类使用信息的选择性之间的矛盾”和“知识和信息的海量性和无限性与人的精力和时间的有限性之间的矛盾”。为了解决这两对矛盾，使合适的信息在合适的时间以合适的方式提供给合适的人，需要对来源广泛、数量巨大、形式多样的信息加以处理和控制，信息组织是处理和控制信息资源的关键环节和重要手段。

从学科发展的角度来看，信息组织是信息资源管理的基本范畴之一，是信息资源建设的中心环节。如果将信息管理科学的知识体系分为上、中、下“三游”，那么，“上游”是关于信息的基础理论问题，如信息的本质、特征、种类、生产者及生产过程、分布规律等；“中游”是关于信息资源检索与开发的内容，如采集、整理、组织、分析，以及网络环境下各种媒体信息的描述、组织、存储、检索、加工等；“下游”是关于信息服务和信息的有效利用，如用户需求分析与挖掘、用户行为分析、信息服务方式和手段等。可以看出，信息组织属于“中游”的重要环节，它既是相对独立的一个环节，又与其他环节具有承前启后、密不可分的联系（冷伏海等，2008）。

（一）信息组织的概念

信息组织也就是信息整序，指在系统科学理论的指导下，利用一定的原则、方法和技术对信息的形式特征和内容特征进行揭示和描述，按照给定的参数和序列公式排列，使信息从无序集合转换为有序集合的过程，其中形式特征（也称外部特征）是指信息的物理载体能够直接反映出的特征，如信息载体的物理形态、题名、作者、出版日期或发表日期等，内容特征是指信息所包含或承载的具体内容，可以由类别、主题词、关键词等表达。信息组织的对象是各种媒体、类型的信息资源，既包括图书、期刊、报纸、论文、档案等传统类型的信息资源，也包括网络信息资源。从信息管理的流程看，信息组织是介于信息采集和信息检索之间的环节，通过对信息进行优化选择、确定标识、组织排序、改编重组，使初步采集得到的杂乱、无序的“信息堆”转变成有序、可用的信息集合，为信息资源的进一步开发和利用奠定基础。信息组织的结果是根据使用需要建立信息资源存储系统和检索工具，以便充分开发和利用。

（二）信息组织的要求

虽然信息组织不与信息的产生者和利用者发生直接关联，但与信息管理的各个环节都密不可分，例如，信息组织序化了信息采集的结果，是信息检索、信息服务的基础。为了优化信息组织的效果，不仅要实现信息内容的有序化，还要根据用户需求的特点和规律，控制好信息的流速和流向，以便更有效地满足用户的需求。信息组织的要求主要有以下几点。

1. 信息内容是序化的有机整体

信息组织的目的是实现信息由无序向有序的转换，而通过信息采集从各信息源获取到的大部分信息处于杂乱无章的状态，可用性比较低，因此需要对信息内容进行序化，使其成为一个有机联系的整体。首先，“同其所同，异其所异”，即将内容相同或相关的信息集中到一起，将内容不同的信息区别开。其次，将集中到一起的信息按照某种特定标识系统地、有条理地呈现。最后，明确相关信息之间的关联，揭示相关信息单元之间的关系。

2. 信息流向、面向用户及其需求

信息价值取决于信息为人在社会实践活动中所提供的作用或意义，因此，信息组织要明确信息流向，面向用户及其需求。从信息传递的过程和方向看，将合适的信息传递给需要的人，就需要对用户需求及用户行为进行针对性的分析，确定信息有明确的传递方向，同时还要根据信息环境的变化不断调整流向，实现信息资源价值的最大化。

3. 信息流速适度

人们一方面感到在社会生产、生活、科学决策等活动中对信息无比依赖，另一方面感到在大数据、互联网、多媒体环境中，信息流速过快带给人们巨大的信息压力，数量巨大、纷繁复杂的信息并不能有效提高人们解决问题的能力，甚至有一种“被信息绑架”

的感觉。信息组织要合理控制流速，把握信息传递时机，使信息能够在用户产生需要时有效帮助用户解决问题。

（三）信息组织的基本原则

信息组织的客体是各种类型的信息资源，其来源、形式各不相同，信息组织的主体是来自图书馆、档案馆等各种信息机构的工作人员以及普通社会公众，其信息组织的方法、过程各不相同，信息组织的受益者是广泛的社会公众，其利用信息的角度、目的各不相同。这种复杂性和多样性就要求信息组织工作必须在一定的原则指导下进行，避免信息组织的随意性、盲目性，从而使信息组织发挥序化信息、科学分流、优化选择、保证利用等方面的功能和作用，形成健全完善的信息组织体系和顺畅通达的信息组织流程。在信息组织中，应该坚持以下四项原则。

1. 客观性原则

信息组织中，描述和揭示的基本依据就是信息本身，描述和揭示信息的形式特征和内容特征时必须客观而准确，形成信息组织成果。客观性原则首先要求信息描述和揭示的数据来源必须是客观存在的信息本身，如在描述图书时，图书的题名、责任者、出版事项等文献特征，应以书名页为主要依据；版本项、出版发行项等文献特征应以版权页为主要依据。信息组织工作不能损害信息的本来效用，要完整、全面、精确地反映信息的客观特征，不能无根据地、人为地添加一些不准确的思想和观点，影响人们对信息的正确理解和应用。另外，信息组织的客观性还要求我们应该不断跟踪信息源的发展变化和信息组织技术的发展变化，使信息组织与条件变化和环境变化保持客观一致。

2. 系统性原则

系统性原则是将系统科学理论应用到信息组织中的具体体现，通过信息组织将大量的、分散的、无序的信息组织成有机整体，该整体的功能必将大于各个信息单元功能的总和，即实现奥地利学者路德维希・冯・贝塔朗菲（Ludeig von Bertalanffy）所提出的“1+1>2”的效果。系统性原则要求以更为开放的视角对待信息组织工作，妥善处理好以下四个方面的关系。

（1）宏观信息组织和微观信息组织的关系。各机构在信息组织时不但要立足自身的实际状况，而且要考虑更大范围内信息组织的市场份额和分工协作，从而形成一个整体效能较高的信息组织工作体系。

（2）信息组织部门与其他部门的关系。要注意与信息机构内部各个部门之间的协作关系，确保“信息采集—信息组织—信息检索—信息传播”的工作流程畅通。

（3）信息组织工作各个环节之间的关系。信息组织工作本身由信息优化选择、主题分析、信息描述、标引、改编重组等多个环节构成，保持各个环节一环紧扣一环，业务上做到有序衔接和密切配合。

（4）不同信息处理方法之间的关系。由于信息本身的特殊性，在具体进行某一类信息的组织时必须充分满足这种特殊性，但也必须全面把握各种信息处理方法的极大相似性，尽可能采用统一而规范的处理方法。

3. 目的性原则

信息组织要围绕用户信息需求展开，虽然信息组织处于信息管理流程的中间位置，一般情况下并不直接与用户联系，但信息管理的一切环节都必须以“用户第一”为宗旨，信息组织是信息检索和信息服务的基础，从现代信息管理发展来看，信息组织、信息检索和信息传播具有趋于融合的发展态势。因此，信息组织必须围绕用户的信息需求，积极开展用户研究，改进信息组织方式，使信息组织成果能极大地方便用户选择和利用信息。

4. 现代化原则

现代化原则主要体现在思想观念现代化和技术手段现代化两个方面。其中思想观念现代化主要集中在信息组织的标准化上。信息组织的标准化是信息管理和信息交流标准化的组成部分，信息组织标准是实践信息组织标准化的基础，为此信息领域的若干国际性和国家性标准组织（如国际标准化组织情报文献工作标准化技术委员会、我国的全国文献工作标准化技术委员会等）已经制定和实施了一系列有关标准，包括基本术语标准、有关信息技术标准（如信息交换格式、程序设计与数据库语言、网络标准与协议等）、信息组织技术标准（如信息描述规则、信息代码、信息标引规则、信息组织成果编排规则等）以及其他相关标准。信息组织技术手段现代化主要体现在现代信息技术在信息组织中的广泛应用和推广方面。自动标引、自动归类、自动索引等已成为目前比较成熟的信息组织成果，技术手段现代化改变了传统的手工方式，极大地提高了工作效率和工作质量，更好地满足了用户的多样化信息需求，与信息管理发展大趋势相契合。

二、信息组织的相关概念及分析

1. 信息

信息这一词汇被广泛应用到人类社会生活的各个领域和各个方面。最初，人们对信息的理解仅停留在字面的意思，把信息看成消息的同义词，如李白的诗句“梦断美人沈信息，目穿长路倚楼台”，其中的“信息”指的就是音信、消息。随着通信、生物学、经济学、计算机、哲学、信息科学等领域将信息作为科学对象并逐渐深入研究，人们对信息的理解也不断广泛和深刻。在最为一般的意义上，可将信息定义为事物存在方式和运动状态的表现形式。“事物”泛指存在于人类社会、思维活动和自然界中一切可能的对象。“存在方式”指事物的内部结构和外部联系。“运动”泛指一切意义上的变化，包括机械的、物理的、生物的、化学的、思维的和社会的运动。“运动状态”则是指事物在时间上和空间上变化所展示的特征、态势和规律。这一层次上定义的信息是最普遍、最广义的信息，称为本体论层次的信息。

但信息的产生、识别、获取和利用离不开主体——人，如果从主体的立场来定义，需要将本体论层次的信息定义转化为认识论层次的信息定义，即主体所感知或表达的事物存在的方式和运动状态。在这里，主体所感知的是外部世界向主体输入的信息，主体所表述的则是主体向外部世界输出的信息。认识论层次的信息定义比本体论层次的信息定义具有更丰富的内涵，首先作为主体的人具有感知能力，能够感知到事物的存在和运动状态，其次，人具有理解能力，能够理解事物的存在和运动状态的特定含义，最后，人具有目的性，能够判断事物的存在方式和运动状态对其目的而言的效用价值。这三个方面相互依存，不可分割。事实上，人们只有感知了事物存在的方式和运动状态，理解了它的含义，明确了它的效用之后，才算真正掌握了这个事物的信息，才能做出正确的决策。把同时考虑到事物存在方式和运动状态的外在形式、内在含义和效用价值的认识论层次上的信息称为"全信息"。而把仅仅考虑其中形式因素的信息称为"语法信息"，把考虑其中内容因素的信息称为"语义信息"，把考虑其中效用因素的信息称为"语用信息"。认识论层次的信息乃是同时考虑语法信息、语义信息和语用信息的全信息。

2. 信息资源

目前国内外对信息资源这一概念的认识尚未达成共识，主要有以下两种代表性的观点：其一是狭义的理解，认为信息资源是人类社会活动中经过加工处理、有序化并大量积累起来的有用信息的集合，如科技信息、市场信息等；其二是广义的理解，认为信息资源是人类社会信息活动中积累起来的信息、信息生产者、信息技术等信息活动要素的集合。也就是说，信息资源包括以下几个部分：经过加工处理、有序化并大量积累起来的有用信息的集合，为某种目的而生产信息的生产者，加工、处理和传递信息的信息技术的集合以及其他信息活动要素。信息资源的核心要素是有用信息的集合，但其价值的实现是包括信息生产者、信息技术等要素在内的多种要素共同作用的结果。这种观点把信息活动的各种要素都纳入信息资源的范畴，更有助于全面系统地把握信息资源的内涵。

3. 著录和标引

为了保证信息组织的质量并提高信息检索的效率，需要对信息进行正确的著录和标引，以正确地判断、表达信息的内容特征和形式特征。信息著录和标引的质量直接决定了信息组织的质量和信息检索的效果。其中，著录是对表示文献内容、外部形式和物质形态的特征进行分析、选择和记录的过程，著录的结果是款目。标引是指分析标引对象的内容特征，并用特定语言表达所分析出的属性和特征，作为信息存储和检索依据的过程。根据使用的标引语言，标引可分为分类标引和主题标引。根据使用的标引设备，标引可分为手工标引和自动标引。根据受控程度，标引可分为受控标引和自然语言标引等。

4. 元数据

元数据（metadata）又称为描述数据，简单来说就是关于数据的数据（data about data）。在不同领域，对元数据的定义也是不同的，如在数据仓库领域中，元数据被定义为描述数据及其环境的数据。在软件构造领域，元数据被定义为在程序中不是被加工的对象，而是通过其值的改变来改变程序的行为的数据。从信息组织的角度来看，元数据是按照一定的标准，规范化描述一个具体的信息资源对象各项特征元素集，通过这组特征元素集实现对该资源对象的定位、发现、获取等功能。

元数据一词，早期主要指网络资源的描述数据，用于网络信息资源的组织。其后逐步扩大到各种以电子形式存在的信息资源的描述数据。由于传统的书目数据与数字信息资源的描述数据本质上并无不同，因此，目前元数据这一术语实际上适用于各种类型信息资源的描述记录。网络信息资源的描述数据、电子文本的描述数据、传统出版形式的编目数据都是元数据。元数据描述的对象包括各种资源类型，如图书、期刊、论文、科技报告等，元数据描述的成分要根据实际的需要来确定，通常是从信息资源中抽取出来的用于说明其形式、内容的数据。从目前的使用情况来看，元数据实际上与传统文献领域中的著录款目性质相同，是一种电子环境中使用的著录数据。一个元数据款目作为信息资源的替代物，构成一个信息资源的基本数据，是检索系统的基本构成单元，它可以代表信息资源来组织目录、索引、数据库、搜索引擎等检索系统。

5. 信息检索

信息组织的直接结果是序化信息，根据需要建立起信息资源存储和检索系统，以促进信息资源的开发利用。在信息检索系统中，信息组织是通过分析信息资源的形式特征和内容特征，将无序的信息组织成有序集合的过程。信息检索是通过一定的方法，从已存储的有序信息集合中检索出与用户需求相关的文献、数据或事实的过程。因此可以看出，信息组织与信息检索紧密相连，二者关系如图 1-1 所示。信息组织是信息检索的基础，通常是根据检索的需要，以信息资源为处理对象，对其特征加以记录，并将这些信息资源记录按规定的方式存储到信息检索系统中。信息检索则是根据用户的需要，从检索系统中检出所需信息的过程。在实施信息检索时，通常是根据检索系统的特点，将检索提问转换成相应的检索特征，再根据该系统提供的检索途径进行匹配查找。信息检索是信息组织的目的和归宿，是信息组织的逆过程。

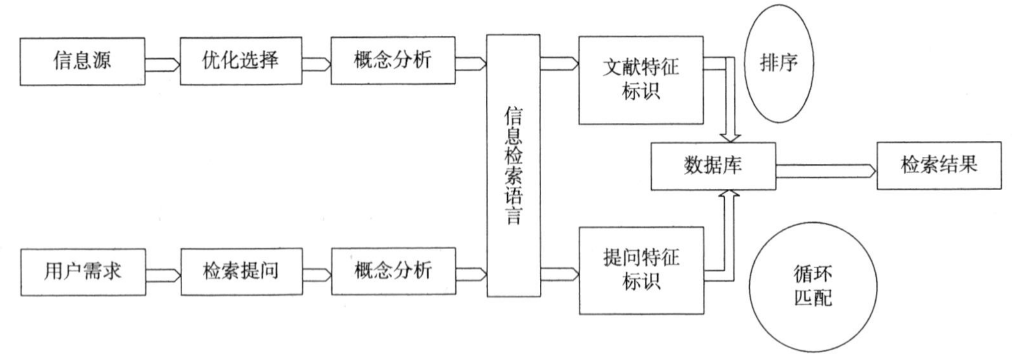

图1-1　信息组织与信息检索关系图

从信息组织和信息检索的过程可以看出，一方面，信息组织是信息检索的前提和基础，只有进行了信息组织，才可以进行有效的信息检索；另一方面，信息检索是信息组织的出发点和归宿，是信息组织的目标之一。二者相互区别，又相互依存、相互作用、互为因果。因此要使信息组织取得较好的效果，必须充分了解信息检索的需要，根据信息资源的特点和用户的使用要求加以实施。

6. 知识组织

知识组织是信息组织发展的高级阶段。随着人类社会步入“知识经济”时代，知识组织也引起了计算机科学、语言学、哲学等众多学科的关注，逐渐成为一个多学科交叉的研究领域。1989 年国际知识组织学会(International Society for Knowledge Organization，ISKO) 的成立可以视为该领域正式确立的标志。1993 年国际性学术刊物《国际分类法》更名为《知识组织》，更促使了知识组织的概念在图书情报领域广泛传播，知识组织也成为图书情报领域重要的研究课题。

在国内，知识组织的概念已有一些代表性的观点，如蒋永福（2000）指出，知识组织是为促进或实现主观知识客观化和客观知识主观化而对知识客体所进行的整理、加工、揭示、控制等一系列组织化过程及其方法。他将知识的结构描述为一种网状结构，这个网状结构由知识因子和知识关联两个因素构成。其中，知识因子是组成知识的基本单位，一个概念、一个词语、一种事物都可以称为一个知识因子。知识关联是若干个知识因子建立起的特定联系。从知识的这种结构特征看，知识组织的基本原理，就是用一定的方法把知识客体中的知识因子和知识关联揭示出来，以便于人们认识、理解和接受。知识组织的目标应是借助人的主观知识，将原有的知识和知识集合中的知识因子抽出，并对这些知识因子进行结构形式上的归纳、选择、整理或排序，或改变知识因子之间原有的联系，对知识内容进行去粗取精、去伪存真、由表及里、由此及彼的分析和加工，使各知识因子之间建立新的联系，形成更高层次上的概括和综合的知识产品，进而实现客观知识主观化，满足人们获取新知识的需要。

从信息组织到知识组织的演进，是一种理论和方法不断完善和深入的过程，而不是一个阶段对前一个阶段的否定，它们之间有着继承和发展的关系。知识组织是信息组织的深化和更高级形式。

第二节 信息组织的类型

信息组织一方面对信息资源本身进行了有序化组织，将其纳入信息集合中（即实体的有序化），另一方面以信息记录作为信息的替代物，组织成各种类型的信息资源检索工具，以满足用户多角度检索信息的需要。

信息资源本身的序化一般有两种基本方式，一是固定排架法，即按照信息的形式，或按照到馆的先后顺序，或根据信息本身固有的号码（如专利号、标准号、报告号等）进行排列，序化信息资源。采用这一方式序化，查找时需要通过其他检索工具确定其所在的位置。二是按照信息的题名、责任者、所属类别等进行排列。其中按照所属类别组织信息实体，可提供一种直接按照信息内容特征或形式特征的角度对实体进行浏览检索，便于开架使用，在文献单位使用最为广泛。

与信息资源本身的序化组织不同，以信息记录作为信息的替代物组织检索工具时，其结果和形式更为多样，主要有以下几种。

一、按照检索工具的对象和特点分

1. 目录

目录是以各种载体形式的信息单元为对象，对其进行记录、报道与揭示的工具，为用户提供较为全面的信息，如馆藏目录、专题书目、推荐书目、出版目录等。

2. 索引

索引是以文献或文献集合中包括的信息内容为揭示对象的检索工具，为用户提供某一内容、特征的查找线索，能够深入揭示文献所包含的信息单元，如语词索引、书后索引、期刊论文索引、报纸索引等。

3. 机读数据库

机读数据库是一种依托现代计算机技术，以机读形式建立的检索系统。根据数据库收录的信息及其利用效果，可分为参考数据库和源数据库。其中，参考数据库中的书目数据库通常收录文献目录或索引数据，实质上是手工文摘索引刊物和文献目录的机读形式，指南数据库通常存储有关机构、人物、计划、活动的简要描述，为相关资源的查找提供线索。源数据库包括事实数据库、数值数据库、全文数据库、图像数据库、音像数据库等多种类型，一般收录的是相应的原始资料。机读数据库，尤其是源数据库，收录的数据较为完备，检索途径多样。

4. 网络搜索引擎

网络搜索引擎是一种以网络信息资源为对象的检索系统，实质上是一种数据库的特殊形式。与一般数据库相比，网络搜索引擎所收录的信息资源类型和形式更为多样，动态性更强。它不仅可收录各种类型的网络文献、网站、个人主页等网上资源，还可以连接聊天室、网上即时播报等动态资源类型以及各种电子形式的数据库，通过超文本的方式访问各种类型的信息资源。

二、根据检索工具提供的检索途径划分

1. 以信息资源的形式特征为检索依据

该类检索工具可供从资源的形式特征出发进行检索，常见的这类标识主要有责任者、题名、机构名、出版社、出版地、国际标准书号（international standard book number，ISBN）、专利号、档号、文献登录号等。按照这些形式特征组织信息，若用户有较为明确的信息

线索，可较为高效地满足其需求。如果用户的信息线索是ISBN、专利号、档号等，就可以以相应途径快速找到所需信息，如果用户的信息线索是责任者、题名等，也可以以相应途径将检索范围快速缩小。

2. 以信息资源的内容特征为检索依据

该类检索工具可供从内容角度进行检索，主要有分类法和主题法。分类法即分门别类组织信息的方法，以表达信息资源类别的标记符号为标识，按照主题之间的类别属性进行系统组织；主题法是按照主题的字顺组织信息的方法，直接以表达文献内容的语词为标识，依据主题字顺进行组织。由此可以看出，以信息资源的内容特征为检索依据，不必事先掌握信息线索，可以直接从所需要的主题内容入手进行检索。

三、按照检索工具中使用的标识是否受控划分

1. 受控检索系统

受控检索系统是指依据特定人工语言（词表或分类法）而建立的检索系统，这类系统通常需要在存储信息之前，依据一定的人工语言确定该信息的标识，检索时，由于人工语言对该标识的同义词、近义词等词间关系和属分关系等进行了规范和控制，极大地改进了检索效果。依据分类法、主题法等建立的检索系统，均属于这一类型。

2. 自然语言检索系统

自然语言检索系统是直接使用自然语言中的语词进行组织和检索的系统。这类系统在信息存储阶段通常不使用人工语言对标引进行规范和控制，而是直接以表达信息主题的关键词或文本中的语词为标识，检索时，直接以表达用户信息需求的语词为检索依据进行检索，如文本检索系统、关键词检索系统、自动抽词标引系统等。但由于自然语言的一词多义、同义词、近义词等现象会影响检索效果，自然语言检索系统中通常会使用后控词表、禁用词表等方式改进检索效果。

四、按照检索系统中标识的组配特点划分

1. 先组式检索工具

先组式检索工具是指复杂主题的标识在检索系统中会预先按照一定的方式组配好的一种检索系统。各种使用传统的分类、标题词的检索工具即属于这一类型。这类检索工具通常需要依据预先构建好的类表或词表进行标引处理，将经过组配的标识存入系统，供用户检索使用。例如，将“河流水污染对鱼类的影响”这一主题标识为：河流水污染——影响——鱼类。先组式检索系统可以按照系统确定的方式对相关主题的文献进行浏览，形式直观，用户可以按照预先组配好的主题成分和确定好的标识次序加以查找。不足之处

在于这种系统在手工环境下必须从标识的第一个词入手进行查找，即使在计算机检索系统中，响应用户灵活组配检索的能力也较弱。

2. 后组式检索工具

后组式检索工具是指复杂主题的标识在检索系统中是以独立概念的形式存储起来的（并没有预先组配成词串），在检索时根据检索提问将独立概念组配起来。各种现代的主题法以及文本检索系统即属于这一类型。这类检索系统的检索标识，在检索系统中是以基本概念的形式独立存储的，检索时根据用户需求再进行组配。这类检索系统允许用户根据需要，从检索主题中的任一概念入手进行查找，并可以通过逻辑组配灵活地调整检索策略，但不足之处在于由于该系统的标识都是以基本概念的形式存在的，不便于用户对复杂主题文献进行系统浏览。

第三节　信息组织的基本流程

信息组织是根据使用的需要以及信息资源的特点，将繁杂无序的信息组织成有序集合的过程，是信息收集后开展的首项工作。一般来讲，需要经过优化选择、确定标识、组织排序、改编重组四个环节。

一、优化选择

信息收集是根据用户的需要，把社会信息流中符合既定标准的一部分信息挑选出来的过程，因此信息收集的过程是信息内容、时机、获取方式等要素与用户的需要相匹配的过程，选择结果以主体对社会信息现象的认识为前提，是人的主观认识与诸客观要素相互作用的结果。由于客观条件的限制或人主观认识的影响，最初收集的信息可能存在信息失真、信息老化等现象，需要进行优化选择以便对信息的数量、质量、流速和流向进行有效控制。

（一）优化选择的基本标准

信息优化选择的依据是用户的需要，由于用户的需要是复杂多变的，对于不同用户，优化选择的标准自然也会不同，即便是同一用户，优化选择的标准也会因时间、地点以及环境条件的变化而变化。但一般而言，信息优化选择的基本标准包括以下几个方面。

1. 相关性标准

相关性是指信息内容与用户需求之间的关联程度，优化选择的相关性标准就是要求挑选出与用户需求有关的信息，同时排除无关的信息。美国信息检索专家兰卡斯特（F.W. Lancaster）认为，相关性是建立在信息检索匹配理论上的，匹配是指所存储的信息与用户提问之间的一致性关系。因此，相关性是以用户需求为出发点，对信息内容与用户需求之间关系的一种主观判断，优化选择应尽量保证挑选出的信息内容接近用户需求。显然，预测、把握用户需求及其规律至关重要。

2. 可靠性标准

可靠性是指信息内容能够真实、准确地反映客观事实，优化选择的可靠性标准就是要鉴别信息的真实性，鉴别信息所描述的事物是否存在、情况是否属实、数据是否准确、逻辑是否严密、反映是否客观等。影响可靠性判断的因素很多，如人自身的认知能力、主体心理状态、采集方法等。信息的可靠性对于满足用户的需求具有重大意义，只有可靠的信息才会对利用者决策有帮助。

3. 先进性标准

先进性是指信息内容在时间和空间两个方面的创新水平及领先状态。从时间上看，先进性是指信息内容在当时的新颖性，即信息内容有新理论、新方法、新技术、新应用，更符合科学的一般规律，能够更深刻地解释自然或社会现象，从而能更正确地指导人类社会实践活动。从空间上看，先进性主要指信息成果在地域范围的领先水平，如世界水平、国家水平、地区水平等。先进性是人们不断追求的目标。

4. 适用性标准

适用性是指信息符合利用者的当前需求、便于其使用的程度。由于利用者及其需求的多样性，信息的适用性也是多变的，受利用者所处的自然与社会环境、科技与经济发展水平、利用者的自身主客观条件、组织机构的管理水平等很多因素的制约。信息适用与否最终由利用者来判断。因此，信息优化选择时，要密切关注利用者信息环境的变化，了解利用者需求及其变化规律和趋势。

（二）信息优化选择的方法

信息优化选择是按照相关性、可靠性、先进性、适用性等标准对收集来的信息进一步过滤和控制，通过去粗取精、去伪存真，使信息流更具有针对性和实效性。在不同情况下，信息优化选择的方法也有所不同。

1. 比较法

比较法通过比较判断信息的真伪，鉴别信息的优劣，从而排除虚假信息，去掉无用信息，是信息优化选择的基本方法。运用比较法首先应找出信息可比较的点，如时间、空间、来源、形式等因素。其中时间比较指比较同类信息的时间属性，通常应选择较新颖的信息，对于明显陈旧过时的信息应当及时剔除。空间比较指比较信息产生的场所和空间范围，一般在较大范围产生影响或引起注意的信息价值更大。来源比较是指从信息来源看，学术组织及政府机构发布的信息可靠性更强。形式比较是指从信息产生与传播方式看，不同类型的信息可靠性会有很大不同（如口头信息、实物信息、文献信息等），即便同为文献信息，不同的出版发行方式在质量上也会有所不同（如图书、期刊、论文、会议文献等）。

2. 分析法

分析法是信息人员通过对信息内容的分析而判断其正确与否、质量高低、价值大小，从而辨清优劣，达到优化选择的目的。这一方法对信息人员要求较高，需要全面了解信息内容及其相关背景信息，如通过分析某事件产生的背景、因果关系、逻辑关系、构成因素等来判断相关信息的真实性、可靠性、先进性。

3. 核查法

核查法是通过核查信息所涉及的问题来判断信息的质量。一般可从以下三方面入手：一是核对有关原始材料或主要论据，检查有无断章取义或曲解原意等情况；二是按该信息所述方法、程序进行可重复性检验；三是深入实际，对有关问题进行调查核实，以判断信息内容的真实性与可靠性。

4. 引用摘录法

信息之间的相互引用摘录表明各个信息单元之间的相互关系。一般而言，被引用次数较多或被本学科专业权威出版物引用过的信息质量比较高。例如，《科学引文索引》（Science Citation Index，SCI）和《社会科学引文索引》（Social Sciences Citation Index，SSCI）就是衡量学术期刊论文质量的重要参考标准。另外，被文摘索引等著名检索工具收录或在综述评论性文章中有所反映的信息，其价值一般也会比较大。

5. 专家评估法

对于某些内容专深且不易找到佐证材料的信息，可以请有关专家学者运用指标评分法、德尔菲法、技术经济评估法等方法进行评价，以估测其价值，判断其可靠性、先进性和适用性等。这类方法准确度高，但费用较大，一般只适用于选择那些十分重要的信息。

二、确定标识

为了便于人们能够在需要的时候识别、查找并获取到所需要的信息，需要将经过优化选择的信息置于社会信息流中合适的位置。为此，要确定该信息不同于其他信息的基本特征，并以适当的方式描述，成为该信息的特定的标识。一般而言，信息之间的不同主要体现在形式特征和内容特征两个方面。其中形式特征包括信息的标题、类型、表现形式、责任者、产地、日期等，内容特征包括该信息涉及的主题和学科属性等。对信息形式特征和内容特征进行描述的各种结果统称为著录项目。

（一）著录项目的确定

著录项目是描述信息形式特征和内容特征的事项，也是构成数据库记录的最小记录单元。根据性质的不同，著录项目可分为初等著录项目和复合著录项目。其中不能再分的著录项目称为初等著录项目，如文献数据库的索取号，由若干初等著录项目组成的著录项目称为复合著录项目，如文献的出版发行项由出版地、出版者、出版年构成，构成复合著录项目的各个初等著录项目，称为该复合著录项目的子著录项目。存储信息的类型及加工要求不同，描述信息所选用的著录项目也会有所不同，其中以文献信息的著录项目最多、最全，如在《国际标准书目著录（总则）》中规定了文献著录的题名与责任说明项、版本说明项、资料（或出版物类型）专用项、出版发行项、载体形态项、丛编项、附注项、标注编号与获得方式项共八项。著录项目是对信息内容特征和形式特征的描述，各个著录项目的集合就形成了该信息的一条记录。任何一个著录项目都可能作为未来检索系统的检索入口，因此著录项目的选择恰当与否，不但关系到能否准确地代表所描述的信息，而且影响到检索系统的功能和效果。选取著录项目一般应遵循以下原则。

1. 完整性原则

每个著录项目都是从某一角度去描述信息某一方面的属性，各著录项目的组合便形成了对信息整体特征和性质的反映。因此著录项目的选择首先要把保证所描述信息完整度所需要的“必选项”挑选出来（必选项即识别信息的必备项目，如正题名、第一责任者、版本项、出版地或发行地、出版者或发行者、出版日期或发行日期、载体形态项），保证描述结果能全面代表所描述的信息，其次根据需要选取一定的“任选项”，以更充分地描述信息（任选项即供选择使用的项目，包括必选项以外的所有项目）。

2. 标准化原则

著录项目的定义和选取都应考虑有关的国际标准或国家标准。目前，国际标准化组织情报文献工作标准化技术委员会（ISO/TC46）等有关国际组织和国家有关部门（如全国信息与文献标准化技术委员会等）均已制定了有关信息处理和加工的国际标准、国家标准、行业标准和各类技术规范等。根据这些标准和规范的要求，进行信息处理、加工时，必须按照规定的格式从中选择相应的著录项目，在不能从中找到合适的著录项目时才允许参照标准规定的方法和格式自行拟定著录项目。

3. 方便性原则

著录项目的选择应树立“用户至上”的原则，即从多种角度充分揭示信息的特征，全面反映可供用户作为检索依据的各类项目，尽可能设立较多的检索点，为用户提供更多的方便。为确保检索系统的检索性能，凡是被选为检索点的项目，都必须在著录项目中反映出来。

4. 低冗余原则

尽管每个著录项目在标准中都经过了严格的定义，最大限度地保证了准确性和单义性，但著录项目的内涵和外延有时会产生交叉重复，从而造成数据冗余，数据冗余会给信息存储与更新带来很大的麻烦。要控制数据冗余，就要从控制著录项目选择入手，在满足需要的前提下，严格控制信息记录中的著录项目（包括初等著录项目和复合著录项目），避免数据重复。

5. 灵活性原则

在选取著录项目时，应综合考虑用户需要、信息属性、系统功能以及信息环境的具体情况等因素，充分发挥每个著录项目的实用功能。在与有关标准规范保持一致的基础上，可以根据用户需要和专业性质以及数据库的类型对著录项目进行增删或调整。

（二）信息形式特征的加工

信息形式特征的加工即按照一定的标准对信息的形式特征进行分析、描述、加工和记录的过程。通过形式特征的加工，若干著录项目按照一定的格式组成款目，众多款目再以一定规则排列，形成信息加工的最终产品，如目录、题录、文摘、索引等。对于文献型信息而言，由于国内外已有的许多信息加工的标准和规范对各类著录项目的选取和描述进行了规定和说明，信息加工人员只需要根据选定的著录项目进行描述，并按规定的顺序组织起来形成款目即可。对于非文献型信息（如口头信息和实物信息等），有两种加工方法，一种方法是将口头信息和实物信息转化为文献型信息，然后依据文献型信息加工的标准和方法进行加工；另一种方法是直接描述信息的名称、外形、性能、生产者、生产时间、产地等特征，并按规定的格式记录下来形成信息产品。

（三）信息内容特征的加工

信息内容特征的加工是指在内容分析的基础上，根据一定的规则给予信息的内容属性标记，并做出描述的过程，这一过程通常称为信息标引。信息标引为信息赋予能够揭示其内容及有关特征的代码或语词，从而为信息揭示、组织和检索提供依据。根据信息标引过程中所给出的标识形态和性质的不同，信息标引通常可分为分类标引（以学科分类代码作为信息标识）和主题标引（以主题语词符号作为信息标识）。

1. 分类标引

分类标引是将信息按其内容所属的学科来进行系统揭示和组织的方法。通过分类标引，可以将具有共同学科属性的信息聚集在一起，并根据各类信息之间的学科关系，把所有信息组织成一个有层次、有条理的整体。分类标引的工具是分类法（或分类表），分类标引的过程就是根据选定的分类法全面分析标引对象的特征，确定所属类目，并将标引对象的学科特征用分类法中规定的符号代码揭示出来。经过分类标引，原先杂乱无章的信息就可以按照分类法规定的序列组织排列成一定的有机体系。分类标引能较好地体现信息内容的学科属性，把同一学科领域的信息集中在一起，把不同学科的信息区分开，从而满足了用户按学科进行信息检索的需要。

2. 主题标引

主题标引是按信息内容的主题来系统揭示和组织信息的方法。所谓主题，是指某信息所涉及或论及的事物。表达主题的语词称为主题标识（主题词）。通过主题标引，可以把有关同一主题的信息集中到一起，并将其按字顺排列起来。主题标引的依据是主题法（如《汉语主题词表》《美国国会图书馆标题表》等），是一种以规范化或未经规范的自然语言作为信息主题标识的方法。

主题标引是通过对信息内容进行主题分析，确定主题概念，然后按照一定的词汇控制方法，为标引对象赋予语词标识的过程。与分类标引相比，主题标引可以将有关一个主题的各个方面的信息进行集中，且直观性、专指性和适应性都比较好。就标引方式而言，主题标引可采用非受控标引方式（即自由标引），标引人员直接从待标引对象的内容和其他特征中选择关键词或单元词，也可以采用受控方式，即从规范化的主题词表中选择适当的语词作为标识。虽然标引方式、形式和使用的工具各不相同，但分类标引和主题标引的操作规程基本一致，都是要遵从一定的规则，从而保证标引的准确性和一致性。

三、组织排序

对每个信息的内容特征和形式特征进行描述形成记录后，必须按一定的规则和方法，把所有信息记录组织排列成一个有序的整体，才能为人们获取所需信息提供方便。根据用户的信息需求和查找习惯，常用的信息组织排序方法主要有以下几种。

1. 分类组织法

分类组织法是依照类别特征组织排列信息概念、信息记录和信息实体的方法。“同其所同，异其所异”符合人类认知事物的习惯，是一种普遍应用的信息组织方法，在社会活动的各个领域均可找到大量实例，如分类目录、分类索引、分类词典、分类展品、分类统计报表等。对信息实施分类组织，需要对每个对象的类别特征进行分析，为它们赋予分类代码或其他形式的类别标志，然后按照类别或分类代码的次序排列起来。在信息量不大、分类工作比较简单的情况下，人们可以采用自己拟定的分类方案来组织排列信息，当信息量较大、分类工作十分复杂时，最好采用标准化的分类工具，以保证组织信息排列的科学性和普适性。

2. 主题组织法

主题组织法是按照信息概念、信息记录和信息实体的主题来组织排列信息的方法。该方法给人们提供了一种直接面向具体对象、事实或概念的信息查询途径。大规模、系统化的信息整序活动往往要以详细揭示和有序排列主题特征为基础。主题标引首先要分析标引对象，从中抽取能够代表主题特征的语词（如关键词和单元词，或者用标题词表和叙词表对与主题有关的语词进行规范），然后按照一定的排序规则，把标引过的信息按照主题顺序组织起来。主题组织法主要用于各种信息检索工具或检索系统记录单元的组织。

3. 字顺组织法

字顺组织法是按照揭示信息概念、信息记录和信息实体有关特征所使用的语词符号的音序或形序来组织排列信息的方法。这是一种完全采用语词符号的发音或结构特征作为排序依据的方法，操作简单、应用广泛，各种字典、词典、名录等大多采用字顺组织法。但使用这种方法组织信息时，排序结果只反映信息概念在音、形方面的联系，不能反映信息内容之间的联系。

4. 号码组织法

号码组织法是按照信息被赋予的号码次序或大小顺序进行排列的方法。某些特殊类型的信息，如科技报告、标准文献、专利、专利说明书等，在形成发布时，都编有特定的号码。其他类型的信息为标明其来源、类型、性质、生产日期等，也需要给予特定的编号或代码。按号码对信息进行组织排列，十分简便易行，尤其适用于计算机信息处理、存储和检索。

5. 时空组织法

时空组织法是按照信息概念、信息记录和信息实体所产生、存在的时间、空间特征或其内容涉及的时间、空间特征来组织排列信息的方法。任何事情都是在特定的时间和空间中产生、存在、运动的，因此时空组织法在组织排序中具有普适性。其结果或者按时间顺序把有关信息组织起来，如年鉴、大事记、历史年表等；或者按空间位置把相关信息组织在一起，如国家、地区、城市、乡镇等；或者是交替运用时空特征，形成多层次的信息集合，如地方志等。

6. 超文本组织法

超文本（hypertext）是一种非线性的信息组织方法，它的基本结构由节点（node）和链（link）组成。节点用于存储各种信息，链则用于表示各节点（即各知识单元）之间的关联。通常的文本信息是用字符串来表达、以线性方式顺序进行组织的。这种组织方式并不完全符合人们的思维习惯，因为人们的思维更多是联想式、跳跃式的，是在多角度、多层次上同时展开的过程。超文本组织法利用迅速发展的计算机处理技术，把文本信息中若干可产生联想的内容（通常称为知识单元或节点），以显而易见的方式组织在一起，即通过建立各节点之间的超文本链接（hypertext link），构成相关信息的语义网络，实现超文本的信息组织。并且随着多媒体技术的发展，人们利用超媒体（hypermedia）组织的方法，将文字、图形、图像、声音和影像等多种媒体形式的信息集成在一起。

四、改编重组

由于社会信息数量庞大、内容繁杂，即便是经过信息的优化选择和组织排序，对于用户完成特定任务而言，相关信息的数量仍显庞大，以至于超出了人们的吸收利用能力。为此，需进一步深化加工层次，通过汇编、摘录、分析、综合等方式将原始信息内容进行浓缩，即根据用户需要将分散的信息汇集起来进行深层次加工处理，并进行适当的改编和重组，形成各种精约化的优质信息产品。通过改编重组，单位信息的价值得以提升，信息之间的关联得以优化，实现了信息增值。根据加工深度的不同，信息改编重组的方法主要有汇编法、摘要法和综述法三种。

1. 汇编法

汇编是选取原始信息中的篇章、事实或数据等，并进行排列而形成的信息产品，如简报资料、文献选编、音像剪辑等。运用汇编法，不需要信息人员对信息内容进行复杂的分析和浓缩，只要抽取有关的信息片段，并按一定方法编排加工就可以方便、及时地汇集某一专题或专业的资料。因此该方法操作简单，能够较好地维持信息的客观性与真实性，在信息组织工作中得到了广泛的应用。

2. 摘要法

摘要是对原始信息内容进行浓缩加工，即摘取其中的主要事实和数据而形成的二次信息产品。因其所摘内容大多来自用文字记录下来的信息，故又称文摘。按加工目的，摘要可分为报道性文摘、指示性文摘和报道/指示性文摘。报道性文摘以向用户提供经过浓缩的实质性信息内容为主要目的，它能够简明、准确地揭示原始信息内容，是用户克服语言障碍、了解重要信息和不易获取信息的重要方式，一般不超过 400 字。指示性文摘以向用户指示原始信息的主题范围、适用对象为主要目的，它只是概括介绍原始信息的内容，不摘录任何具体数据，是指引用户了解信息源、决定信息取舍的重要依据，一般限制在 200 字以内。报道/指示性文摘是上述两种文摘的结合形式，即对原始信息的重要部分做报道性文摘处理，对其他部分做指示性文摘处理，通常不超过 400 字。

摘要法是在信息加工过程中对原始信息的主要内容进行简明扼要的摘录，以便更全面深入地揭示原始信息的方法。为了对编写的摘要进行必要的规范控制，1979 年国际标准化组织公布了国际标准《出版物的文摘与文摘工作》，我国也于 1986 年发布了国家标准《文摘编写规则》（GB 6447—1986），规定了文摘的著录、要素、详简度和编写注意事项等，是文摘编写中应当遵守的准则。

3. 综述法

综述是对某一课题在某一时期内的大量有关资料进行分析、归纳、综合而成的具有高度浓缩性、简明性和研究性的信息产品。按综述编写手法的不同，可分为叙述性综述和评论性综述。其中叙述性综述只就有关某一专题的事实、观点、数据等大量资料进行客观全面的综合叙述，不加综述作者的观点，不发表综述作者的自我见解。评论性综述又称述评，是在叙述性综述的基础上加入综述作者对有关问题的见解和评论而形成的比较复杂的综述。由于这些见解和评论都具有研究性和创造性特征，因此是一种集信息分析研究与综合叙述为一体的高级信息产品，除了像叙述性综述那样具有概括揭示和浓缩提炼原始信息的作用外，还能控制和鉴别原始信息的质量和价值，引导并督促信息资源的利用。一份综述在手，用户就可以对某一问题的现状、动态、趋势等有基本的了解，因此综述是深受广大信息用户重视，尤其被管理决策人员所偏爱的信息加工成果。

综述是以大量原始信息记录和实地调查为基础编写的，综述作者从收集、整理、消化吸收大量相关信息入手，对它们进行筛选、分析、压缩，把其中有价值的内容综合组织成有条理的文章或报告。为保证综述的准确性和科学性，综述作者应是在某一领域或对某一问题有相当深入了解的专业研究人员或信息分析专家。综述是浓缩原始信息的产物，往往要引用大量的参考文献，这些参考文献既是综述的标志，对于用户来说又是特别重要的信息源指南。

第四节　信息组织的主要研究内容

作为信息管理活动的重要组成部分，信息组织长期以来一直受到人们的重视，并且随社会需求及现代信息技术的发展而不断发展。近年来以电子计算机、网络技术和多媒体技术为主的现代信息技术的发展，把信息组织推上了一个新的发展阶段，也使信息组织的内容日益丰富和完善。目前，信息组织的研究内容主要包括理论层面、规范层面和方法层面三部分。其中，理论层面主要研究信息组织的基本规律和理论基础，为规范层面和方法层面提供理论依据，指导信息组织的操作和实施。规范层面主要通过描述规范、检索语言的建立，为信息组织的实践提供规范和依据。遵循这些规范，可以按照规定的方式，一致、有效地进行描述和标引。方法层面主要包括实践中具体的技术方法、信息组织的管理、标引规则、描述规则等，是实现信息组织具体的技术方法。三个层面相互联系、相互作用，共同将信息组织的研究内容构建成一个包含多个层面、多个维度的整体。具体而言，主要有以下几点。

（1）信息组织基本理论与方法的研究。包括信息组织的基本概念、基本任务、要求、方法的研究，信息组织中描述控制、词汇控制、句法控制等研究，信息组织中理论基础（如系统论、控制论、耗散结构论、协同论等）和方法学基础（如语言学、逻辑学、知识分类学等）的研究。

（2）信息组织的发展及其类型的研究。包括信息组织在古代、近代以及现代的发展状况和特点，尤其是分类法、主题法在不同时代的发展状况和特征。

（3）信息描述规范的基本理论和方法研究。包括信息描述规范的原理、类型、特点等，数据编码和通用标识语言建立规律等的研究。

（4）信息描述理论和技术的研究。包括各种信息资源描述方法、数据编码、通用标识语言使用方法等的研究。

（5）类表、词表的基本理论及方法研究。包括类表、词表的结构原理、性能、特点、编制及管理的技术方法等。

（6）各种类型类表、词表研究。包括各种综合性类表、词表研究，专业性类表、词表研究等。

（7）标引理论与技术的研究。包括各种标引方式、类型研究，各种类型文献、主题的标引方法研究等。

（8）信息检索工具研究。包括各种检索系统，尤其是计算机检索系统的构成、技术方法等的研究。

（9）计算机技术在信息组织中的应用研究。包括词表自动编制、自动赋词、自动标引等。

（10）自然语言在信息检索中的应用研究。包括各种自然语言标引和检索的方法、汉语自动标引和检索的方法等。

（11）信息组织在网络环境下的新应用研究。包括语义网、本体等的应用。

思考题

1. 信息组织的含义是什么？

2. 信息组织的基本要求和原则是什么？

3. 信息组织与信息检索的关系是什么？

4. 信息组织的基本流程是什么？其中信息优化选择的方法有哪些？信息改编重组的形式有哪些？

5. 信息的内容特征和形式特征是什么？

6. 信息组织研究内容主要包括哪三个方面？

第二章　分 类 法

【教学目的与要求】本章主要介绍分类法的基本概念、主要类型、结构和国内外主要分类法。通过本章学习，学生应掌握分类法的概念和主要类型，熟悉分类法的结构，了解和熟悉国内外主要的分类法。

第一节　分类法概述

一、分类法的基本概念

类是一个哲学上的概念，指的是具有某种共同属性的一组事物对象的集合。分类是人们认识事物、区别事物，并在此基础上组织事物的一种科学方法，也是人类的基本逻辑思维形式之一。分类的对象可以是具体的事物，如人、物品、建筑等，可以是抽象的概念，如思想、风格、技术等，也可以是二者的结合体，如人的思想、机械的技术等。人们在认识事物的过程中，对具有相同属性的事物进行类聚，对具有不同属性的事物进行区分。这是一个概括和抽象的过程，通过这种概括和抽象，人们就可以将大量纷繁杂乱的事物条理化、系统化，也可以更深入地理解事物之间的关联，使人类既有的知识体系呈现出有序的结构，为信息与知识的传递与利用创造良好的条件。

分类法是信息组织的基本方法之一，其分类的对象是信息资源。信息资源分类指根据信息资源内容的学科属性与相关的其他特征，对各种类型的信息资源予以系统的揭示、区分并进行组织的一种方法。广义的分类法包括分类理论、分类表和分类排序。在利用分类法组织信息资源的过程中，一般会借助预先编制的分类工具——分类表。分类表是基于分类法理论编制的信息资源分类组织工具。在实际工作中，有时会将分类法等同于分类表。

分类法对信息资源进行揭示与组织的主要依据是信息资源的内容特征，也称为本质特征。信息资源的内容特征指载体上所承载的科学知识内容，是信息资源价值与使用价值的体现。与内容特征相对应的是信息资源的外部特征，也称为非本质特征，一般体现在信息资源的形式特征上，如载体、语种等。具体来说，信息资源分类法具有以下特征。

1. 按照内容特征的相互关系对信息资源进行组织

分类法不仅可以区分和类聚事物，同时可以揭示不同类目之间的关系。信息资源分类是分类方法在信息组织中的应用，因此，信息资源分类不仅可以按照信息资源的内容属性对其进行区分和类聚，同时还将各种门类的信息资源按照类目之间的关系加以揭示，使信息资源成为一个具有等级性、次第性的系统。信息资源不同类目间的关系得以在这一系统中显示。在信息检索与利用阶段，用户就可以基于知识之间的关系，查询特定内容特征的信息资源，还可以依据分类组织系统中类目之间的联系，灵活扩大或缩小查找范围，寻找相关信息资源。

2. 从一定角度出发组织和揭示信息资源

信息资源内容之间的联系往往是多维的。分类法从内容角度揭示和组织信息资源，通常是有选择地揭示主题内容之间的主要联系，即需要选择某种特定的角度来组织和揭示信息资源。具体选择何种角度，主要考虑分类法适用的领域和面向的对象。学术性文献分类体系通常按学科列类，建立以学科、专业为中心的分类体系。这一做法更符合用户从学科角度查找文献的习惯。而网络分类体系为了适应普通用户的使用需求，通常以对象、问题为中心建立分类体系。

3. 采用一定的标记符号作为排序与检索的依据

在信息资源的分类法中，一般均采用某种标记符号表示类目的相对位置或相互关系。标记符号通常由字母或数字按照一定的顺序组合而成，具有简短、明了、易于排序、易于通用等特点。经过分类组织活动，信息资源被赋予一定的标记符号，信息资源的排序与检索均以这一标记符号为依据。

4. 通过类目索引提供从字顺角度查找类目的途径

分类法按类目之间的关系展开，但从内容角度查找类目并不一定容易实现。类目索引是一种辅助工具，提供了从语词角度查找类目的方法，语词按字顺排列，通过语词可以查找到对应的类目分类号，从而便于类目体系的使用。

二、分类法的主要类型

信息资源有多种类型，在信息组织领域所讨论的信息资源分类法这一表述中，信息资源主要指的是文献，因此，本章所讨论的信息资源分类法指的是文献分类法。文献分类法是信息资源分类的基本工具，是信息资源分类和分类标引以及分类检索的规范。依据编制的方式，文献分类法通常可以分为等级列举式、分面组配式、列举-组配式等三种类型（马张华，2008）。

1. 等级列举式分类法

等级列举式分类法是一种较为传统的分类法，也称为列举式分类法、枚举式分类法。等级列举式分类法将所有的类目体系组织成一个等级系统，通常以树状结构的形式呈现。类目按层级结构依次展开，类目从一般类目到更为专指的类目，在每一个层级上尽量列举该层级上的类目。理论上来说，这种分类体系可以无限递分，因此也有人称它为穷举式分类法。另外，等级列举式分类法通常是依据传统的知识分类体系编制的，即类目设置和展开的主要依据是传统分类体系，也有人将等级列举式分类法称为体系分类法。

著名的等级列举式分类法有《杜威十进制分类法》、《美国国会图书馆图书分类法》和我国的《中国图书馆分类法》（简称《中图法》）等。例如，以下为《中图法》（第五版）中部分类目的示例：

G 文化、科学、教育、体育

G0 文化理论

G02 文化哲学

G03 文化的民族性

G04 比较文化学

G05 文化与其他学科的关系

[G07] 文化地理学

[G09] 文化史

等级列举式分类法具有诸多优点：①类目展开比较系统，类目设置比较均衡；②类目体系结构显示直观，易于掌握和使用；③标记系统简洁明了，既适合分类排架，也适于组织分类检索工具。

等级列举式分类法的主要不足是：①类目展开方式相对单一，类目数量相对有限，无法充分揭示细小专深的主题，无法满足确切分类的需要；②类表相对固定，不便于根据需要随时调整，检索途径单一，也无法自动生成新类，难以与现代科学的发展保持同步；③大型等级列举式类表一般篇幅较大，类表管理困难。

2. 分面组配式分类法

分面组配式分类法是指在类目之间采用分面结构，将文献的内容分析为若干因素，不同因素对应不同分面，从分面中寻找相应的类号，再按照一定的次序将各个分面类号组配成完整的分类号。分面组配式分类法的核心是分面。分面也称为组面，简称面，是按照某种分类标准（分类特征）产生的一组面类目。各个面类目是平行关系，反映文献主题的不同维度，每个分面下再设置细分类目。

在对文献进行分类组织的过程中，复杂的文献主题往往涉及多个主题或概念，但都可以分解为相应的基本概念，也可以通过相应基本概念的组配加以表达。分面组配式分类法正是基于这一特点编制的，它放弃了等级列举式分类法详尽列类的方法，而采用了以简单概念组配复合类目的方式。例如，在面向美术类文献的分面组配式分类法中，可以根据美术作品所涉及的内容特征，分解为以下分面，每个分面下设置基本概念，并配以相应标记，如表 2-1 所示。

表 2-1 分面组配式分类法示例

地区分面	体裁分面	时代分面	题材分面
E1 中国 E2 朝鲜 E3 韩国 E4 日本 ……	D1 中国画 D2 油画 D3 水彩画 D4 素描 ……	C1 古代 C2 近代 C3 现代 C4 当代 ……	B1 人物 B2 山水 B3 花鸟 B4 静物 ……

资料来源：马张华. 信息组织[M].3 版. 北京：清华大学出版社，2008.

表 2-1 的示例中不存在复合类目，每个分面下仅列出基本概念。在进行分类标引时，可以根据标引对象的内容特征，利用基本概念进行组配标引。例如，对于《中国现代人物素描作品集》这一文献，可以组配标引为：E1D4C3B1。

在实际工作中，阮冈纳赞的《冒号分类法》是代表性的分面组配式分类法。《冒号分类法》划分了五个基本组面，每个组面配以组面区分符号，也称为分面符号，此外还设置了组配符号，如表 2-2 所示。

表 2-2 《冒号分类法》分面符号

基本组面	组配符号	分面符号
本体（Personality）	,（逗号）	（P）
物质（Matter）	;（分号）	（M）
动力（Energy）	:（冒号）	（E）
空间（Space）	.（圆点）	（S）
时间（Time）	‘（反向逗号）	（T）

《冒号分类法》在使用时还需要注意组配公式。组配公式是依据分面标记时所遵循的分面固定次序对各分面进行依次排列，并赋予相应的分面符号和组配符号形成的。

分面组配式分类法的优点是：①标引结果专指，可以通过基本概念的组配，充分揭示信息资源中的复杂主题；②标记表达性强，可以根据不同需要调整组配次序，进行多元检索，如将各分面符号轮排，提供多途径检索；③类表适应性强，可以通过组配表达新的复杂主题，以适应科学的不断发展；④类表篇幅小，便于管理和维护。

分面组配式分类法的不足是：①分面类表的类目体系是隐含的，直观性不如等级列举式分类法；②检索工具中的类目是根据组配建立的，类目的分布往往不够均衡；③标引难度大，对标引人员要求较高；④组配结果号码冗长，不适宜分类排架，主要用于组织检索工具。

3. 列举-组配式分类法

列举-组配式分类法，又称为半分面分类法，是等级列举式分类法和分面组配式分类法的结合，在详尽类表的基础上，广泛采用各种组配方式。代表性的列举-组配式分类法如《国际十进制分类法》(Universal Decimal Classification，UDC)。

列举-组配式分类法的优点是：以列举式类表为基础，具有一定的直观性；广泛采用组配方法，基本可以达到与分面组配式分类法同等的标引水平。

列举-组配式分类法的不足是：列举式类目的管理修订工作较为困难；类目间的组配往往使用多种辅助符号，标记复杂、冗长，同样不适宜分类排架。

第二节　分类法的结构

一种完整的分类法是由若干组成部分构成的，各组成部分协同工作，共同实现分类法的功能，各个部分的整体联系构成分类法的整体结构。目前各种分类法的表现形式虽然不同，但是组成结构是基本相同的。按照分类法各个组成部分的功能，分类法的结构体系一般由类目体系、标记符号、说明与注释、类目索引四个部分组成。

一、类目体系

类目体系是根据类目内在的关系和一定原则组成的类目集合，也称为类目表。类目体系是分类法的主体，一般是遵循知识分类的基本原则并结合信息资源分类的实际需要建立的。类目体系是分类语言进行词汇控制的主要依据，分类语言的标识是分类号，分类号所代表的含义由类目体系决定。一般来说，类目体系包括主表和附表，主表在功能逻辑上由基本部类、基本大类、简表和详表构成，附表主要由主表之后和主表特定类目之后的复分表构成。

(一) 主表

1. 基本部类

基本部类是分类法为了合理展开而做的最基本、最概括的划分，是分类法展开的基础，是分类法的纲目。基本部类贯穿于主表中。

基本部类的排列次序称为基本序列。基本部类的划分及基本序列的确定是分类法展开的基础，通常应根据分类法的性质和使用需要，依据一定的知识分类体系确定。

我国现行的分类法采用的基本部类以马克思主义、列宁主义、毛泽东思想为指导，结合对知识领域整体关系的了解和文献分类的实际需要，将知识分为五大部类，《中图法》《中国科学院图书馆图书分类法》(简称《科图法》)等均采用这一部类划分。例如，《中图法》的五大部类是：马克思主义、列宁主义、毛泽东思想、邓小平理论；哲学；社会科学；自然科学；综合性图书。

国外分类法在基本部类的划分上各有倾向，体现了不同的知识分类思想。例如，《杜威十进制分类法》根据培根的知识分类思想将知识分为理想知识、想象知识和记忆知识等三个部类；《布利斯书目分类法》划分了哲学、科学、历史、技术和艺术等四个基本部类；卡特的《展开式分类法》由综合性图书、哲学与宗教、社会科学、科学与技艺、语言和文学等部类构成。

基本部类在分类法中体现对知识领域最概括、最本质的区分，并不用来类分图书，也并不显示在分类工具中，同时，也并不是所有分类法都明确确定了基本部类。

2. 基本大类

基本大类是分类法的第一级类目，是分类法整体框架的体现，是分类体系展开的起点，通常称为分类法的基本大纲。基本大类一般是在基本部类的基础上依据科学发展情况和分类法使用需要确定的。基本大类的架构涉及类目设置和类目序列两个方面。

传统的文献分类法通常以学科为中心设置基本大类，构成从学科角度展开的大类体系。基本大类的设置在不同分类法中是有差异的。我国的《中图法》在五个基本部类的基础上，进一步划分了 22 个基本大类，《科图法》划分了 25 个基本大类，《中国人民大学图书馆图书分类法》（简称《人大法》）划分了 17 个基本大类。国外分类法在基本大类方面的差异更加明显。《杜威十进制分类法》划分了 10 个基本大类，《美国国会图书馆图书分类法》21 个，《布利斯书目分类法》22 个。《冒号分类法》的基本大类曾达到 42 个，但后期为了便于更好地对类表进行整体把握和标记分配，第七版将大类数量调整为 26 个。早期的分类法受当时科学发展的局限，类目设置比较简略，如《杜威十进制分类法》。但是类目的设置也不宜过多。随着时间的推移，分类法在基本大类的设置和修订方面更加科学化，体现在大类的数量上，一般都在 20 个左右。

基本大类的排列是另一个重要问题，传统分类法一般是按照各个门类之间的关系予以排列的。我国分类法的大类排列，在将马克思主义、列宁主义、毛泽东思想设为第一个大类以外，大类的排列一般是按照从总到分的原则，基于对类目关系的理解确定类目次序。例如，《中图法》的基本列类原则是：社会科学部类，先政治、次经济、后意识形态上层建筑，最后为历史、地理；自然科学部类，先基础科学、后技术科学，基础科学是按照恩格斯关于科学分类的原则加以排列的，技术科学以医药卫生与生物科学衔接开始，接着是农业、工业、交通、航天、环境科学。国外文献分类法类目排列基本也遵循从总到分的原则，但也有一些特别之处。《杜威十进制分类法》将综合性图书列为第一个大类，将文学与艺术等类目列在纯科学和技术之后。这与国内的分类法是不同的，体现了其编制者特有的分类思想，同时体现了实用主义思想。

目前国内外主要文献分类法的基本大类设置及次序如表 2-3 所示。

表 2-3 国内外主要分类法基本大类对照表

《杜威十进制分类法》	《美国国会图书馆图书分类法》	《中图法》	《科图法》
计算机科学、信息、综合性著作 哲学与心理学 宗教 社会科学 语言学 纯科学 技术（应用科学） 艺术与娱乐 文学 历史和地理	总类 哲学、心理学、宗教 历史：辅助科学 历史：世界史 历史：美洲史 地理、人类学 社会科学 政治 法律 教育 音乐 美术 语言、文学 科学 医学 农业 技术 军事科学 海军 书目及图书馆学	马克思主义、列宁主义、毛泽东思想 哲学、宗教 社会科学总论 政治、法律 军事 经济 文化、科学、教育、体育 语言、文字 文学 艺术 历史、地理 自然科学总论 数理科学和化学 天文学、地球科学 生物科学 医药、卫生 农业科学 工业技术 交通运输 航空、航天 环境科学、安全科学 综合性图书	马克思列宁主义、毛泽东思想 哲学 社会科学 历史、历史学 经济、经济学 政治、社会生活 法律、法学 军事、军事学 文化、科学、教育、体育 语言、文字学 文学 艺术 无神论、宗教学 自然科学 数学 力学 物理学 化学 天文学 地质、地理科学 生物科学 医药、卫生 农业科学 技术科学 综合性图书

3. 简表

简表也称为基本类目表、主要类目表，是由分类表的基本类目组成的，发挥着承上启下的作用。简表的类目展开不会太深，通常是在基本类目下展开二、三级形成。简表的作用体现在两个方面：一是帮助用户迅速了解整个分类法的概括，详表的类目体系通常都十分复杂，可以利用简表来引导到详表中的细分类目，方便详表的使用，提高分类标引工作的效率；二是可以作为概括分类的依据，一些较小的文献信息单位不需要对文献细分，此时可以利用简表作为文献分类的依据。《杜威十进制分类法》的简表由其前三级类目构成，《中图法》的简表由前二级类目构成。以下为《中图法》简表的部分示例：

C 社会科学总论

C0 社会科学理论与方法论

C1 社会科学现状及发展

C2 社会科学机构、团体、会议

C3 社会科学研究方法

C4 社会科学教育与普及

C5　　社会科学丛书、文集、连续性出版物

C6　　社会科学参考工具书

……

4. 详表

详表是分类法的主体和正文，是由详细列出的子目组成的类目表，是类分信息资源的真正依据。在等级列举式分类法中，详表由逐一列举的子目组成，并通过对齐或缩进等方式实现类目间的并列或等级关系。以下为《中图法》类目表的片段：

G20　　信息与传播理论

　　总论入此。

　　专论入有关各类。例：新闻学入 G210；情报学入 G250。

G201　　信息理论

　　总论入此，信息学、信息论入此；

　　信息数学理论入 O236；通信信息入 TN911.2；自动控制信息入 TP14。

G202　　信息技术

　　总论入此。

　　专论入有关各类。例：信息计量技术入 G250.252。

　　参见 TP391。

G203　　信息管理

　　总论入此。信息管理学、信息污染、信息安全、信息政策、信息化建设等入此。

　　专论入有关各类。例：电子政务建设理论入 D035-39。

　　参见 G250、F208。

G206　　传播理论

　　传播学入此。

G206.2　　传播媒介

　　视听传播、记录传播等入此。

　　语言传播入 H0。

G206.3　　大众传播

　　参见 G21、G22。

……

（二）附表

附表又称复分表、辅助表、共性区分表，与主表配合使用。在类目表编制过程中，主表中有许多类目在进一步细分时都采用同一标准，而区分出的子目又大致相同。例如，各国政治、各国军事、各国经济等类目，在按国家进一步区分时，均可以分出相同的地区类目；经济学、语言学、天文学等大类和各专门学科总论性类目，都可以细分为“理论与方法论”“现状及发展”“机构、团体、会议”等子目。

在分类法编制过程中将这种带有共性问题的类目抽取出来，另行编排，以供主表内相应类目拓展时共同使用，这就形成了复分表。复分表体现了分面组配的思想，其作用表现为以下几个方面。

（1）节省主表的篇幅。分类法中通常有很多带有共性问题的类目，如果在这些类目下都设置相同的细分类目，将会造成主表篇幅的膨胀。通过编制复分表，可以缩小主表的篇幅，同时可以保证较好的细分程度。

（2）加强类表的灵活性。灵活性体现在两个方面，一是对于不同的单位，可以根据实际需要灵活掌握复分原则，实现所需的标引专指度；二是对于分类法而言，可以根据需要，通过增加或减少复分表的使用，调整分类体系的细分程度，增强类表的伸缩性。

（3）增强类表的规律性。采用统一方式编列共性子目、配置号码，有助于类目体系的列举更加一致，增加类目的助记性。

复分表依据使用范围可以分为通用复分表和专类复分表。通用复分表，又称共同区分表，是一种供主表各大类有关类目共同使用的表，通常列在主表之后。分类法中的通用复分表一般有多个，如总论复分表、地区复分表、时代复分表等。此外，一些分类法还设有语种复分表、语言形式复分表、世界种族复分表、民族复分表、人物表、材料复分表、环境复分表等多种类型。我国《中图法》主表之后设立了总论复分表，世界地区表，中国地区表，国际时代表，中国时代表，世界种族与民族表，中国民族表，通用时间、地点和环境、人员表等八个通用复分表。

专类复分表是一种只限于在特定类目中使用的复分表，一般设置于相应类目下。以下为《中图法》中专类复分表的示例：

TE 91/978　　各种石油机械设备

如有必要，均可依据下表复分。例如，抽油机的检修为 TE933.07；资料分类为 TE933^{+}.107。

01　理论

02　设计、计算、制图

03　结构、零件、装置

04　材料

05　制造用设备

06　制造工艺

07　安装、运行、测试与检修

08　工厂

除了复分以外，分类法中对部分共性子目采用了仿分的方式。仿分也是一种以统一方式处理共性子目的方式。类表中一组性质相似的类目具有相同子目时，通常在总论性类目或在前类目下详列子目，后续相似类目则不再详细列出子目，需要时可以仿照前述类目进行细分。这种利用某一类的子目作为进一步区分依据的类目处理方法称为仿分。仿分具有与复分表相似的作用。

二、标记符号

标记符号也称为分类号，是分类体系中类目的代号。分类法中类目众多、关系多样，对类目名称和类目相对位置的记忆是较为困难的。为增强分类法的实用性，就需要采用某种符号系统来表示类目及其次序和关系。分类法的标记符号就是为了满足这种需要设置的。分类法是以标记符号为中介，将分类体系有效地用于组织信息资源和建立检索工具的。

（一）标记符号的作用

分类法中标记符号的作用可以概括为以下几个方面。

（1）方便分类法的使用。这是标记符号建立的根本原因。在分类法中，以简洁的号码来代替类目的名称，反映类目的内涵和表达类目概念，将类目的文字主题转变为分类语言，对于信息资源的组织、加工和排检就更为方便了。

（2）固定类目的先后次序。以号码标记类目，易于固定类目的先后次序，也便于对类目体系进行了解和把握。

（3）反映类目之间的关系。分类号间的关系可以反映类目之间的关系。

分类法中的标记符号有前面所述的积极作用，但也有一定的局限性：①分类法的类目体系相对固定，使分类号也会相对固定，类目体系一旦配置号码，就要受其约束，分类号的调整必须考虑与已配置号码的关系；②如果配置方法不当，类目体系的扩充或调整就有可能受到标记符号系统的限制，从而影响分类体系的发展。

（二）标记符号的类型

按照分类法所用的基本标记号码的类型，分类标记符号通常分为单纯号码、混合号码两种类型。

（1）单纯号码。单纯号码指只采用一种固定顺序的符号系统构成的标记符号，可以进一步分为单纯数字号码和单纯字母号码。单纯数字号码仅由数字构成，号码简洁、顺序性强、便于记忆，具有国际通用性，不足是基数较小，在采用层累标记制的情况下，当下位累的数量超过 10 个时，通常需使用两位数字表示一次划分，会使号码变长。单纯字母号码基数大，但通用性和简洁性不如单纯数字号码。目前流行的分类中，使用单纯数字号码的较多，如我国的《科图法》、美国的《杜威十进制分类法》等。采用单纯字母号码的多为专业分类法，如英国的《伦敦教育分类法》。

（2）混合号码。混合号码与单纯号码相对应，是由两种或两种以上的具有固定顺序的符号系统构成的号码。混合号码通常由数字和字母结合使用，一般以字符标记基本大类或二级类，以下用数字进行标记。混合号码汲取了数字号码和字母号码两种符号的长处，在大型综合性分类法中应用较多。例如，我国的《中图法》、美国的《美国国会图书馆图书分类法》等采用的都是混合号码的标识符号。

单纯号码和混合号码一般还可以根据需要使用一些其他符号，如“:”“=”“( )”等作为辅助符号，以增强标记的表达性。

（三）标记制度的类型

标记制度是指分类号码的编制方法，即为类目编配号码的方式。分类标记制度一般可以分为层累标记制、分面标记制、顺序标记制等类型。

（1）层累标记制。层累标记制也称为等级标记制，是一种能够显示类目之间等级关系和结构的标记制度。层累标记制按照类目划分的等级配置相应位数的号码，一般以一位号码表示一级类目，两位号码表示二级类目，以此类推，同位类一般按顺序配以号码。层累标记制与分类法层层划分的类目体系相对应，可以充分体现分类法中的层次结构。但如果类目划分等级较深，会造成号码过长；如果同位类数量较多，超过号码的基数，就无法严格按等级编号；在顺序配号的两个同位类间出现新类时，号码的扩充也会出现问题。我国的《中图法》基本采用的是层累标记制，而《人大法》则是严格的层累标记制。以下为《人大法》标记的示例：

13　　自然科学（第一级第十三大类）
　3　　物理学（第二级第三类）
　　5　　光学（第三级第五类）
　　　3　　物理光学（第四级第三类）
　　　　1　　电光学（第五级第一类）

（2）分面标记制。分面标记制是能够反映类目组配结构的标记制度。这种标记制度通常以特定的标记符号和组配方式来表示复杂主题各要素所属的分面。分面标记制的号码不但能够反映类目的等级和次序，而且能够显示类目的分面结构。例如，按照《冒号分类法》，“1950 年印度数学书目”这一文献主题的类号是 Ba.44N5，其中“B”表示数字，“a”表示书目，“.44”表示印度，“N5”表示 1950 年。

分面标记制具有良好的表达性和可组配性，不但可以充分揭示文献主题，而且可以进行轮排和组配检索。不足是号码成分复杂、标记冗长、排序性能差，不适合用来组织文献排架。

（3）顺序标记制。按照类目在分类体系中的次序，顺序配以号码，号码只表示类目次序，不揭示类目的等级或其他关系，这种配号方式称为顺序标记制。顺序标记制能够根据类目的数量较为平衡地进行号码分配，标记简短，但最大的不足是无法反映类目之间的内在关系。现行的分类法中，《美国国会图书馆图书分类法》是典型的顺序标记制。这一分类法的编制原则主要是“文献保证”原则，类目体系之间的逻辑关系不严谨，因此在标记制度方面，采用的是顺序标记制。例如，下面是《美国国会图书馆图书分类法》的片段，其标志制度即顺序标记制：

L　　教育
LB　　教育理论和实践
LB2300—2330　　总论

LB2331　　专论的总类
LB2332　　学术自由
LB2333　　效率、评价
　　　　　工资、津贴
LB2334　　综合著作和美国的著作
LB2335　　其他国家 A-Z
……

此例中的子目仅表示顺序关系，并不能真正反映类目的内在逻辑关系。

（四）标记技术

为了使标记系统具有较好的性能，在具有容纳性的同时保持一定的表达性和简明性，分类标记一般还采用以下各种标记技术。

（1）八分法，也称为扩九法。在采用层累数字标记的情况下，当同位类超过 10 个，不足 18 个时，前 9 位以 0~8 表示，8 后面的标记用两位数字表示一次划分，用于解决同位类的号码配置问题。以下为《中图法》中八分法应用的示例：

TS　　轻工业、手工业
TS0　　一般性问题
TS1　　纺织工业、染整工业
TS2　　食品工业
TS3　　制盐工业
TS4　　烟草工业
TS5　　皮革工业
TS6　　木材加工工业、家具制造工业
TS7　　造纸工业
TS8　　印刷工业
TS91　　五金制品工业
TS93　　工艺美术制品工业
TS94　　服装工业、制鞋工业
TS95　　其他轻工业、手工业
TS97　　生活服务技术

在上述示例中，TS 为上一级类目，TS0~TS8 均采用一位数字表示一次划分，TS91~TS97 则是采用两位数字表示一次划分。

（2）双位制，也称为百分法、集团标记法。在采用层累数字标记的情况下，当同位类超过 18 个时，直接以两位数字表示一次划分，以解决号码的扩充问题。例如，《中图法》的《中国民族表》即采用了双位制的配号方法：

11　　汉族
12　　蒙古族

13　　回族

……

19　　朝鲜族

21　　满族

22　　达斡尔族

……

双位制在实际使用中也可以根据需要，只选择部分类目配置双位号码，以下为《中图法》中双位制配号方法的示例：

I236　　地方剧

I236.1　　北京市地方剧

I236.21　　天津市地方剧

I236.22　　河北省地方剧

I236.25　　山西省地方剧

I236.26　　内蒙古自治区地方剧

I236.3　　东北地区地方剧

I236.41　　陕西省地方剧

……

（3）借号法。在采用层累数字标记的情况下使用的一种灵活借用上、下位类号码的配号制度。当上一级号码较为宽裕时，可以用上级号码标示下级类目，这是借上位号码。例如：

S56　　经济作物

S561　　纤维作物

S562　　棉

S563　　麻类作物

S564　　编织用纤维作物

S565　　油料作物

S566　　糖料作物

……

这一示例中，棉、麻类作物、编织用纤维作物都是借用的上位类的类号。

当同位类的数量超过 10 个但超过不多，而其前面的同位类展开后子目较少，剩余若干号码时，可以借用在前类目的下位类为该类目配号，这是借下位。例如：

F31　　世界农业经济

F310　　农业经济政策

F311　　土地问题

F312　　农业经济概况

F313　　农业建设与发展

F316　　农业部门经济

[F318]　　农民生活状况

F319　　　　　农业经济史

F319.9　　　　农业经济地理

在这一示例中，“农业经济地理”就借用了在前类目“农业经济史”的下位类号。

（4）预留空号法，指根据学科发展情况和类目设置的可能，在配号时预先留下一些空号，供类目增补时使用。前面的示例中，F313 和 F316 间就预留了空号。

（5）对应编号法，指按照类目设置的规律统一配置对应号码，使标记具有规律性和一致性，方便用户使用。例如，按照类目设置的规律，《中图法》对于涉及地区的类目，中国总是使用 2，亚洲总是使用 3，非洲总是使用 4…，以方便标记的使用。

（6）字母标记法，指在使用数字标记的情况下，直接以类名的首字母为标记，标示下一级类目。这一方式通常只用来标示类表的最后一级类目。《美国国会图书馆图书分类法》常采用这一方法。

三、说明与注释

（一）分类法中的说明

分类法中的说明包括编制说明、修订说明和大类说明。

1. 编制说明

编制说明是对分类体系整体情况的纲要性说明，也称为绪论。一般包括分类法的编制原则、体系结构、标记制度、标记符号以及基本的使用方法等。通过了解分类法的编制说明，可以对分类法的总体情况进行全面掌握。

2. 修订说明

修订说明是在分类法编制说明的基础上，对新版分类法的扩充、增补或删节等调整做的说明，对新版分类法的使用具有指导作用。

3. 大类说明

大类说明是对各个基本大类结构特点和标引规则的纲要性说明。大类说明的内容通常包括该基本大类的内容、范围、分面或层次结构及相关的分类规则。大类说明有助于了解各个基本大类的相关情况。大类说明在不同分类法中的位置可能不同，可以将大类说明收入使用说明中，如我国的《中图法》。也可以将大类说明置于基本大类之前。

（二）分类法中的注释

分类法中的注释指类目注释，是对类目的补充说明。类目注释是对在编制说明、类目说明中无法揭示的具体的、非共性的类目进行微观上的说明。通过类目说明，可以进一步明确类目的含义、范围、与其他类目的关系及具体的使用方法。具体可以分为以下类型。

1. 含义性注释与内容范围注释

含义性注释与内容范围注释用于明确类目的内涵和范围，是分类法中最多的注释类型。

【例 2-1】P4　大气科学（气象学）

大气科学是研究地球大气中各种现象的形成原因，时间、空间分布和演变规律以及如何利用这些规律为人类服务的一门学科。空间天气学入 P35。依总论复分表分。

【例 2-2】O513　低温特性

比热、输运过程、磁性、临界现象等入此。

例 2-1 的注释为含义性注释，例 2-2 的注释为范围注释。两类注释也常常联系在一起。

2. 类目特性注释

类目特性注释是对类目的特殊性质进行的揭示。

【例 2-3】A1/49（特殊分类规定）

马克思、恩格斯、列宁、斯大林、毛泽东、邓小平的科学专著，均按学科内容，在有关类下做互见。例:《列宁论图书馆》在本大类编号为 A267，互见编号为 G25。

3. 类目关系注释

类目关系注释用于揭示本类与相关类的关系，包括从属关系、交替关系和相关关系。

【例 2-4】K　历史、地理

总论历史与兼论史地入此。

地理入 K9。

【例 2-5】 [O659.37]　工业气体分析

宜入 TQ116.02。

【例 2-6】O151.2　线性代数

参见 O241.6。

【例 2-7】A48　语录

见 A18 注。

例 2-4 注释的是从属关系，例 2-5 是交替关系，例 2-6 和例 2-7 是相关关系。

4. 分类方法注释

分类方法注释揭示与类目相关的文献分类方法，主要涉及复分方法和仿分方法。

【例 2-8】N01　科学研究的方针、政策及其阐述

依世界地区表分。

【例 2-9】Q958.3　动物的地带分布

仿 Q151 分。

5. 排列方法注释

排列方法注释规定同类文献的排列方法。

【例 2-10】D622　全国人民代表大会及其文件

依会议届次排。

【例 2-11】TV15　世界各国河流泥沙　TV152　中国

依河流名称排。

6. 修订情况注释

修订情况注释说明分类法的特定类目的修订情况。

【例 2-12】{G359} 世界各国情报事业

（停用；5 版改入 G259）

分类法的说明与注释有利于提升分类法的易用性和标引一致性，提高分类标引的质量，对分类工作实践有着非常重要的指导作用。

四、类目索引

类目索引是分类法从字顺途径按类目名称、事物主题查找类目的工具。为了克服分类法类目查找的困难，类目索引是在分类法中每个类目及同义词后记录对应的分类号，将所有条目按字顺排列从而形成的一种辅助性工具。类目索引将分类体系的系统排列转变为字顺排列，提供了通过字顺系统查找分类号的途径，克服了类目查找的困难；同时，按类目或主题名称排列，提供了按主题集中信息资源的方法，便于从主题角度查找相关类目。

类目索引根据特点不同，可以分为直接索引、相关索引、主题词索引。

1. 直接索引

直接索引是将分类法类目和注释中有检索意义的语词按其名称字顺排列，并注明相应分类号而编制成的索引。直接索引编制简单，但功能较为单一，只能从一个主题的语词出发查找分类号，不能揭示与一个主题对象相关的类目之间的联系。

2. 相关索引

相关索引是一种不仅可以从主题名称出发查找对应类目，还可以将被分类体系分散的一个主题各个方面的类目加以集中的工具。相关索引除了将分类法类目和注释中有检索意义的语词按名称字顺排列外，还采用了一些综合材料的方法，将一个主题的各个方面及被这一主题所规定的词，都集中在一个主题标目下。如下为《中图法》中按相关索引要求编制的索引条目：

数学　　　　O1
，初等　　　O12
，高等　　　O13
，工程　　　TB11
，计算　　　O24
……

相关索引为美国图书馆学家杜威首创，最先用于《杜威十进制分类法》的索引编制。这种索引的编制比直接索引复杂，特别是在对字面不同的相关类目进行集中时，难度较大。相关索引的优点是可以集中与一个主题对象有关但在类目体系中被分散了的类目，有助于在标引和检索的过程中扩大查找范围，具有更为广泛的用途。

3. 主题词索引

主题词索引是一种将分类法和主题法结合的索引类型。这种索引是在分类主题一体化的背景下产生的，一些分类法和主题法相结合，发展了标题索引、叙词索引等索引形式。一些标题表、叙词表在标题词或叙词后配置分类号，提供了从主题词出发查找和使用类目的方法。这种情况下，标题表、叙词表既作为主题标引和检索的工具，同时也是一种分类索引。

五、类目关系

类目关系并不是按功能划分的分类法的组成部分，而是在分类法编制过程中需要揭示和处理的，也体现在分类法编制的结果中。对于类目关系的理解，有助于对分类工具的掌握与使用。

分类法的类目关系可以分为纵向关系、横向关系、交替关系和相关关系。

1. 纵向关系

纵向关系指上下位类的关系。分类法中上下位类的关系体现为隶属关系和非隶属关系两种类型。

隶属关系包括：属种关系，如麦类和小麦；整部关系，如汽车和轮胎；方面关系，如汽车与设计、汽车与理论。

非隶属关系体现为多种类型，包括：学科与学者或产品与生产者，如“B516.2 德国十七世纪哲学”和“B516.22 莱布尼茨”；学科与代表作，如“H113 中古音”和“H113.1《切韵》”；方法与材料，如“J31 雕塑技法”和“J316 雕塑材料与工具”；过程与方法，如“G449 教育测量与评估”和“G449.7 评估方法与标准”。

2. 横向关系

横向关系也可以称为并列关系，指分类法中同位类之间的关系。由一个共同上位类区分出来的一组下位类互称同位类，一组同位类总称为一个类列。同位类之间因为有共同上位类，具有相互联系的一面；同时，同位类之间又各有特有的属性，具有相互排斥的一面。类目体系中处于同一等级的类目，称为同级类。同级类不一定属于同一上位类，类目之间往往没有同位类之间所具有的联系，应注意区分。

区分同位类的标准是多元的，通常采用某一个标准来区分同位类，但在等级列举式分类法中，为了减少类目划分层次，可以同时采用两个或多个划分标准来区分同位类，从而造成部分外延的交叉重合。

以下为《中图法》中部分同位类的示例，可以体现同位类关系的多元性。

【例 2-13】G451 教师
G455 学生

【例 2-14】B91 无神论
B92 宗教

【例 2-15】G231 编辑工作
G232 印刷
G235 发行

【例 2-16】G258.21 省馆
G258.22 县区馆
G258.23 乡镇馆

【例 2-17】TS972 饮食
TS973 洗染
TS974 清洁理容
TS976 家庭管理

3. 交替关系

交替关系指交替类目与相应使用类目之间的关系。一些知识门类具有多重从属关系，即同时隶属于两个或两个以上的学科或部类。为了保持知识体系的完整性、揭示主题之间的联系，对于这种多重从属类目，分类法通常在多个相应所属门类下分别设置，选择其中一个为使用类目，其他为交替类目，交替类目用“[ ]”括起，注明“宜入……”或“……入……”。下面为《中图法》中交替类目的例子：

[P311.3] 海洋起源及演化
宜入 P736.11

[P313.1] 地壳运动
宜入 P584

[TM926] 农村电气化
宜入 S24

[TU42] 工程地质学、水文地质学
宜入 P64

交替类目是一种供选择使用的类目，与使用类目是一种同一关系。交替类目一般不直接用来类分文献，只起到查找使用类目的作用。但如果用户不准备采用类表规定的使用类目，只需去掉交替类目的交替符号，将交替符号加在原使用类目上，并将原使用类目下的细分类目移植到新确定的使用类目下，即可按调整后的类目使用。

4. 相关关系

相关关系指类目之间除纵向关系、横向关系和交替关系外的其他联系。分类法的类目体系采用线性序列，能够揭示类目之间的主要联系。然而，事物之间的联系是多方面的，这些联系在分类法中往往被分散了。为了反映类目体系中分散的联系，分类体系通常会设置类目参照。类目参照一般用于内容联系具有揭示价值，但在分类体系中被分散了的类目。下面为《中图法》中类目参照的例子：

G257.2 书目编制法

参见 G254.5。

G268.8 私人博物馆

参见 G894。

O422.8 噪音

参见 TB53。

O482.2 热学性质

参见 O551.3。

类目参照可以揭示类目体系中分散了的联系，使类目之间的联系得到更加充分的显示，是分类体系完备揭示类目之间联系的重要措施之一（戴维民，2014）。

第三节 国内外主要分类法

一、《杜威十进制分类法》

（一）发展概况

《杜威十进制分类法》由美国著名图书馆学家麦维尔·杜威创立，首次出版于 1876 年，最初命名为《图书馆图书、小册子排架和编目用分类法及主题索引》，收入近 1000 个类目，用三位阿拉伯数字做号码。该分类法标记简明，率先以相关排序法代替当时广泛采用的固定排序法，并首次为类目表编制相关索引，受到普遍欢迎。1885 年出版第 2 版，更名为《十进分类法与相关索引》。第 2 版增加了类目的细分程度，首次配置了标准复分表，并规定了在保持已有类目稳定性的基础上进行修订的方针。1951 年出版第 15 版，正式改名为《杜威十进制分类法》并沿用至今。

《杜威十进制分类法》在随后的发展中不断更新和完善，到 2003 年已经出版了第 22 版。从 1989 年开始，《杜威十进制分类法》开始出版电子版，1996 年正式推出视窗杜威，2000 年以后又推出网络杜威，以满足网络环境下的使用需求。

（二）《杜威十进制分类法》基本结构

1.《杜威十进制分类法》的体系结构

《杜威十进制分类法》第22版的第一级类目共设置了十个大类（classes），即：
000 计算机科学、信息和总论
100 哲学和心理学
200 宗教
300 社会科学
400 语言学
500 纯粹科学
600 技术科学
700 艺术和娱乐
800 文学
900 历史和地理

在每个大类之下，再细分出若干小类，一般最多为10个，这些小类被称为门（divisions），例如：
500 纯粹科学
510 数学
520 天文学
530 物理学
540 化学
550 地球科学
560 古生物学
570 人类学与生物学
580 植物学
590 动物学

在各个门下，又可以分出若干子类，通常也最多为10个，这些子类被称为纲（lections），例如：
620 工程学
621 机械工程
622 采矿与采矿工程
623 陆海军工程
624 土木工程
625 铁道与铁路工程
626 ——（空号）
627 水利工程
628 卫生与市政

629 其他各种工程

纲以下的类目也可按上述原则逐级细分，细分出来的类目统称为子目。每一类通常划分出 9 个小类和 1 个“总论”性类目，不足 9 类的留空号，多于 9 类的一般用扩九法。子目以下仍然可以进一步划分，有的分到十几级，直到不再有文献保证为止。

2.《杜威十进制分类法》的分类标记

《杜威十进制分类法》以阿拉伯数字作为基本的分类标记符号，所有的数字均应作为小数来理解。《杜威十进制分类法》在前三级类目之后加圆点以示区分，圆点之后仍然是每三位数字用空格隔开，基本按层累制方式编号。例如：

600 技术科学

620 工程学

621 机械工程

621.3 电力工程

621.38 电子与电力通讯工程

621.384 无线电通讯工程

《杜威十进制分类法》标记在号码的配置中重视对类目划分等级的揭示，但也有不少情况是小数的级位与类目展开的层次不完全对应，小数的级位只用来表明类目之间的前后顺序位置，并不能判断类目之间的上下位类和同位类关系。此外，《杜威十进制分类法》也适当采用灵活的标记方法，用来扩充下位类。同时，重视号码配置的助记性，往往使用同一数字表示相同的概念。例如，在《杜威十进制分类法》标记中，理论总是 1，历史总是 9，欧洲总是 4，亚洲总是 5，中国总是 51 等，便于分类工作者与用户记忆和使用。

3.《杜威十进制分类法》的相关附表和相关索引

《杜威十进制分类法》的附表是在其发展过程中建立起来的。从第 2 版起设置了“形式复分表”，即后来的标准复分表。到第 14 版已包括了“地理分目”“统一复分”“语言与文学”“语言学”等。第 17 版增加了“地域表”。第 18 版增加了“文学复分表”“语言复分表”“种族表”“语种表”“人物表”等。需要注意的是，《杜威十进制分类法》的附表设置与《中图法》等不同，其附表不一定设置在整个主表之后，而通常是依据主表类目随之设置的。

《杜威十进制分类法》的相关索引（Dewey decimal classification and relative index）是杜威首创的一种分类法索引，是指把各种形式的主题名称按照字顺排列成一个表，在一个具体的主题款目下，该主题分散在各个学科的各个方面被集中在一起，从而可以将分散在各个学科中同一主题对象的不同类目集中在一起。

4.《杜威十进制分类法》的评价

《杜威十进制分类法》是目前流传和使用最广、影响最大的一部文献分类法。其主要贡献和特点是：①首先将相关排列法应用于文献单位的图书排架和目录组织；②首先采用数字层累标记制；③类目体系等级分明，列类详尽，易于理解，便于使用；④首先设置了相关索引；⑤建立了稳定的管理机构，保障了类表的定期修订。

《杜威十进制分类法》的不足主要包括：①大类体系对不同学科门类之间的联系反映不充分，影响了整个类目体系的学科系统性；②类目设置不能适应现代科学的发展，特别是一级类目的设置，与现实文献信息资源的学科内容相脱离；③小数层累标记制度造成专指主题的号码过长，不利于文献排架。

二、《国际十进制分类法》

（一）发展概况

《国际十进制分类法》，也称为《通用十进制分类法》，于 1895 年编撰，1905 年出版第 1 版，编者为比利时学者奥特莱和拉封丹。《国际十进制分类法》被称为世界第一部半分面分类法。半分面指体系结构主要是列举式，而在同位类展开时需要进行相关组配。《国际十进制分类法》既不同于采用等级列举式的《杜威十进制分类法》，也不同于采用分面分类法的《冒号分类法》（阮冈纳赞编制）。

《国际十进制分类法》的第 1 版为法文版，名为《世界图书总目手册》，由国际目录学会于 1905~1907 年期间分 35 个分册出版，共包括约 3.3 万个类目和一个字顺索引。第 2 版仍为法文版，于 1927~1933 年出版，类目增至 7 万个，分类法的名字改为当前使用的名称。第 3 版为德文版，于 1934 年开始出版，到 1953 年完成。此后各个版本均是在法、德两个版本的基础上发展的。

目前《国际十进制分类法》共有 23 种语言版本，并有详本、中型本和简本的区别。详本列类详尽，大致为 20 万个类目，中型本为详本的三分之一，为 5 万~6 万个类目；简本约为详本的十分之一，即 2 万个类目左右。

（二）《国际十进制分类法》的体系结构

《国际十进制分类法》是在《杜威十进制分类法》的基础上发展起来的，其主表的一级类目分为 10 个：

0 总类、科学和知识

1 哲学

2 宗教、神学

3 社会科学

4 ——（空缺）

5 数学和自然科学

6 应用科学、医学、技术

7 艺术、文艺、体育

8 语言、语言学、文学

9 地理、传记、历史

其中，第 4 类在 1964 年以前为语言学，1964 年将语言学类的内容并入第 8 类，与原来第 8 类的文学合并，空出来的第 4 类拟用来扩充科技类目。

《国际十进制分类法》在《杜威十进制分类法》类、门、纲（即一、二、三级）的基础上，按照从一般到特殊的原理，每个类可以逐级细分，直到必要的程度。例如：

6　应用科学、医学、技术

62　工程、技术（总论）

621　机械工程总论、核技术、电气工程、机械制造

631.3　电工程、电技术、电气工程

621.39　电信技术

621.396　无线电通信设备和方法

621.396.9　雷达

通过上例可以发现，《国际十进制分类法》与《杜威十进制分类法》在类目的列举上有相同之处，只是类目的列举更为详细。《国际十进制分类法》与《杜威十进制分类法》最明显的区别也是《国际十进制分类法》最显著的特征，即《国际十进制分类法》通过标记符号中的辅助符号产生了概念组配的相应复分部分。

（三）《国际十进制分类法》的标记符号

《国际十进制分类法》的标记符号由主表类号和各种辅助符号组成。

《国际十进制分类法》的主表类号与《杜威十进制分类法》一样，采用阿拉伯数字作为基本的标记符号，整个号码系统为小数制。与《杜威十进制分类法》不同的是，《国际十进制分类法》的大类标识采用 1 位数字，通常二级类用 2 位数字，三级类用 3 位数字，以此类推。因此，《国际十进制分类法》的标记符号在一定程度上可以反映类目之间的从属关系。

《国际十进制分类法》根据组配需要，设置了多种辅助符号。主表类号与各种辅助符号的组配，使复合主题得到多方面的揭示，使分类法具有更大的灵活性。《国际十进制分类法》有两种辅助符号，一种是独立使用的通用辅助符号，另一种是结合辅助表使用的辅助符号。后者又可以分为结合通用辅助表使用的辅助符号和结合专门辅助表使用的辅助符号两种。例如，《国际十进制分类法》的通用辅助符号及其作用如表 2-4 所示。

表 2-4 《国际十进制分类法》的通用辅助符号及其作用

符号	作用	举例
+	将两个不连贯的类号组配成一个综合类号	如将化学和化工组配，形成的综合类号为“54+66”
/	将两个或两个以上连贯的类号组配成一个综合类号	如将动物和分类学的两个连贯号码组配成综合类号“592/599”
:	关联符号，表示各自反映的概念相互交叉，组配成一个外延更小但内涵更专深的辅助概念	如农业和统计学组配形成“63:31”，指农业统计学
::	与“:”作用相似，但需固定次序，前后概念不可交换次序	如“620.174 :: 669.14”指材料弯曲强度试验中的钢（材料）
[]	表示复杂主题中主题成分之间的确切关系	如“[712+728.8]:（411）”表示苏格兰的花园和苏格兰的家，而“712+728.8:（411）”表示花园和苏格兰的家

（四）《国际十进制分类法》的评价

《国际十进制分类法》的主要贡献和特点为：①《国际十进制分类法》是第一部半分面分类法；②类表列举详尽，组配灵活；③在分类史上起着承前启后的作用，是由等级列举式分类法向分面组配分类法发展的桥梁。

《国际十进制分类法》的主要不足在于：①基本大类的设置不够均衡；②组配规则过于灵活，影响了标引的一致性；③分类号码冗长，辅助符号繁多复杂；④缺乏稳定而有力的机构负责管理和修订工作，没有统一的修订方针。

三、《美国国会图书馆图书分类法》

（一）发展概况

《美国国会图书馆图书分类法》是为了适应美国国会图书馆图书分类与排架的要求而编撰出版的。1902 年,《美国国会图书馆图书分类法》的 Z 大类首先出版，直到 1962 年 K 大类出版,《美国国会图书馆图书分类法》的出版工作基本完成。

《美国国会图书馆图书分类法》是按大类独立编册，分册出版的，每一大类由相应的主题领域专家编制。各大类下类目的细分程度并不平衡，有的大类有几个分册，有的大类只有一个分册，整个分类法没有统一的合订本，也没有统一的索引。各大类类表的修订与版次存在明显差异。

《美国国会图书馆图书分类法》最初是专为美国国会图书馆编制的，后来逐渐应用于大型学术性图书馆、研究图书馆以及一部分公共图书馆。到目前为止,《美国国会图书馆图书分类法》已经出版了 21 个大类的 47 个分册，并完成了机读文档的建设。

（二）《美国国会图书馆图书分类法》的体系结构

《美国国会图书馆图书分类法》的编制受到科特分类思想的影响，体系结构中带有明显的展开式分类法的痕迹，同时,《美国国会图书馆图书分类法》是根据 20 世纪初美国国会图书馆实际的藏书情况建立类目体系的，因此，其类目体系也反映了实际需求。《美国国会图书馆图书分类法》共分为 21 个大类，即：

A 总类
B 哲学、心理学、宗教
C 历史：辅助科学
D 历史：世界史
E-F 历史：美洲史
G 地理、人类学、娱乐
H 社会科学

J 政治

K 法律

L 教育

M 音乐

N 美术

P 语言、文学

Q 科学

R 医学

S 农业

T 技术

U 军事科学

V 海军

Z 书目、图书馆学、信息资源

大类以下，由各类专家根据学科领域特点展开，一般先划分出基本学科或分支，然后进一步按主题、形式、地区、时代展开，按照从总到分的次序，逐级进行等级显示。

《美国国会图书馆图书分类法》是典型的列举式分类法，对复合主题列举详尽。同时，《美国国会图书馆图书分类法》还设置了复分表，但与其他分类法不同的是，《美国国会图书馆图书分类法》没有通用复分表，只有专类复分表，如形式复分表、地区复分表、年代复分表等。

（三）《美国国会图书馆图书分类法》的标记符号

《美国国会图书馆图书分类法》的标记符号是由拉丁字母和阿拉伯数字组成的混合号码。大类用 1 个字母表示，小类用 2~3 个字母表示，随后以阿拉伯数字 1~9999 表示其子类。例如：

T 工艺

TA 工程总论、土木工程

TC 水利工程

TD 卫生工程与市政工程

……

TS 制造

……

TS 1490 纺织

TS 1493 机器、织布机

大类中 I、O、W、X、Y 等 5 个字母未被使用，各子目之间也留有空号以备扩充。在涉及细分具体事物时，还要用科特字顺号码（Cutter's order table），依地名、人名等进行取号。由此可见，科特字顺号码为非表达性标记，号码不表达类目的等级结构，但类号相对简单，有较强的容纳性。

（四）《美国国会图书馆图书分类法》的评价

《美国国会图书馆图书分类法》的主要贡献和特点包括：①依据文献保证原则编制，能较好地适应文献标引的实际需要；②类目体系由各学科专家编制，适合研究性图书馆的分类特点；③标记简短，容纳性强，使用组配少，便于号码配置；④基于日常编码工作修订，增补和变动及时；⑤类表结构稳定，类目体系变动少。

《美国国会图书馆图书分类法》的主要不足包括：①缺乏明确的分类理论指导，类表的系统性和规律性较差；②类表是按照美国国会图书馆的文献及使用需求编制的，类目设置和组织方式受其收藏和使用特点限制，同时有强烈的西方中心倾向；③类表按分册编制，缺乏统一的修订和协调，整体性差；④类目设置采用详尽列类的方式，类表篇幅巨大，管理、更新困难；⑤顺序标记适用于排架，但表达性差。

四、《中图法》

（一）发展概况

《中图法》全称为《中国图书馆分类法》，是我国图书馆和情报单位普遍采用的一种综合性分类法。

《中图法》于 1973 年编出初稿，以试用本形式印制发行，最初名为《中国图书馆图书分类法》。1975 年出版第一版，随后根据使用需要定期修订，此外还编制了不同版本和配套产品；1999 年第四版出版时改为现用名；2010 年出版第五版；2001 年出版电子版。

（二）《中图法》的体系结构

《中图法》属于等级列举式分类法，采用五分法设立了 5 大部类，即：

马克思主义、列宁主义、毛泽东思想、邓小平理论

哲学

社会科学

自然科学

综合性图书

在 5 大部类之下设置了 22 个基本大类，即：

A 马克思主义、列宁主义、毛泽东思想、邓小平理论

B 哲学、宗教

C 社会科学总论

D 政治、法律

E 军事

F 经济
G 文化、科学、教育、体育
H 语言、文字
I 文学
J 艺术
K 历史、地理
N 自然科学总论
O 数理科学和化学
P 天文学、地球科学
Q 生物科学
R 医药、卫生
S 农业科学
T 工业技术
U 交通运输
V 航空、航天
X 环境科学、安全科学
Z 综合性图书

《中图法》类表将马克思主义、列宁主义、毛泽东思想、哲学和综合性图书等基本部类直接设置为基本大类，将社会科学部类扩充为 9 个基本大类，自然科学部类扩充为 10 个大类。社会科学领域，按照政治、经济、文化的次序，在社会科学总论之后，首先列出政治、法律大类以及与政治联系密切的军事大类，其后为经济类，再排列文化事业相关类目，以及语言、文学、艺术等，最后为系统研究和阐述人类社会过程的历史科学及与历史科学联系密切的人文地理。自然科学部分中，类表按基础科学和应用科学分别设类。基础科学遵循从基础到复杂的次序排列。应用科学的排列也是依前后类目联系进行排列的。

在基本大类的基础上，《中图法》根据各类文学的特点，遵循从总到分、从一般到具体、从理论到实践的方式逐级展开。

（三）《中图法》的辅助表

《中图法》的辅助表包括通用复分表和专类复分表。

《中图法》中共有 8 个通用复分表，分别为总论复分表，世界地区表，中国地区表，世界时代表，中国时代表，世界种族与民族表，中国民族表，通用时间、地点和环境、人员表。总论复分表是通用主题和通用文献类型复分表，收入各种通用性主题类型和文献类型，除主表、专类复分表或仿分中已列出相同的类目外，原则上全表的各级类目都可以根据需要使用。其他通用复分表通常按照类目下的注释确定。

除通用复分表外，《中图法》还编有 58 个专类复分表，设置于相应类目下，供各类细分时组配使用。此外，《中图法》还大量采用仿分以及使用关联符号的方法进行类间组配。

（四）《中图法》的标记符号

《中图法》采用汉语拼音字母和阿拉伯数字相结合的混合号码制。用一个字母标记一个基本大类，字母的顺序可以反映大类的序列。在“工业技术”大类中，为了适应工业部门分类的需要，采用双字母方式标记二级类目。其余类目均采用数字标记，所有数字按小数对待。为了使号码醒目，规定每三位数字加一个圆点间隔。

《中图法》的标记符号遵循层累制的编制原则，尽可能使号码的级数代表类目的级数。但也具有一定的灵活性，在号码配置上通常采用各种标记方法，包括八分法、双位法、借号法、预留空号法等。除了基本的标记符号外，《中图法》还设置了一些辅助符号，主要包括：“a”，推荐号，主要是为了重点提醒马列主义经典著作；“-”，总论复分号，为总论复分表号码的组成部分，如《情报学词典》的分类号为 G35-61；“:”，组配号或关联号，用于两个类目间的组配；“( )”，国家区分号，表示国家、地区区分，通常在分类法未要求区分国家的情况下，供文献单位扩大地区复分的范围时使用；等等（叶继元，2015）。

（五）《中图法》的评价

《中图法》是在广泛吸收中华人民共和国成立以来国内编制的文献分类法的理论和实践经验的基础上形成的，具有以下特点。

（1）基本大类设置合理。全表以学科为中心建立分类体系，大类设置合理，基本反映了现代科学发展的现状和文献状况。在类目排列上，将内容上有联系的类目接近设置，能较好地揭示类目之间的联系。

（2）类目体系展开系统、适用。整个类表按照从总到分，从一般到个别，从基础到复杂，从理论到实践展开，具有较强的规律性。类目展开一般在 6 级左右，兼顾信息组织和检索的需要。

（3）重视类表的灵活性。类表在保持类目体系展开的规律性的同时，广泛采用各种技术手段，为交叉学科、边缘学科等提供了各种选择的可能性，如设置交替类目、类目参照、编制选择类目、双表列类等。

（4）追求编号技术的最佳组合。类表采用字母、数字结合的混合号码，以层累制为原则，类号简明，同时使用八分法、双位制等配号技术，设有多种辅助符号，容纳性好，同时重视类号的助记性。

（5）发展了适合各种规模和对象的文献标引和检索的配套产品。

（6）管理健全、规范。

同时，应当指出，《中图法》目前也存在一些问题：①部分类目体系仍需进一步完善，如个别门类中的类目次序与整个分类体系不一致；②通用复分表需进一步完善，如复分表的数量和种类需要适当增加；③与分类法系列中其他类表的协调需加强。

思考题

1. 分类法的主要类型包括哪些？试分别举例说明。
2. 分类法的类目体系包括哪些内容？
3. 分类法类目之间的关系包括哪些类型？
4. 试说明《中图法》的主要特点并对其进行评价。

第三章 主 题 法

【教学目的与要求】主题法是信息组织的经典方法之一。本章主要介绍主题法的内涵及主要类型，重点介绍叙词法的词汇控制和叙词表的结构，最后介绍国内外主要的主题法。通过本章的学习，学生应掌握主题法的主要类型及其与分类法的区别和联系，熟悉叙词法词汇控制的主要内容和叙词表的结构，了解和熟悉国内外主要的主题法。

第一节 主题法概述

一、主题法的含义

主题法与分类法一样，都是信息组织的基本方法。

“主题”一词在汉语中有多种含义，不同语境中可以有不同的理解。在信息组织中，主题是指信息资源所论述的主要对象，包括事物、问题、现象等。而那些经过选择，用来表达信息资源所论述主题的语词，则称为主题词。所谓主题法，一般是指直接以表达主题内容的语词作为检索标识、以字顺为主要检索途径的标引和检索信息资源的方法。

目前国内外采用的主题法类型很多，其基本的共同特征是：①直接以语词作为检索标识；②以字顺作为主要检索途径；③以特定的事物、问题、现象，即主题为中心集中信息资源；④往往通过详尽的参照系统等方式揭示主题词之间的关系。

二、主题法与分类法的异同

主题法和分类法相比，两者都是揭示信息内容；都需要对信息进行主题分析；一般都使用预先编制的专门的语言工具（分类表或词表）；赋予的检索标识都是对信息主题概念的表达。但是，主题法与分类法使用的标引语言不同，也导致这两种方法存在一些差异，主要表现在以下几个方面。

（1）主题概念表达的形式及效果不同。分类法采用人为规定的号码（分类号）做标识，可赋予特定含义，易于通用，但含义不直观；主题法采用受控（规范化）的自然语言做标识，含义直观，但不易通用。例如，“公共图书馆”这一主题，用《中图法》给出的分类标识是“G258.2”，用《汉语主题词表》给出的主题标识是“公共图书馆”，导致通用性、易读性不同。

（2）标识所揭示信息的角度不同。分类号着重从学科专业角度揭示信息内容、组织信息，分类号揭示的不仅是该主题所属学科专业，通过分类号排序实现按学科专业集中和组织信息，还通过分类体系的自身结构（上下位类、同位类、交替类、相关类等）显示主题概念之间的关系。主题词着重从事物角度揭示信息内容、组织信息，主题词主要是信息内容所论述事物的名称，一旦按主题字顺排列，不仅易于确定主题的准确位置，而且按事物集中和组织信息，但主题概念之间的关系需要通过参照系统等间接方式来显示。

（3）标引方法有所不同。分类标引过程中，对析出的主题概念进行分析时，以辨别主题的学科专业性质为重点；选择分类号时，可以依据类目体系逐层查找，依据所需范围，较易做出判定。主题标引过程中，对析出的主题概念进行分析时，以辨明主题结构为重点；选择主题标识时，因不易把握准确的语词形式和相关词汇的收录情况，必须反复查找，多方判定，难度较大。

（4）作用范围有所不同。分类法侧重族性检索，适用于上架实体排列。主题法侧重特性检索，不能用于实体组织，但在信息检索的直接性、通用性方面性能良好，适用于各种专指检索，与分类法性能相互补充。

三、主题法的类型

从不同角度对主题法进行类型划分有多种方法，本章主要介绍按照选词方法划分、按照语词标识的组配特点划分和按照使用控制与否划分三种方式。

（一）按照选词方法划分

按照选词方法划分，主题法可以分为标题法、元词法、叙词法、关键词法 4 种。

1. 标题法

标题法是一种以标题词作为主题标识，以词表预先确定的组配方式标引和检索的主题法。所谓标题词，也称标题，是指经过词汇控制，用来标引文献的词或词组，通常是比较定型的事物名称，如图书分类法、信息组织、信息科学等。标题法的依据是标题表，目前使用最广泛的标题表是《美国国会图书馆标题表》。

标题法的特点是：采用列举式词表，形式直观；采用定组式标题，结构固定，含义明确；按照词表列举的标题和副标题进行标引，操作简便；通过参照方式对词汇进行控制，并揭示标题的相关性。标题法的不足是：采用列举方式，往往造成收词量巨大、专指度相对不足、修订量大等问题；采用定组式标题，无法从多角度、多因素检索。

2. 元词法

元词法是为克服标题法的不足发展起来的一种主题法类型，是以元词作为主题标识，通过字面组配的方式表达文献主题的主题法。所谓元词，是指用来标引文献主题的、最基本的、字面上不能再分的语词，如马克思、图书馆等就属于元词。复合主题通常是通过对元词的组配进行标引，如“塑料隔音板”需要“塑料”“隔音”“板”三个单元词组合标引。

与标题法相比，元词法的特点是：词表体积小；标引专指度高；便于从不同角度检索；适合对专指主题进行标引。元词法的不足是：直接性差；不适宜用于查找论述基本单元主题的文献，如“经济”“科技”等主题；采用字面组配方法，在与语义分解不一致时，容易产生误差；早期的元词法不建立参照系统，不利于相关资料的查找。

3. 叙词法

叙词法是以从自然语言中精炼出来的，经过严格处理的语词作为文献主题标识，通过概念组配的方式表达文献主题的主题法类型。叙词，国内常称为主题词，是指经过规范化处理的、以基本概念为基础的表达文献主题的词和词组。叙词法以叙词表为依据，目前国外数量超过千种，国内 130 多种，常用的是《汉语主题词表》。

叙词法和元词法具有相同之处，都引入了分面分类中的组配，不同的是，叙词法在对词汇标识进行组配时，以概念组配代替了元词法的字面组配。虽然都是通过语词标识的组配表达文献主题，但概念组配和字面组配是有较大差异的。

（1）二者对词汇单位的要求不同。概念组配要求词汇单位既能组配表达概念，又能独立表达概念，且在两种情况下概念表达应该一致，组配结果应该表达一个概念，因此，概念组配不要求一定是单词，也可是词组。字面组配强调词汇单位的单元性，需是最小的单词，不能是词组。单词独立表达概念的能力差，不能保证组配结果的概念唯一性。例如，字面组配时，“隧道二极管”可以拆分为“隧道”“二极管”，然后再用于组配。但在概念组配时，由于“隧道”作为组配因素所表达的概念和它独立表达的概念不一致，会造成误检，因此，需要使用“隧道二极管”这种词汇单位，不能予以拆分。

（2）二者组配的原则方法不同。概念组配本质上是在概念分析的基础上进行概念组合，因此，交叉是符合概念逻辑的组配。即组配结果所要表达的概念与参与组配的概念之间是有逻辑交叉关系的，具有上下位关系（种属或者整分关系），如工业企业管理。字面组配只进行语词的拆分和组合，符合语词规则，但不一定有概念逻辑关系。偶尔有二者重合的时候，但属偶然，并非原理本身所致。

叙词法的主要特点是：结构完备，词汇控制严格；组配准确，标引能力强；检索效率高，可灵活组配，多途径检索；检索系统适应能力强，可同时适应手检和机检。叙词法的不足是：词表编制和管理的难度大，需花费较多人力、物力；文献标引需在概念分析的基础上进行，难度大，要求高。

4. 关键词法

关键词法是指将文献原有的、能描述其主题概念的那些具有实质意义的词抽出，不加规范化或只做少量的规范化处理，按字顺排列，以提供检索途径的方法。所谓关键词，是指出现在文献中并能反映主题的重要语词，一般是具有实质意义的语词（检索的入口词）。

关键词与元词有相似之处，但与元词不同的是，元词的同义词和近义词是经过优选的，关键词保持用词原状，甚至对同一词的单复数和变格等词形变化不加统一而保持原状，同义词、近义词、一个词的不同形态并存。所有的关键词都是平等的，全部按字顺排列。若干关键词的结合构成一条索引款目，说明一篇文献的主题内容。但全部关键词在检索系统中却彼此孤立，没有任何联系。

关键词法的特点是：标引无须主题分析和查看词表，简便易行；标引和索引易实现自动化，保证信息更新的及时性；自然语词的使用，表现直观、专指。关键词法的不足是：自然语词的采用，规范化程度低，易造成漏检；关键词法不显示等级关系和相关关系，不易进行族性检索；由于检索系统编制效率的需要，关键词多限于在文献中抽取，特别是标题中。由于部分文献标题不能充分反映文献主题而易发生漏检。

（二）按照语词标识的组配特点划分

按照语词标识的组配特点划分，主题法可以分为先组定组式、先组散组式和后组式等三种。

1. 先组定组式主题法

先组定组式主题法是指复杂主题的标识在词表中就已经组配好了，使用时可以直接从词表的标识中选取的主题法。标题法属于这一类型。

2. 先组散组式主题法

先组散组式主题法是指复杂主题的标识在词表中并未组配，而是在标引阶段根据标引信息资源的主题需要进行组配。例如，采用叙词表在标引阶段建立复杂主题的标识就属于这一类型。

3. 后组式主题法

后组式主题法是用户在检索前，主题检索系统中的主题词是单立的，用户实施检索后，才根据检索需要进行组配。例如，在用户检索“大气污染”这一主题前，检索系统中只有“大气”“污染”等单立的标引词。用户输入检索要求后，检索系统经过匹配，才形成“大气—污染”的组配标识。元词法、叙词法在本质上属于这一类型。

（三）按照使用控制与否划分

按照使用控制与否划分，可以分为受控主题法和非受控主题法。

1. 受控主题法

受控主题法是指依据特定词表或类表揭示文献信息的整序方法。各种标题法、叙词法以及后期的元词法都属于此类。受控主题法中，标引和检索均依据预先确定的检索词表对主题概念进行转换，从而通过规范化的词表来表示文献主题，以达到好的检索效果。

2. 非受控主题法

非受控主题法即自然语言检索系统，是直接使用文献或用户检索使用的自然语词进行的整序方法，如关键词法、自然语言文本检索、早期的元词法等。其特点是，不需要使用受控词表，但一般也需遵守一定的标引规则或检索措施，以改进使用效果。

第二节　叙词语言的词汇控制

主题法对信息资源的标引和检索是在词汇控制的基础上，依据一定的主题词表进行的。词汇控制的目的，是通过语词的形式及所表达的含义，以及词与词之间关系的显示等方式将文献语言、标引语言和检索语言统一起来。换言之，就是使专业标引人员、用户检索人员在使用主题规范语言表达同一主题时，表达方式取得一致。叙词语言的词汇控制广泛吸收其他主题语言相关的各种方法和手段，是目前词汇控制最严格、手段最完备的一种标引语言，其词汇控制体现在词类和词组控制、词形和词义控制以及词间关系控制三个方面。

一、词类和词组控制

（一）词汇选择原则

为了保证词汇选择的质量，应坚持一定的原则，具体如下。

（1）叙词的选择应从标引和检索的实际需要出发，并结合各学科现状及发展情况。选定的语词，应是各个学科领域内经常出现的、在文献检索中具有一定使用频率并能汇集一定文献量的名词术语。对于表达新事物、新兴学科、新技术的语词，应根据现实需要，结合其发展情况，加以选用。

（2）选择的语词应做到概念明确，一词一义，具有科学性和通用性，适宜准确表达文献主题和检索提问。

（3）语词的选择应兼顾组配的需求和专指性，在收入单词的同时也收入一定数量的具有造词功能的词和词组。例如，台式、小型、多用途等。

（4）选择的叙词应符合汉语构词特点，在词形上符合作为语词标识的要求，并尽量选用便于字面成族的词。

（二）词类控制

汉语语言中有名词、动词、形容词、副词、数词、介词等词类之分，叙词需要准确、细致地表达主题概念，因此，在选词之前应对词类进行控制。叙词表规定选词以名词为主，必要时收入少量形容词。按照反映事物概念的数量特点，叙词可以分为普通名词和专有名词两种。

1. 普通名词

普通名词是组成叙词表的基本词汇，具体选词范围如下。

（1）表示各种事物的名词术语，即事物名称，如商品、信息资源、汽车、车床、电子计算机等。

（2）表示事物属性、状态、现象、过程、作用等的名词术语，如弹性、导电性、强度、失真、老化、腐蚀等。

（3）表示工艺、加工技术、方法、行为等的名词术语，如热处理、总结、质量管理、抽样调查、焊接等。

（4）表示科学门类、技术部门、理论、定理等的名词术语，如管理学、图书馆学、水利工程、小世界原理、万有引力定律等。

（5）表示文献类型或形式的名词术语，如学位论文、期刊、词典、百科全书、技术报告、索引等。

（6）某些具有构词功能的词，如台式、小型、多用途等。

2. 专有名词

专有名词用以表达某一特定的单一事物。叙词表一般有重点地选择较有代表性的、有较大研究和检索价值的专有名词，具体包括：地名；民族名和语言名；时代或年代名；人名；机构、会议名称；产品名称；历史事件名称；法规条约名称；文献名称；等等。

（三）词组控制

按照词汇的构成单元，叙词表的语词可以分为后组词和先组词两类。后组词是指以单元概念的语词形式收入词表的词，即单词；先组词是直接以复合概念的语词形式收入词表的词，即词组。采用单词组配的方法可以减少词量，在手检工具中增加检索入口，提高查全率，但会影响标引的直接性，降低查准率，也无法揭示一些常用主题概念之间的联系。词组的使用可以克服以上问题，提高词的专指度，较好地保证标引的一致性，但不宜收入过多，否则会增大词量，增加词表的篇幅，造成词表管理困难，也会在手检工具中减少检索入口，影响查全率。因此，需要根据检索系统的特点和需要，确定词组选择标准，将词组的数量保持在一定范围内。具体有以下一些规则。

1. 不选用词组规则

（1）可用两个或两个以上具有交叉关系的已定型简单概念词组表达的较复杂概念，一般不应选用词组做叙词来表达。例如：

喷气式垂直起落飞机

用：喷气式飞机 + 垂直起落飞机

水生木本植物

用：水生植物 + 木本植物

（2）可用代表事物与事物方面（属性、状态、过程、方法、工艺、材料等）的两个简单概念词组配表达的较复杂概念，一般不应选用词组做叙词来表达。例如：

轮船设计

用：轮船 + 设计

（3）表示事物的部分，一般用表示事物整体的词与表示部分的词组配，而不用词组表达。例如：

汽车发动机

用：汽车 + 发动机

（4）表示文献类型的词一般不与表示事物、学科或论题的词复合成词组叙词。例如：

汽车手册

用：汽车 + 手册

（5）专有名称一般不与普通名词复合成词组叙词。例如：

中国贸易经济

用：贸易经济 + 中国

2. 选用词组的规则

（1）专有名词，即使是词组，一般也直接做叙词，不予分解，例如，中央电视台、北京大学、河北科技大学等。

（2）在专业文献中出现频率较高，并且用户使用频率较高的词组一般不用组配，直接用词组做叙词，例如，捕获粒子不稳定性、船舶救生设备、航空航天医学、国际贸易政策等。

（3）凡词组经分解后，产生的单词至少有一方没有独立检索意义或改变了它在词组中的原义或组配结果可能有歧义的，应该用词组做叙词，例如，比例税、亲属语言、蜂窝材料、隧道二极管、期刊目录、回溯检索等。

二、词形和词义控制

（一）词形控制

自然语言中存在大量含义相同或相近，但字面形式不同的语词，叙词的词形控制，就是消除这种现象，提高检全率。词形控制的基本原则是一个概念只用一个语词形式表达、一个概念只有一个唯一的称谓、一个概念只有一种字面形式。包括词的不同形体、拼写、词序、单复数形式、标点符号等方面的统一规范。具体包括以下几种。

1. 语词形体的控制

语词形体的控制主要是对简体、繁体、异体等字体形式，应选择目前通用的标准字体作为正式叙词，其他的写法作为非正式叙词（入口词）保留在词表中。例如：

碾盘（正式叙词）　　　　辗盘（非正式叙词）

2. 不同拼写形式、单复数的控制

在外语叙词表或汉语叙词表的汉语叙词对应外语词中，一个外语词有几种拼写形式时，一般选择比较通用的形式作为正式叙词。例如，catalogue 和 catalog 的选择。

外语名词的单复数形态，要依据所用语种的习惯用法予以选择。例如，在英语中，一般可数名词多用复数，专有名词及表示学科领域、工艺过程、事物属性的词多用单数。如果一个词单复数分别表示不同的概念，则两者都可能作为正式叙词。

3. 外来词的控制

叙词表中外来词的控制主要体现在以下几个方面。

（1）不同译名的控制。一般选择较通用的或意译名。例如：

激光　　　　　不用：莱塞

布尔代数　　　不用：逻辑代数

（2）外来词原文名的控制。一些外来词在特定领域内以原文形式通行，因此，可以用原文形式或原文与汉字结合的形式作为正式叙词。例如，BASIC 语言、ISBN 等。

4. 符号和数字的控制

叙词中，一般只用括号、连字符、小圆点，其他符号很少用。数字不管采用汉字式还是阿拉伯数字式，都坚持同一概念用同一种形式。例如：

黑旗军（山东）

数字-模拟变换

四氧化三铁

135 照相机

5. 词序的控制

汉语与外语叙词都只采用自然语序，不采用倒装语序，例如：

工程物理学　　　不用：物理学，工程

院校图书馆　　　不用：图书馆，院校

6. 同义词的控制

在语义相同而词形不同的语词之间，只能优选其中的一个作为正式叙词，其余的作为非正式叙词收入叙词表，作为入口词。

（1）一般同义词之间，选择较通用的一个作为正式叙词。例如：

国际贸易（正式叙词）　　　　世界贸易（非正式叙词）

能量消耗（正式叙词）　　能量耗散（非正式叙词）

全球环境（正式叙词）　　地球环境（非正式叙词）

（2）学名与俗名，一般选学名作为正式叙词，但通常不选拉丁学名。例如：

乙醇（正式叙词）　　酒精（非正式叙词）

玉米（正式叙词）　　包谷（非正式叙词）

（3）全称与简称，一般选全称作为正式叙词，但如果简称更为通用，且含义清晰，也可选简称作为正式叙词。例如：

中国人民政治协商会议（正式叙词）　　政协（非正式叙词）

大使（正式叙词）　　特命全权大使（非正式叙词）

（4）新称与旧称，一般选用新称作为正式叙词。例如：

经纪人（正式叙词）　　掮客（非正式叙词）

索引（正式叙词）　　引得（非正式叙词）

（5）产品型号与代号，一般选产品的型号加通称作为正式叙词。例如：

SS-1 导弹（正式叙词）　　“飞毛腿”导弹（非正式叙词）

7. 准同义词的控制

准同义词是指含义相近或虽然含义不同但有一定联系，可以根据标引或检索需要相互代替的语词。准同义词的控制通常在有关语词下资源数量较少时使用，有益于控制词量和提高专指度。主要包括以下三种情形。

（1）近义词之间的优选。一般选择比较概括、通用的词作为正式叙词，其他词作为非正式叙词。例如：

废物利用（正式叙词）　　废物处理（非正式叙词）

数据处理（正式叙词）　　数据处理系统（非正式叙词）

（2）反义词之间的优选。一般选择其中表示正面含义的词作为正式叙词，其他词作为非正式叙词。例如：

电子（正式叙词）　　负电子（非正式叙词）

光滑度（正式叙词）　　粗糙度（非正式叙词）

（3）专指词与泛指词的优选。部分专指词表达的概念外延很窄、使用频率很低、聚集信息能力很小，用于标引和检索的意义不大，可以用包含该专指词的较泛指词代替。例如：

实验学校（正式叙词）

实验小学（非正式叙词）

实验中学（非正式叙词）

水污染（正式叙词）

地表水污染（非正式叙词）

地下水污染（非正式叙词）

（二）词义控制

词义控制主要是对多义词、同形异义词以及语义含糊不清的一些词进行规范处理，使其具有明确性和单义性，主要措施包括以下两种。

1. 加限定词

这一措施主要用来指明多义词和同形异义词所属的范围（学科专业、事物类别、地域、时间等），从而明确词义，使其具有单义性。多义词和同形异义词指具有同一字面形式，但在不同领域或场合表达不同概念的语词。通过增加限定词，可以明确具体含义。例如：

耐受性（运动生理）
耐受性（心理）
风化（化学）
风化（物理）
病毒（医学）
病毒（计算机）
巴黎和会（1918）
巴黎和会（1946）

2. 使用注释

注释可以说明叙词字面不能明确的含义，或者指示叙词的使用方法，或者注明叙词的始用日期及变化情况等。注释的目的是排除叙词所不表达的其他含义或不正确的其他使用方式，达到使用的一致性。

注释不是叙词的组成部分，标引时不必标出。因此，注释比限定词更加自由，可以更加详细地说明叙词的含义和用法。叙词注释主要包括以下三种。

（1）含义注释：使用最多的一种注释，用以说明叙词的定义或叙词包含的范围。例如：

悲怆
注：音乐风格
常州词派
注：清代词派，张惠元开创，周济加以发展。

（2）用法注释：用于指明叙词的特殊使用方法，通过明确使用规范，提高叙词在标引和检索中的一致性。例如：

称号等级（体育）
注：做教练员、运动员、裁判员的等级称号组配用。例如，一级足球运动员用“足球+运动员+1+称号等级（体育）”。

电测量设备
（此词只供标引和查找总论性文献资料使用）

（3）历史注释：主要用于说明叙词收入词表的时间或变化情况，从使用沿革的角度表明该叙词与相关词间的联系和区别，从而增强标引和检索的一致性。例如：

环境污染机制

（增词时间：1989 年）

水工模拟

（增词时间：1989 年）

三、词间关系控制

叙词表按主题字顺组织语词。词间关系控制的目的在于通过反映叙词之间的关系，建立一个完整的术语语义体系，便于查表选词、明确词义、提供标引准确度，同时便于扩大、缩小或改变检索范围。叙词法采用多种措施显示词间关系，如建立参照系统、编制词组索引、轮排索引等。其中，参照系统是叙词法显示词间关系的主要方法，通过在叙词下设置参照项的方法，在叙词之间建立起一种反映主题词之间联系的语义网络。叙词之间的关系主要有三种：等同关系、等级关系和相关关系。

按照《汉语叙词表编制规则》及有关国际规则，叙词表常用的参照符号如表 3-1 所示。

表 3-1 叙词表常用的参照符号

词间关系	参照符号定义	汉语用符号	英文用符号	国际通用符号
等同关系	用	Y	USE	
	代	D	UF	=
	组代		UFC	&
等级关系	分	F	NT	>
	属	S	BT	<
	族	Z	TT	
	（属种）分 （属种）属		GNT GBT	
	（整部）分 （整部）属		NTP BTP	>P <P
相关关系	参	C	RT	—

资料来源：马张华. 信息组织[M]. 3 版. 北京：清华大学出版社，2008：212.

（一）等同关系

等同关系是指正式叙词与非正式叙词之间的关系，也称为同一关系用代关系。等同关系的揭示，可以增加检索入口，并可以根据使用需要对标引、检索的专指度进行控制。汉语叙词表的词间等同关系用拼音字母“Y”和“D”两个符号双向表示。“Y”用在非正式叙词下，将非正式叙词指向对应的正式叙词；“D”用在正式叙词下，提示叙词所取代的非正式叙词，两者相互对应。例如：

毕业实践

D 毕业设计

毕业设计

Y 毕业实践

数据处理

D 数据处理系统

数据处理系统

Y 数据处理

等同关系中，除了同义关系和准同义关系外，有的叙词语言中还有两种特殊的词间等同关系：组代关系和语际等价关系。组代关系是指一个专指的非正式叙词与相应叙词组配形式之间的关系。例如：

民法典

Y 民法\法典

语际等价关系是指不同自然语种的词作为正式叙词和非正式叙词时的等同。例如：

DMF

D 二甲基甲酰胺

二甲基甲酰胺

Y DMF

（二）等级关系

等级关系指上位概念叙词和下位概念叙词之间的关系，对于等级关系的揭示，有助于扩大或缩小检索范围，提高族性检索能力。汉语叙词语言中，叙词之间的等级关系参照符号有三种："S"、"F" 和 "Z"。"S" 是上位叙词的指引符，用在下位叙词之下，指出其上位叙词；"F" 用在上位叙词之下，指出其下位叙词；"Z" 是族首词指引符，用在以等级关系构成一族的，除族首词及族首词的直接下位词之外的其他叙词下，指出该词所属词组的族首词。叙词之间的等级关系主要包括以下三种类型。

1. 属种关系

属种关系指一个概念包含于另一个概念的外延之中，是其外延的组成部分。叙词表中的大多数等级关系均是属种关系。例如：

生物学

F 动物学

古生物学

动物学

S 生物学

2. 整部关系

整部关系不构成属种关系，但具有族性检索作用，因此叙词表也将其作为等级关系处理。整部关系涉及面很广，词表一般根据检索系统的需要对揭示范围做出限定。综合性叙词表对整部关系的揭示包括以下几个方面。

（1）地理区划。例如：

华北地区
　F 河北
　　山西
　　天津
天津
　S 华北地区
山西
　S 华北地区

（2）人体系统与器官之间的关系。例如：

脑
　F 大脑皮层
　　丘脑
大脑皮层
　S 脑
丘脑
　S 脑

（3）组织机构与分支的关系。例如：

联合国
　F 国际法院
　　联合国安全理事会
　　联合国大会
　　联合国经济及社会理事会

（4）物质、产品、建筑物整体与部分的关系。例如：

纺织机械零部件
　F 边撑
　　槽筒
　　沉降片

3. 包含关系

包含关系用于部分综合概念与个体概念之间。其中上位叙词为集合概念，下位叙词则为该集合概念所包含的个体概念，可以从集合概念角度进行族性检索。例如：

河流
　F 长江
　　黄河
　　黑龙江
　　海河

淮河

如果一个下位叙词从属于两个或两个以上的上位叙词，可以建立多重等级关系。例如：

玉米

S 粮食作物

淀粉作物

禾本科

粮食作物

F 玉米

淀粉作物

F 玉米

禾本科

F 玉米

（三）相关关系

相关关系也称类缘关系，是叙词之间除等同关系、等级关系之外的语义相关关系。相关关系的揭示有助于扩大检索范围、进行相关资料的查找。相关关系的显示应是双向的，但所用参照符号是相同的。在汉语叙词表中用“C”表示相关的“参”关系。相关关系范围广、种类多、灵活性大，与等同关系和等级关系相比，通常不易判断，一般可以从以下方面建立相关关系。

（1）交叉概念之间的关系。例如：

人民代表大会

C 人民代表大会制

分类

C 编目

（2）相近概念之间的关系。例如：

农民起义

C 农民战争

教育思想

C 教育理论

（3）对立或反对概念之间的关系。例如：

民主

C 集中

出生率

C 死亡率

（4）表示因果关系的叙词间的关系。例如：

海啸

C 地震

科学研究

C 科学发明

(5) 学科或研究领域与研究对象之间的关系。例如:

图书馆学

C 图书馆

(6) 事物与其动作、技术、设备之间的关系。例如:

曲艺

C 曲艺表演

(7) 事物与其部分之间的关系。例如:

飞机

C 机翼

(8) 理论、学派、组织、运动、事件与相关人物或团体之间的关系。例如:

集体心理学

C 勒温.K

新文学运动

C 文学研究会

(9) 行为与受体之间的关系。例如:

扫盲

C 文盲

(10) 原理、方法与对应工具之间的关系。例如:

无损检验

C 无损探伤仪

(11) 事物与其性质、特征之间的关系。例如:

半导体

C 导电性

相关关系类型较多,很难完整地列举出来。相关关系的处理一般应有一定控制,通常只有一个词作为标引词对另一个词具有较强的提示作用时,才作为相关关系处理。

第三节 叙词表的结构

叙词表,在我国又称为主题词表,是以特定的结构来集合和展示经过规范化处理的叙词和非正式叙词,并显示它们之间的语义关系,作为叙词标引和检索依据的术语控制工具。叙词表是各种主题标引工具中,使用最为普遍、发展最为充分、最具典型性的。叙词表的功能可以概括如下:①提供一种知识结构,用来揭示概念之间的关系,帮助使用者理解知识领域的结构;②提供一种词汇控制工具,指导标引者和用户使用一致的词进行标引和检索;③提供一种术语参照系统,使用户可以通过它扩大或缩小查找范围,提高检索的系统性;④提供一种动态的词汇集合,使新概念可以以用户能够理解的方式纳入词汇系统的相应位置。

作为规范化的词典，叙词表除了需要对词汇进行严格控制以外，还需按照一定的方式展开并相互补充，在此基础上形成一种词汇系统。叙词表的展开方式主要包括字顺展开和系统展开，下面将对这两种展开方式进行介绍。

一、字顺展开

（一）字顺表

字顺表是将众多叙词款目和非正式叙词款目按字顺排列的词汇表。在各种类型的叙词表中，字顺表一般都是词表的主体，因此通常把字顺表称为主表或字顺主表。字顺表为标引和检索人员提供直接从概念名称的字面形式出发，按字顺迅速查找所需叙词的途径；通过参照系统及有关标注项帮助查词者判定叙词的含义，找到更恰当的词或更多的词。

叙词表的基本构成单元是款目，包括叙词款目和非叙词款目。每个款目由款目词及相关语义关系构成，具体包括款目项、标记项、注释项及参照项。叙词款目由叙词及相关语义关系构成，非叙词款目由非叙词和相关语义关系构成，但二者语义关系的详略程度有较大差别，非叙词款目一般没有注释项，参照项也较为简单。图 3-1 是《汉语主题词表》叙词款目的样式，图 3-2 是《汉语主题词表》非正式叙词款目的样式。

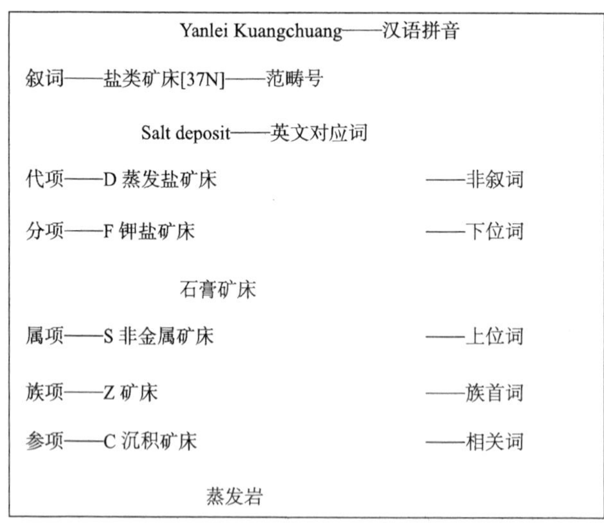

图3-1 《汉语主题词表》叙词款目样例

Jie chu han		
款目非正式主题词—接触焊		[66L]
用项符号	Y 电阻焊	正式主题词

图3-2 《汉语主题词表》非正式叙词款目样例

在款目单元中，款目词是叙词表中被描述、著录的词，是叙词款目和非叙词款目的核心和排检的依据。汉语款目词项一般包括款目词及其汉语拼音和对应的外文译名。汉语拼音通常只起辅助排检的作用，也可以省略。外文译名则用于揭示其与双语种对照索引的联系，但语种叙词表中，一般没有外文译名。

标记项是著录款目词的序号、范畴号。序号是款目词在主表中的顺序号，一般位于款目词之前，主要用于加强与词表各组成部分的联系，方便款目词的查找。范畴号表示该款目词在范畴索引中的类目归属，是查找范畴索引的依据。

注释项是款目词的补充说明，包括范围注释、含义注释、用法注释等，必要时使用。

参照项中著录款目词的三种词间关系及其显示符号。叙词款目下，根据语义关系，一般依次设置代、分、属、参等各项参照。非叙词款目下只设立用项，用以指向正式叙词。

在叙词款目的参照项中，等级关系的显示有两种：一种显示方式是收入该词的直接上位词和直接下位词，如美国教育资源信息中心（Educational Resource Information Center，ERIC）所采用的叙词表、《工程与科学叙词表》。这种方法可以揭示与款目词直接相关的等级关系，篇幅也较为节省。也有词表为揭示主表与词族索引的联系，在参照系统中设置族项，提供族首词的显示途径，如《汉语主题词表》。另一种等级关系的显示方式是完整显示一个叙词的等级关系，相当于将词族表并入主表。采用这一方式显示时，通常只在族首词下才采用全显示，普通叙词下仍只单级显示，如我国的《国防科学技术叙词表》《农业科学叙词表》等。

（二）专有叙词表

专有叙词表是将专有名称叙词或非正式叙词款目按字顺排列，单独集中展示的词汇表。专有叙词表实际上是字顺表的组成部分，其微观结构和字顺表没有差别。

专有叙词表的作用在于：缩小主表的篇幅，方便从字顺查词；方便用户从范畴出发对专门领域的叙词进行查检；便于对上述领域叙词及时管理或增补。

专有叙词表的范围很广，通常根据使用需要，将一些特定领域的专有名词单独编为附表，一般包括人名、地名、机构名、产品型号等。例如，《汉语主题词表》的附表包括世界各国行政区划名称、自然地理区划名称、组织机构和任务等四个专有叙词表。

（三）字顺索引

字顺索引只将叙词、非正式叙词按字顺排列，但不包含叙词款目中的其他项目，除了非正式叙词含“用”参照项外。字顺索引实质是对字顺表的简化，一般是在叙词表的词汇量较大时编制，方便用户快速查词。

（四）入口词表

入口词表是一种将非正式叙词集中编制的表，收入词表编制或标引中出现的按等同关系处理的非正式叙词。大多数情况下，非正式叙词款目编入字顺表，与叙词款目一起按字顺混排。但少数情况下，如果非正式叙词数量接近或超过叙词或希望收录更多的非正式叙词，可以编制入口词表。

入口词表收入的一般是词形控制过程中落选的词，但如果是在叙词表使用一段时间之后再编制入口词表，也可在入口词表中收入标引中出现的入口词，即用组配标引、上位词标引、靠词标引等方式表达的主题概念的自然语言语词。

（五）双语种索引

双语种索引是将全部或大多数叙词、非叙词与其外语译名相对应，按外语译名字顺排列的词表，是通过外语译名使用词表的辅助工具。双语种索引有助于在标引另一种语言的文献时选择叙词；便于借助本国叙词表查检其他国家的检索工具；也可以作为中外文对照的规范化术语词典使用。

我国编制较多的为英汉对照索引。一般是将正式叙词和非正式叙词尽量都翻译为英文。非正式叙词后以 Y 项列出对应的正式叙词。当一个汉语叙词对应多个英文语词时，应同时列出，而当一个英文语词对应多个汉语叙词时，也应同时列出。

二、系统展开

叙词表的系统展开是在字顺表的基础上，通过改变编排方式，满足标引人员和用户从不同角度使用叙词的辅助工具，具体包括范畴索引、词族索引、轮排索引等形式。

（一）范畴索引

范畴索引又称范畴表、分类索引，是按叙词表正式叙词和非正式叙词表达的概念所涉及的学科或范畴编制的词汇分类索引。一般先分成若干大类（范畴），大类之下再分出若干二级或三级小类，在小类之下，才将所属的叙词按字顺排列的一种词汇索引。

范畴索引的功能是：第一，便于从学科或专业的角度查找叙词；第二，可以作为概略分类的依据，类分信息资源，编制分类检索工具；第三，在叙词表编制工作中发挥积极作用，例如，可以按范畴统计和控制词汇量，在范畴内便于进行词汇控制，也可以按范畴分工编制叙词表等。

范畴索引的类目设置，一方面以学科分类为基础，另一方面需考虑词汇分类的需要。一级类目一般是较大的学科、专业领域，类目细分一般只到二级或三级。每个小类一般容纳几十个到一二百个叙词。例如，我国的《汉语主题词表》社会科学部分设置了 15

个大类，173 个二级类，311 个三级类，而自然科学部分则划分为 43 个大类，333 个二级类，770 个三级类。

范畴索引的类目组织大多是按类目内容的逻辑联系进行的，类似等级分类体系，我国的叙词表大多如此。另一类组织方式是按类名字顺排列类目，如美国《工程与科学叙词表》。

范畴索引的类目标记符号多数采用单纯数字号码，也有少数使用字母、数字结合的混合号码。编号制度多为层累制。例如，我国的《汉语主题词表》的范畴索引是用两位数字表示大类，二、三级类各用一位字母表示。

范畴索引一般收入字顺表的全部正式叙词和非正式叙词。所有叙词均放入每个类的最下一级类，类下按字顺排列。多数词只归入一个类，少数词允许归入多类。范畴索引的具体样式如图 3-3 所示。

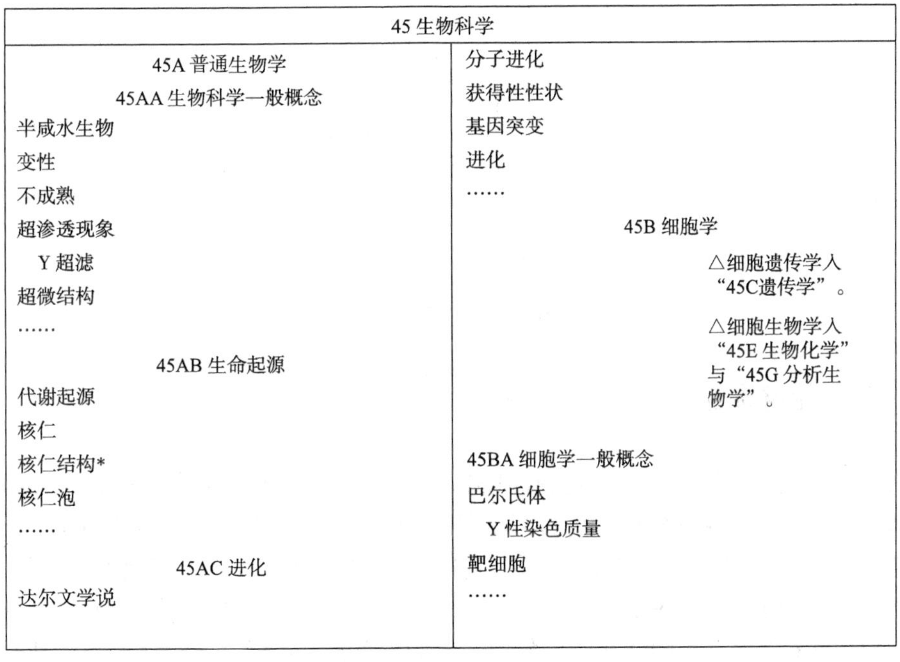

45 生物科学

45A 普通生物学

45AA 生物科学一般概念

半咸水生物

变性

不成熟

超渗透现象

Y 超滤

超微结构

……

45AB 生命起源

代谢起源

核仁

核仁结构*

核仁泡

……

45AC 进化

达尔文学说

分子进化

获得性性状

基因突变

进化

……

45B 细胞学

△细胞遗传学入“45C遗传学”。

△细胞生物学入“45E 生物化学”与“45G 分析生物学”。

45BA 细胞学一般概念

巴尔氏体

Y 性染色质量

靶细胞

……

图3-3 《汉语主题词表》范畴索引部分示例

（二）词族索引

词族索引，也称族系表或等级索引，是将字顺表中具有等级关系的叙词（不包括非正式叙词）按等级构成词族，并按各族首词字顺排列的词汇索引。

词族索引的功能是：提供从族首词出发查找所需叙词的途径；借助上位词、下位词和同位词，明确词义；机检系统中，自动进行上位词登录，满足族性检索要求；方便进行扩检和缩检。

词族索引一般以词族为基本款目单元，多数以族首词作为款目的标目，按族首词字顺进行排列。每个款目单元按照词族中的等级展开，各级叙词一般按等级隶属关系，以小圆点（级点）为等级符号，依照从宽到窄的次序组织，同级词之间按照字顺排列或先区分概念类型再按字顺排列，如果先区分概念类型再按字顺排列，一般需插入分面标头，注明概念划分的标准。当一个叙词同时从属于多个词族时，一般在相应词族下同时予以反映，以便能从不同角度查找。词族索引样例如图 3-4 所示。

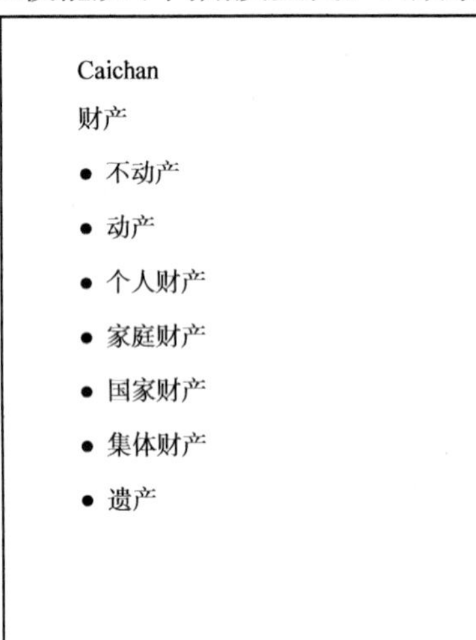

Dianzijisuanji
电子计算机
（计算机类型：按大小分）
• 大型计算机
• 计算机
• 巨型计算机
……
（计算机类型：按操作形式分）
• 并行操作计算机
• 串行操作计算机
• 时序操作计算机
• 同步操作计算机

图3-4　词族索引样例

（三）轮排索引

轮排索引又称为轮排表，是将叙词按其词素的字顺轮流排列到检索入口，使含有相同词素的词集中在一起的索引。轮排索引是一种从词素的角度查找叙词的辅助工具。

轮排索引的功能是：提供查找叙词（包括非正式叙词）的多个字顺入口，既可以帮助查词者迅速判定词表中有无包含特定词素的词组，也可以省去查词者对词组首字（词）的推测和试探；将含有相同词素的词集中在一起，增加了发现叙词间联系和区别的机会，便于用户比较选择叙词。

轮排索引的收词范围可能有所不同，通常有两种处理方式：一种是只收词表中词组形式的叙词和非叙词；另一种是收入词表中的全部叙词和非叙词，包括单词和词组。

轮排索引的轮排方式有词外轮排、词内轮排和倒置轮排三种，可根据条件和需要选择使用。其中，词内轮排形式采用较多。

轮排索引需要对词组进行切分，以确定置于检索入口的词素。切分方案可以有不同的选择：只切分置于检索入口的词素，还是切分所有词素；只切分检索入口词素的起首，还是切分检索入口词素的起止。

轮排索引的款目，除了被轮排的词之外，还可以包含其他因素，如词在字顺表中的位置、范畴号、参照项、外文译名等。轮排索引样例如图 3-5 所示。

绘图机	58CD		1194 中
Plotters			
自动绘图机	39J	Y 数控绘图机	3322 中
数控绘图机	39J	D 自动绘图机	2236 中
扫描绘图机	39J		2172 左

图3-5 轮排索引样例

第四节 国内外主要主题法

一、《美国国会图书馆标题表》

（一）概况

《美国国会图书馆标题表》是美国国会图书馆以本馆的字典式目录为基础编制的标题表。于 1909~1914 年编制、出版了两卷本的《美国国会图书馆字典式目录使用的标题表》，此后定期修改，在 1975 年出版第 8 版时，改为现用名，并于当年出版缩微版。1986 年以机读形式出现，称为主题规范档，同年出版第 10 版。自 1988 年的第 11 版起，每年出一个新版。《美国国会图书馆标题表》是目前世界上使用时间最长、使用范围最广、规模最大、影响最大的一部综合性标题表。

《美国国会图书馆标题表》由主表、副表和使用说明三部分组成，其中，主表是标题表的主体，副表和使用说明收入《主题编目手册（标题部分）》（赵晓红和宋晓丹，2003）。

（二）款目结构

《美国国会图书馆标题表》的主表包括正式标题款目和非标题款目，两种款目按字顺混排。

1. 正式标题款目结构

正式标题款目包括以下几部分。

（1）主标题。主标题用黑体印刷，作为款目词，决定该款目在词表中的位置。

（2）分类号。主标题后面跟有美国国会图书馆分类法的分类号，有时一个标题可以分入一个以上的类，则列出多个相应的分类号，并用简洁的文字指明其所属学科。例如：

Diesel motor
[TJ795]
Norwegian language
[PD2571 — PD2699]

Gums and resins

[QD419— QD419.7(Chemistry)]

[SB289 — SB291(Culture)]

[TP977— TP979 .5(Chemical technology)

（3）注释。注释用于对标题进行补充说明，规范标题的使用方法，包括说明标题的含义，规定该标题编目时的使用范围，指明其与相关标题的界限，说明多义标题的确切含义等。例如：

Architecture, Domestic(May Subd Geog)

[NA7100 — NA 7884]

Here are entered works on the architectural aspects of residences.Works on the history and description of human shelters are entered under Dwellings.Works on the social and economic aspects of housing are entered under Housing.

（4）参照项。参照项用于揭示标题词之间的关系，包括同义关系的参照、属分关系的参照、相关关系的参照等。同义关系的参照用 USE “用” 和 UF（use for）“代” 两种参照符，属分关系的参照用 BT（含义范围较广的论题）“属” 参照和 NT（含义范围较窄的论题）“分” 参照来连接。具有相关关系的两个标题词用 RT 来表示。此外，保留标题词表早期使用的 SA（see also）作为说明参照，用于揭示一组相关标题或指示查找相关标题的方法。

（5）复分标题。《美国国会图书馆标题表》中的复分标题也称作子标题或副标题，一般用破折号表示，也用黑体印刷。复分标题后还可以进行复分，用两个连续的破折号表示。复分标题往往是对主标题的论题复分、地理复分、时代复分或形式复分，以便进一步说明主标题，提高主题标引的专指度和准确性。例如：

Harvesting—Automobiles—Motors—Carburetors

Music—China

2. 非正式标题款目结构

非正式标题款目包括以下几部分。

（1）非正式标题款目的主标题：用一般字体印刷，不用黑体。

（2）USE 参照项：指向该非正式标题所对应的正式标题，可以指向一个或多个。例如：

Fine arts

  USE Art

（三）主标题的类型

主标题是标题表中的一级标题。按照构成特点，主标题可以分为以下类型。

1. 单词标题

单词标题为由单个名词或动词构成的标题。一般情况下，表示概念的标题采用单词形式，表示事物对象的标题使用复数形式。

2. 短语标题

短语标题指由两个或两个以上的单词构成的短语作为标题，包括：形容词短语标题，这是最为常见的短语标题形式，由形容词和相当于形容词的名词、动名词与名词组配形成，如 Agricultural credit、Library science、California sea lion 等；连词短语标题，由连词连接的短语标题，如 Bolts and nuts、Technology and science 等；介词短语标题，由介词连接的短语标题，如 Information theory in physics。

3. 倒置标题

倒置标题指改变自然语序，将重要的词置于开头。例如：

Art , American
Knowledge, theory of

4. 自由浮动标题

自由浮动标题指可在指定范围内通过配置建立的短语标题。例如：

[Topic or place] in art
[Topic or place] in literature

5. 加限义词的标题

加限义词的标题指一般以表示学科、范畴、地区、时代的词加以限定，使词义更加明确。例如，Cold (disease)、Golden triangle (Southeastern Asia) 等。

二、《医学主题词表》

（一）概况

《医学主题词表》(medical subject headings，MeSH) 是美国国立医学图书馆编制的专业叙词表。该叙词表于 1960 年首次出版，从 1962 年起每年修订再版一次，在 1989 年前此表是作为《医学索引》第一期的第二部分出版的，1989 年后改为以《医学索引附录》的形式随卷单独出版。1992 年开始，加入了原来的《辅助化学记录》中的化学和药物主题词。随着 MeSH 浏览器在网上使用以及 MeSH 主页上其他资源的增加，网络方式逐渐成为主要的应用形式。

（二）《医学主题词表》的宏观结构

《医学主题词表》有两种版本：一种是供《医学索引》的检索者使用的《医学主题词表》版本，款目结构比较简单；另一种是注释版本的《医学主题词表》，供标引人员、编目人员、联机检索人员使用，具体包括《医学主题词注释字顺表》、《医学主题词树状结构表》和《医学主题词轮排表》。

1. 字顺表

字顺表是将所有的主题词、副主题词、非主题词全部按字顺排列，每一个主题词下设该主题词建立的年代、树状结构编码、历史注释及各种参照系统，用来揭示主题词的历史变迁、族性类别及与其他同义词、近义词之间的逻辑关系。

2. 树状结构表

树状结构表又称为范畴表，是按《医学主题词表》收录主题词的学科属性分范畴依等级排列的。目前共分为 15 个大类，用英文字母 A~Z 表示。大类之下进一步细分二级子类目，各子类目下又层层划分，逐级展开。每个叙词获得至少一个树状结构号。部分叙词可能同时属于多个子类目，因此可以获得多个树状结构号。主题词在树状结构表中按树状结构号顺序编排。树状结构号越短，表示概念越泛指，号码越长，表示概念越专指。例如：

Digestive System Disease（消化系统疾病）	C6
Liver Disease（肝病）	C6.552
Hepatitis（肝炎）	C6.552.380
Hepatitis,Alcoholic（乙醇性肝炎）	C6.552.380.290

3. 轮排索引

轮排索引指将标题短语的每个词分别置于检索入口处，提供多种途径查找标题的辅助工具。

（三）字顺表的微观结构

字顺表收词类型包括以下几种。

（1）主题词。主题词是构成主题词表的主体，由生物医学领域经过规范化的名词术语构成，有独立检索意义。例如，心脏、青霉素 G 等。

（2）特征词。特征词用于表达文献中的某些特征，在检索时对文献集合中有某特征的文献进行限定或排除，包括对象特征词、时间特征词、位置特征词、文献类型特征词等。特征词虽不具备检索意义，但可以对主题词起到限定作用。

（3）副主题词。副主题词用于对主题词概念方面进行限定，也称作限定词。例如，病因学、诊断、治疗等。副主题词不具备独立检索意义，使用时前面有斜线，以小写字母印刷。

（4）款目词。款目词也称为入口词，是主题词的同义词或近义词，不能直接用来进行主题词检索，作用是将入口词引导至主题词。例如，“弓形足”见“足畸形”、“昏睡”见“睡眠期”等。

（5）类目词。类目词指树状结构中设置的类目词，这一类词不能用于标引。

字顺表的款目示例如下所示：

DOWN SYNDROME① （唐氏综合征）

C10.496.259 C16.131.77.327

F3.709.346.200②

75③,63-64; was MONGOLISM 1965~1974

See related④

AMYLOID BATE-PROTEIN

AMYLOID BATE-PROTEIN PRECURSOR

X MONGOLISM

X TRISOMY21

其中，①为主题词，②为树状结构号，③为历史注释，④为参照系统。

《医学主题词表》的参照系统包括词源参照（consider also）、相关参照、用代参照、主题词/副主题词组合参照等。词源参照表明在语言学上存在其他有关这一主题的叙词，通常指向一组有共同词根的叙词。相关参照使用 See related 将用户指引向与特定主题相关的其他主题词，XR 是 See related 的逆参照。用代参照，由 See 将用户由非叙词指向叙词，X 是 See 的逆参照。主题词/副主题词组合参照是将主标题词和副标题词的非法组合指向优选的表达同一概念的先组叙词，也用 See 指引。

三、《汉语主题词表》

（一）概况

《汉语主题词表》（简称《汉表》）是“汉字信息处理工程”（即“748 工程”）的配套项目，1975 年开始编制，由原中国科技情报研究所和原北京图书馆主持编制，1980 年出版。《汉语主题词表》是一部大型综合性主题词表，全书共分 3 卷 10 册。第 1 卷是社会科学部分，包括 2 个分册，第 1 分册为主表，第 2 分册为索引；第 2 卷是自然科学部分，包括 7 个分册，第 1~4 分册为主表，第 5 分册是词族索引，第 6 分册是范畴索引，第 7 分册是英汉对照索引；第 3 卷是附表部分，只有 1 个分册。整个词表共收主题词 108 568 条，其中正式主题词 91 158 条，非正式主题词 17 410 条。

为使《汉语主题词表》跟上时代发展的要求，1991 年，原中国科技情报研究所对词表的自然科学部分进行了修订，出版了自然科学部分的增订版，并建立了词表管理系统。此后，由原北京图书馆主持，在《中图法》类目与《汉语主题词表》主题词对应的基础上编制了分类主题一体化词表——《中国分类主题词表》，并于 1994 年出版。1996 年根据增订版补充编制了自然科学部分的轮排索引，从而使结构组成更加完备。目前，《汉语主题词表》有印刷版和机读磁带版两种形式。我国综合性图书馆一般以《汉语主题词表》为标引工具。《中国分类主题词表》收录全部主题词，也可用于主题标引。

（二）结构

《汉语主题词表》包括主表、附表和辅助索引。

1. 主表

主表也称为字顺表，由众多叙词和非叙词按字顺排列而成。主表按社会科学和自然科学两大范畴分别组织。按照词形结构，主表的叙词可以分为后组词和先组词两种类型。为了使主题标引能够同时适应机械和手工检索的需要，词表在大量选择后组词的同时，适当放宽词组的选择范围和级别，增加了词组的数量。根据反映我国社会性质和现实经济发展水平的要求，词表收入了许多反映国家方针政策、新生事物、历史事件等的词组和短语，例如，“经济规律”“生产资料”“党的经济工作方针”等均是词表收入的叙词。按照词表对象的特点，社会科学部分主要收入哲学、政治、经济、文化等各学科门类的词汇，包括社会科学各门类科学术语和社会科学领域涉及的专门概念，如科学派别、政治主张、历史事件、会议文献以及社会活动和政治活动等的专有名词。自然科学部分收入自然科学、技术科学门类中学科、对象、材料、方法、工艺、性能等方面的名词术语或专用名称。两个范畴中涉及的世界各国行政区划名称、自然地理区划名称、组织机构名称和人名等，则从主表析出，另设附表单独编列。

主表叙词款目通常由款目叙词、汉语拼音、英文译名、范畴号、注释项及其语义关系组成（见本章第三节）。

2. 附表

附表是为了控制主表的词量、避免体积过大而将一些专有名词析出，分别按字顺独立编制成表。附表收录的主题词一般都具有单独概念的性质，并具有较强的检索意义和组配功能。《汉语主题词表》中共有 4 个附表。

（1）世界各国行政区划名称。包括：世界各个国家、地区及其所属的重要城市名称；中国行政区划名称，包括省、自治区、直辖市、部分重要城市和地区名称，但县一级名称未予收录，县以下个别重要城镇、村落名称、古代中外政区和地区名、革命纪念地、名胜古迹等直接收入主表，附表不再收入。

（2）自然地理区划名称。包括世界重要自然地理区划名称，如山、川、河、湖、洋、海、岛屿等的名称。

（3）组织机构名称。包括各学科专业领域中具有研究价值和文献论述的重要机构团体名称，但政党派别、军队和中外历史上的机构团体名称由主表收入，不再收入附表。

（4）人物。包括古今中外具有研究价值和文献论述的人物。

以上四个附表分别按主题词的汉语拼音字母顺序排列，主题词款目包括汉语拼音、汉语名称及英文译名等，部分款目下列有注释和参照项。

3. 辅助索引

《汉语主题词表》的辅助索引包括以下几类。

（1）范畴索引。共设置了 58 个大类、675 个二级类、1080 个三级类，其中社会科学 15 个大类、173 个二级类、311 个三级类；自然科学 43 个大类、502 个二级类、769 个三级类。类目标记用两位数字和两位字母。范畴索引允许某些词同时归入 2 个范畴甚至 3 个范畴。

（2）词组索引。词组索引排除了同义关系和相关关系，只反映属分语义关系。《汉语主题词表》的词组索引共收词族 3707 个，包含 67 300 个叙词。其中，社会科学词族 886 个，包含叙词 9800 个，自然科学词族 2821 个，包含 57 500 个叙词。

（3）轮排索引。目前，《汉语主题词表》的轮排索引只包含自然科学部分，收入自然科学部分的全部词汇，包括单词、词组、正式叙词和非正式叙词。轮排的方式为词内关键词索引，每个叙词或非叙词根据其构成词素，即具有检索价值的单元概念，确定轮排数量。条目的排序采用双向排列法，即先按检索入口右侧汉字的拼音排列，右侧相同的主题词按检索入口左侧的汉字从右向左排，以便将靠近入口词的汉字有层次地排列，便于用户选择使用。

（4）英汉对照索引。《汉语主题词表》的英汉对照索引一般将每个主题词（正式叙词和非正式叙词）都翻译成英文，非正式主题词后以 Y 列出相应的正式主题词，所有翻译按字顺排列。

四、《中国分类主题词表》

（一）概况

《中国分类主题词表》（简称《中分表》）是在《中图法》类目与《汉语主题词表》主题词对应的基础上，将分类法与主题法融为一体的一种信息资源标引和检索工具。该表由以国家图书馆为首的全国 40 余家图书情报单位共同编制，编制工作从 1986 年发起，到 1994 年出版，历时 8 年，先后有 160 位专家学者、专业人员参加。全表包括《分类号-主题词对应表》和《主题词-分类号对应表》两部分，共分 2 卷 6 册。2005 年在结合《中图法》第 4 版修订的基础上出版了《中分表》的第 2 版，同时开发研制了电子版机及其编辑、管理系统。为顺应网络环境的新需求，借鉴国内外的理论成果和实践经验，《中分表》在其电子版先期成果和研制实践基础上开发了 Web 版，即 WebCCT。

《中分表》第 2 版是我国目前规模最大的分类主题一体化标引工具，收录分类法类目 52 992 个、主题词 110 837 个、主题词串 59 738 条、入口词 35 690 条，涵盖哲学、社会科学和自然科学的所有领域的学科和主题概念。

（二）《中分表》（第2版）印刷版的结构

《中分表》的主体部分包括2卷，即《分类号–主题词对应表》和《主题词–分类号对应表》。

1.《分类号-主题词对应表》的结构

《分类号-主题词对应表》共分两册，是从分类体系到主题词对照的完整索引。该表相当于一部增加了主题词及主题词组配形式、对应注释与说明的新版《中图法》，以及一部以《中图法》体系组织而成的《汉语主题词表》的分类索引。

《分类号-主题词对应表》的款目包括：分类号、类名、类目注释及对应的主题词、主题词串、对应参见和注释。对应款目的编排格式分为左、右两栏，中间用竖线隔开，左栏为《中图法》的分类号、类名和注释；右栏为对应的主题词或主题词组配形式和对应注释。当一个类目有多个对应主题时，各主题间用分号“;”隔开。分类号-主题词对应款目格式如下所示：

分类号	类名	对应主题词
G629	世界各国初等教育概况	初等教育\世界
G629.1	世界	初等教育\世界
G629.2	中国	初等教育\中国
G629.20	方针政策及其阐述	初等教育\教育方针\中国；初等教育\教育政策\中国
G629.21	教育改革与发展	初等教育\教育改革\中国；初等教育\教育事业发展\中国

《分类号-主题词对应表》中分类号与主题词的对应方法如下。

（1）类目与主题词的对应，以《中图法》的实有类目为基础，原有类目及其注释基本不做增删。

（2）类目对应的主题词中，首先列出与类目概念对应的主题词及主题词串（黑体），同时列出类目注释中的概念对应的主题词和类目包括的主题词。

（3）类目对应的主题词必须是主题词表中的正式主题词。如果没有相应的专指主题词，可采用最接近的主题词的组配标题形式。

（4）《汉语主题词表》中每个主题词均应根据其学科属性分类，归入相应的知识门类下。在主题词无确切类目对应时，一般采用上位类标引或靠类标引的方法，对应于相应类目下。一个主题词可与多个类目对应时，应选择一个主要类目对应，同时可在其他对应类目下加方括号列出。

（5）在使用多个主题词对某一类目进行组配对应时，其引用次序应依据通用分面公式（GB/T 3860—2009《文献主题标引规则》），按“主体因素—通用因素—位置因素—文献类型因素”的次序确定。

（6）对应款目中使用的符号。分类号中间的加号“+”，作为区别图书、资料使用的标记，不用于标引文献；方括号“[ ]”只用于表示交替类目及其对应的主题词；分号“;”作为多个主题词或主题词串之间的分隔符号。第1版中使用的冒号“:”、短横“—”、逗号“,”、三角号“△”等，第2版中均不再使用。

第 2 版增加斜杠符号“\”，用于表示概念相交或倒置关系的主题词之间的组配；增加双竖线“||”，当一个主题词对应多个类目时，作为对应于非主要类目的指示。

2.《主题词-分类号对应表》的结构

《主题词-分类号对应表》是从主题词到分类号的对照索引，相当于一部以《中图法》类号为范畴号的《汉语主题词表》，以及一部主题词表形式的《中图法》类目索引。

《主题词-分类号对应表》的款目包括：主题词、主题词的含义注释及语义参照以及对应的分类号。其中，族首词下采取等级关系全显示，族内词语义参照省略属、分参照；对应分类号包括正式分类号和交替分类号；主题词串-分类号对应款目仅列出主题词串和分类号。例如：

安全监控

　X924.3
　C 安全管理
　C 安全监测

污染物

　X5
　· 大气污染物
　·· 光化学污染物
　·· 粒状污染物
　·· 气体污染物
　··· 臭气
　··· 废气

《中分表》第 2 版与第 1 版相比，第 2 版印刷版不包含主题词的汉语拼音和英译名，主题词串-分类号对应款目不加注释和参照项，对应主题词也不再轮排；用于说明一些特殊主题词对应问题的对应注释说明也不再使用；类目复分用“圈号”表示，圈码加在主表分类号的后部或附表分类号的前部，指示可依圈码所示的附表复分，或作为附表类号标记。具体如下：

圈码① — “总论复分表”
圈码② — “世界地区表”
圈码③ — “中国地区表”
圈码④ — “国际时代表”
圈码⑤ — “中国时代表”
圈码⑥ — “世界民族与种族表”
圈码⑦ — “中国民族表”
圈码⑧ — “通用时间、地点复分表”
圈码⑨ — “专用复分表”或需仿分

思考题

1. 试比较主题法与分类法的异同。
2. 按选词方法划分，主题法主要分为哪几种类型？
3. 叙词语言的词间关系包括哪些类型？
4. 叙词表的字顺展开包括哪些内容？
5. 《中国分类主题词表》中分类法和主题法是如何对应的？

第四章　信息标引

【**教学目的与要求**】信息标引是信息组织的关键环节之一。本章在对信息标引的概念、类型和程序介绍的基础上，介绍信息标引中的主题分析，之后分别介绍分类标引和主题标引的相关原则和方法。通过本章学习，学生应掌握信息标引的概念和程序，熟悉信息标引的主要类型，掌握主题分析的内涵及方法，熟悉分类标引和主题标引的原则和方法，具备完成基本的文献信息资源标引工作的能力。

第一节　信息标引概述

一、信息标引的概念与意义

信息标引，又称文献标引，是在分析文献信息资源内容的基础上，确定反映信息内容的标识，并用规范形式表示的过程。信息标引以文献信息资源的内容特征为主要依据，辅以外部（形式）特征。信息标引的结果是生成文献信息检索标识，其过程包括两个主要环节：一是主题分析，在了解和确定文献的内容特征及某些外部特征的基础上，提炼出文献的主题概念；二是转换标识，将从文献中提炼的主题概念转换为规范化的标识，即用专门的标引语言中的标识表达主题概念，构成检索标识。

信息标引是对信息资源进行组织的基础和前提，对信息资源的开发和利用具有重要价值。通过信息标引赋予信息资源检索标识，在对这些检索标识进行记录、排序、存储的基础上，可以构建各种类型的信息检索系统，从而实现信息从无序向有序的转化。用户也可以通过相应的检索标识查询、获取相关信息资源，从而高效地获取与利用信息。信息标引质量的高低对用户信息查询的效果具有直接的影响。

信息标引是一项十分复杂的技术工作，要求严密性与灵活性兼备，要求标引人员具有较高的素质，需要对标引全过程进行规范化控制。信息标引的规范化控制主要包括选用规范化的标引语言作为标引工具，制定并遵守科学实用的标引工作程序和标引规则。

二、信息标引的类型

根据不同的标准，信息标引可以划分为不同类型。

（一）依据标引语言划分

依据标引过程中所依据的标引语言的不同，信息标引可以分为分类标引和主题标引。

分类标引是依据特定的分类语言，赋予文献分类标识（即分类号）的过程。通过分类标引赋予文献分类标识，可以将大量的文献分门别类，纳入特定的分类体系，实现文献的分类组织。

主题标引是依据特定的主题语言，赋予文献主题标识（即主题词）的过程。主题语言可以分为元词语言、标题词语言、叙词语言、关键词语言等，因此，主题标引所赋予的主题标识可以是元词、标题词、叙词或关键词等。但目前我国主要采用的是叙词语言，主题标引主要是叙词标引，而在实际工作中，有时会把主题标引等同于叙词标引，所赋予的主题词实质上是叙词，这一点需要注意区分。

（二）依据对信息资源内容揭示的特点划分

依据对信息资源内容揭示的特点，信息标引可以分为整体标引、全面标引、对口标引、综合标引、分析标引等。

1. 整体标引

整体标引是一种概括揭示信息资源基本主题内容的标引，也称为浅标引。整体标引只揭示信息资源中具有检索价值的整体性主题，不揭示其涉及的各种从属主题内容，即用一个主题概括信息资源的整体内容或主要内容。例如，对《情报学概论》一书进行整体标引：只要根据文献的整体内容，对“情报学”这一主题内容进行标引即可，对该书中涉及的各个附属主题内容则不必揭示。当特定信息资源涉及两个或两个以上整体主题时，则应根据多主题的标引要求进行标引。例如，对《岩石与矿物的物理性质》一书进行整体标引时，需按照文献论述的主题对象，分别对“岩石的物理性质”和“矿物的物理性质”两个内容进行标引。

整体标引常用于手工检索系统中，综合性文献单位对普通图书通常采用这一标引方式。在实际操作中，对一种文献进行整体标引，一般只赋予1~2个分类号，标引词数量一般限制为2~8个。

2. 全面标引

全面标引，也称为深标引，是一种充分揭示信息资源所有有检索价值的主题概念的标引。全面标引不仅要揭示文献论述的整体主题，而且要揭示符合检索系统要求的所有主题概念。例如，对于《中国社会主义商业经济》一书的标引，根据整体标引的方式，只需标引出商业经济、社会主义经济、中国等主题概念，而如果进行全面标引，则还需标引出商业史、商业的性质、商品的供求关系、商品的购销现存、商业劳动工资、流通费用、资金、利润、商业经济效果、商品价格等方面的主题概念。

全面标引可以加深对信息资源内容的揭示程度，有利于提高检全率，但需要花费较大的人力、物力，适合于使用主题标识结合机检处理专业领域的论文、技术报告等类型的文献，而以图书为对象的标引一般不宜采用全面标引。在实际操作中，全面标引的主题词标引数量一般保持在 5~20 个。

3. 对口标引

对口标引，也称为重点标引，是一种只揭示信息资源中适合某特定专业需要的主题内容的标引。例如，对于《物理与化学》这一资源，物理专业的信息检索系统可以采用对口标引，只标引“物理”这个主题，而化学专业的信息检索系统则可以只标引“化学”这一主题。对口标引有较强的针对性和筛选性，主要适用于专业单位或检索系统对部分内容与本专业相关的文献进行标引。

4. 综合标引

综合标引，是指对丛书、多卷书、论文集、会议记录、连续出版物、档案的卷宗等整套（部）类型文献为一个单元所进行的一种整体标引。综合标引以整套（部）文献的内容为依据，而不是以其中一种、一册或一篇文献的内容为依据，在标引资源的主题内容外，一般还应对资源类型进行必要的揭示。例如，对于《自然科学小丛书》进行综合标引时，除对整体内容“自然科学”进行标引外，一般还需要对“丛书”这一资源类型进行必要的揭示。

5. 分析标引

分析标引，是一种根据信息资源中的部分片段或集合型信息资源的构成单元所进行的标引。例如，对于《信息安全概论》这一资源，除了对整体主题“信息安全”进行标引外，还可以将其中的“密码技术”内容析出，进行分析标引。分析标引是与整体标引和综合标引相对应的标引方式，可以在进行整体标引或综合标引的同时揭示信息资源中有检索价值的主题内容。

除了前述两种分类，信息标引还可以依据标引的自动化程度分为人工标引、自动标引、半自动标引；依据所用标识受控程度分为受控标引、自由标引、混合标引等；依据检索标识的组配方式分为先组标引和后组标引等。

三、信息标引的程序

为了保证标引的质量，标引工作必须遵循一定的操作程序。一般来说，标引工作的程序包括五个基本步骤：查找并利用已有标引成果、主题分析、转换标识、标引的记录、标引的审核。

（一）查找并利用已有标引成果

这一步骤是要确定待标引文献是否已被本单位、本系统或其他单位、其他系统标引过，有无标引成果可以直接采用或作为参考。具体来说，可以通过查重、查找统一标引成果、查找联合标引成果、查看在版标引成果等方式进行。

查重主要面向本单位的资源集合，查找待标引文献是否是本单位收藏并标引过的文献复本。如果确定是复本或内容变化不多的不同版本，可以使用原先的检索标识。这一操作是为了避免重复标引，防止同一文献标引不一致；查找统一标引成果是面向统一编目数据，查看并确认是否可以利用相应的统一标引的检索标识；查找联合标引成果是面向其他单位的资源集合，查看并确认是否有可供参考的其他单位的标引成果；查看在版标引成果是面向出版社的在版编目数据，确定是否可供利用。

（二）主题分析

对于无现成数据可供利用的信息资源，需进行标引。无论分类标引，还是主题标引，都需要进行主题分析，主题分析也是信息标引的关键环节之一，对后续工作具有重要影响。

人工进行的主题分析可以细分为四个紧密联系甚至多次循环的环节，即了解信息资源内容及其表现形式；选择标引所针对的各个内容单元；概括内容单元，形成自然语言表述的主题概念；分析主题的类型、结构、学科属性等。

自动标引的主题分析是从信息资源中自动抽取表达主题概念的自然语言语词，例如，可以基于权值的计算（词频法、逆文档频率法、互信息等）提取信息资源中的重要概念。

（三）转换标识

转换标识，是指将主题分析所得主题概念的自然语言表达转换为规范化的检索语言表述，在分类标引中，这一表述就是分类号，在主题标引中，这一表述是主题词。

人工标引的转换标识可以进一步分为三个环节：检索语言中标识的含义辨析，如分类标引中的类目辨析、主题标引中的主题词辨析；选择表达主题概念或概念因素的恰当标识；构成完整的检索标识，如复分组号、主题词组配等。

自动标引可以分为自动抽词标引和自动赋词标引，自动抽词标引不涉及标识的转换问题，自动赋词标引则是将抽选出的可以反映信息资源主题的自然语言语词与预先编制的规范化词表进行比较，在此基础上选择该自然语言语词所对应的规范化主题词作为检索标识。

（四）标引的记录

标引的记录包括两个方面的内容，一是记录标引成果，将标引所得的检索标识按规定格式进行记载，可以直接录入计算机作为临时记录，待审核后确定为正式记录；二是对标引中遇到的重要问题及处理结果进行记录，方便后期审核与查看。

（五）标引的审核

审核是对前述标引步骤，特别是主题分析和转化标识等环节所开展的考察。审核的主要内容包括：主题分析是否充分、主题概念提炼是否准确、选用的标识是否正确和完整、检索标识的构成是否符合要求等。审核是保障标引质量、减少标引误差的重要步骤。经过审核确认无误的标引成果才能正式输入检索系统使用。

第二节 信息标引的主题分析

一、主题与主题分析

信息主题或文献主题是图书馆学和情报学领域的一个专业概念，虽然已经使用了较长时间，但目前关于主题的概念并没有获得一致的理解。我国的国家标准《文献主题标引规则》（GB/T 3860—2009）将主题定义为：文献所具体论述与研究的对象或问题。张琪玉（1985）在《文献主题的构成因素及层次》一文中提出：文献主题就是概括文献中关于某一事物的情报内容的概念。也有其他学者对主题的概念做出了不同解释，如曹树金（1989）认为：文献主题是概括文献中有参考和检索价值的单元内容的概念，重点指向文献内容单元所论及的核心事物或论题。对主题的不同理解，对于实际开展图书馆学和情报学的相关研究和实践活动是不利的，对这一核心概念达成共识是仍需努力的方向。为了保证论述的一致性，本书后续内容均采用国家标准《文献主题标引规则》对主题的界定。

主题分析是指标引过程中了解和选择信息资源内容、形成和分析主题概念的环节。具体而言，主题分析是通过对信息资源的审读而了解其内容及表现形式，选择内容单元而确定其主题数量，概括单元内容而形成主题概念，进而分析主题的类型和结构，必要时判断主题的学科专业属性的一种智力劳动。如前面所述，主题分析是信息标引的核心环节之一，主题分析所提炼的反映信息资源内容特征的主题概念或主题标识，经过标识转换以后，将会成为信息检索标识。主题分析的效果将会直接影响信息标引的质量。

主题分析要经过多个循环进行，其中主题类型的分析和主题结构的分析是较为重要的部分。下面将对这两个环节的工作进行介绍。

二、主题类型的分析

依据不同的标准，信息主题可以分为不同的类型。

（一）按信息主题的数量分

按信息主题的数量，信息主题可以分为单主题和多主题。

单主题指信息内容只涉及一个中心对象或问题。例如，图书馆学、情报学的学科建设、无机化工设备的维修等，信息内容均只涉及一个中心对象或问题，都属于单主题。单主题可以进一步分为单元主题和复合主题，具体在后面介绍。

多主题指信息内容涉及两个或多个事物对象和问题。例如，向量与张量、情报学及情报学的学科建设等，所涉及的对象或问题不唯一，都属于多主题。多主题依据多个主题间的关系，可以分为并列多主题和从属多主题，如向量与张量是并列多主题、情报学及情报学的学科建设是从属多主题。

（二）按信息主题中主题概念的数量及关系分

按信息主题中主题概念的数量及关系，信息主题可以分为单元主题和复合主题。

单元主题中只有一个主题概念或主题因素，即只有主体因素，如物理学、文学。单元主题的分析较为简单，直接将其析出即可。

复合主题指主题中的主题概念或主题因素有两个或两个以上。例如，汽车车身、飞机发动机制造、喷气式垂直起落分级、森林对气候的影响等，都属于复合主题。复合主题需要进行进一步的结构分析，明确各个主题因素之间的关系，以便对其进行提炼。具体内容将在主题结构分析部分讲解。

依据复合主题中各个主题因素之间的关系，复合主题可以进一步分为概念限定型复合主题、概念交叉型复合主题和概念联结型复合主题。

概念限定型复合主题指由事物及其方面概念或事物及其部分概念组合而成的主题类型，如小麦的病虫害防护、小学英语教学方法等属于由事物及其方面概念构成的概念限定型复合主题，汽车车身、飞机发动机等属于由事物及其部分概念构成的概念限定型复合主题。

概念交叉型复合主题指由两个或多个并列主题概念交叉而成的主题类型，如喷气式垂直起落飞机、水生木本植物等。

关于联结主题，目前对其归属意见并不统一。马张华（2008）认为联结主题是两个或多个对象之间根据一定的联系所形成的一种主题类型。不同主题对象之间的关系较为松散，不像一般复合主题那样已经融合为一个整体，而是介于单主题与多主题之间的主题类型。叶继元（2015）依据主题概念的数量及关系，将主题类型划分为单元主题、复合主题和联结主题。《中图法》第五版的使用手册中，将联结主题归为多主题的一种。

从基本概念的角度分析，本书认为联结主题更接近单主题，即所讨论的对象和问题是单一的，其中心内容在于对联结关系的讨论。虽然并不像一般复合主题那样融合为一个整体，但其主题的基本构成符合对复合主题的界定，即包含两个或多个主题因素，因此，本书将联结主题作为一种特殊的复合主题处理，称为概念联结型复合主题。联结主题常见的关系类型包括以下几种。

（1）应用关系。例如，实验法在社会科学中的应用、数学规划在测绘学中的应用等。

（2）比较关系。例如，中美两国民主之比较、京派文化与海派文化的比较等。

（3）影响关系。例如，森林对气候的影响、雾霾对人体的影响等。

（4）因果关系。例如，环境污染与气候变化的关系、互联网经济对实体经济的冲击等。

（三）按信息资源中对主题论述的重点程度分

依据信息资源中对主题论述的重点程度，信息主题可以分为主要主题和次要主题。

主要主题是信息资源论述的主题内容中作者重点论述的主题。一个信息资源一般至少有一个主要主题，有时也可以有两个或多个主要主题。例如，“音乐与美术”这一信息资源中，同时包含“音乐”和“美术”两个主要主题。主要主题是主题分析的重点，一般应根据标引需要充分加以揭示。

次要主题是指信息资源中不作为重点讨论的主题。例如，在前例的“音乐与美术”这一信息资源中，也对建筑进行了一定篇幅的论述。此时，“建筑”就是次要主题。对于次要主题，应根据检索系统的要求及其自身的情报价值，确定是否将其析出。

（四）按信息资源主题与检索系统专业的相关程度分

按信息资源主题与检索系统专业的相关程度，信息主题可以分为专业主题和非专业主题。

专业主题是指与检索系统专业性质一致的主题，可以是主要主题，也可以是次要主题。对于专业主题，一般应予以充分揭示。非专业主题是指与检索系统专业性质不一致的主题。对于这类主题，专业检索系统一般不予揭示或只在对该专业的研究有联系、有一定使用价值时才酌情析出。

（五）按信息资源论述时表达的方式分

按信息资源论述时表达的方式，信息主题可以分为显性主题和隐性主题。

显性主题是指信息资源正面阐述和表达的主题。例如，“梁启超哲学思想”“水果保鲜”等，都属于显性主题。对于显性主题的分析较为容易，可以根据信息资源的论述将其析出。

隐性主题是指信息资源中没有直接、明确表达的，隐含在其他字面形式中的主题，例如，“梁启超哲学思想”这一显性主题中，还隐含了“中国近代哲学思想”这一主题，而“水果保鲜”这一显性主题，则隐含了“水果防腐”这一主题。隐性主题的表达形式具有隐蔽性，人们往往容易忽略。对于这类主题，应在深入了解信息资源内容，理清有关领域主题内容之间关系和影响的基础上加以提炼。

上述主题类型的划分，是根据信息标引的需要提炼出来的，目的是便于根据各种主题类型的特点，从不同角度加以识别和提炼。但需要注意，特定信息资源往往不限于某一个维度的划分，也可以归属于其他维度的类型划分。

三、主题结构的分析

主题结构是指信息资源主题的构成因素以及它们之间的关系。构成主题的各个基本概念因素称为主题因素。多主题可以分解为单主题，单主题中的单元主题只有一个主题因素，其结构分析较为简单，所以本节重点介绍复合主题的结构分析问题。

（一）概念限定型复合主题的主题结构分析

概念限定型复合主题是由事物及其部分概念或事物及其方面概念构成的主题类型。这一类主题的结构分析有较多的研究。

分析主题结构比较常见的一个做法，是根据主题领域的特点建立基本主题因素的一览表，供主题分析时参考。例如，国际标准《文献工作——文献审读、主题分析与选定标引词的方法》（ISO 5693—1985）即提供了这样的标准。国内外学者也提出了一些主题结构模式，较有影响力的有：凯撒的“事物—国家—过程”模式、柯茨的“事物—部分—物质—行为—性质”模式、阮冈纳赞的“本体—物质—动力—空间—时间”五个基本范畴构成的分面模式、维客利的“物质—部分—成分—测度”和“物质—行为、操作或过程—施动者或工具”两种主题模式等（戴维民，2014）。我国国家标准《文献主题标引规则》（GB/T 3860—2009）中也提出了一种有广泛影响力的主题分面公式，将文献主题概括为 5 种基本主题因素，包括主体因素、方面因素或限定因素、空间因素、时间因素、文献类型因素等。

《中图法》第五版使用手册中将复合主题的概念因素分解为：主体因素（事物或问题及其组成部分）、限定或通用因素（事物的方面，包括状态、过程、性质、材料等）、位置因素、时间因素、民族或种族因素、文献类型因素等。

基于国家标准和使用手册中对主题结构的分析模式，本书提出以下主题分面公示，用于概念限定型复合主题的主题结构分析：

A 主体因素（研究对象）

B 限定或通用因素（事物的部分或方面，包括部分、材料、方法、过程、条件等）

C 空间因素

D 时间因素

E 文献类型因素

在这一公式中，主体因素指信息资源论述的关键性主题概念，包括各种事物、学科、问题、现象等具有独立检索意义的基本主题概念。限定或通用因素是事物的部分概念或方面概念，与主体因素密切相关，但通常没有独立检索意义。空间因素、时间因素、文献类型因素则指文献所论述对象所处的空间或地理位置、时间及所采用的文献类型。按照这一结构，就可以以概括、一致的方式，对信息资源主题构成成分及其关系进行分析，并以此作为提炼主题概念的依据。例如，下列主题可以根据上述公式进行分析。

【例 4-1】汽车车身

主题类型：概念限定型复合主题

主题结构：
主体因素：汽车
限定性通用因素：车身
【例 4-2】苏联六十年代坦克射击论文集
主题类型：概念限定型复合主题
主题结构：
主体因素：坦克
限定性通用因素：设计
空间因素：苏联
时间因素：六十年代
文献类型因素：论文集
【例 4-3】高原桥梁混凝土施工
主题类型：概念限定型复合主题
主题结构：
主体因素：桥梁
限定性通用因素：混凝土，施工
空间因素：高原

从前述例子可以看出，提供确定的主题结构分析模式或引用次序，不但可以避免遗漏有检索价值的主题概念，还有助于对主题因素进行合理的分析和选择。选择一定的主题结构分析模式，也有助于增加主题结构分析的一致性。

（二）概念交叉型复合主题的主题结构分析

概念交叉型复合主题是由并列的主题概念组配构成的，每一个并列的主题概念都可以视作主体因素，两个或多个主体因素紧密结合，构成信息资源所论述的单一主题。对于这一类主题的结构分析，需要析出各个并列的主题概念。

【例 4-4】喷气式垂直起落飞机
主题类型：概念交叉型复合主题
主题结构：喷气式飞机，垂直起落飞机
【例 4-5】畜牧生物气象学
主题类型：概念交叉型复合主题
主题结构：畜牧学，生物气象学

（三）概念联结型复合主题的主题结构分析

概念联结型主题是一种较为特殊的主题类型，本书中将其归入复合主题，作为特殊的复合主题处理。对于这一类主题的结构分析，需要析出联结关系的多个主题概念，这些主题概念也可以视作主体因素，同时还需析出联结词，通过联结关系将多个主体因素整合为信息资源所论述的单一主题。

【例 4-6】数学规划在测绘学中的应用
主题类型：概念联结型复合主题
主题结构：数学规划，应用，测绘学

【例 4-7】分类法与主题法的关系
主题类型：概念联结型复合主题
主题结构：分类法，关系，主题法

【例 4-8】森林对气候的影响
主题类型：概念联结型复合主题
主题结构：森林，影响，气候

【例 4-9】互联网经济对实体经济的冲击
主题类型：概念联结型复合主题
主题结构：互联网经济，冲击，实体经济

第三节 分 类 标 引

一、分类标引概述

分类标引，是指依据一定的分类语言，对信息资源的内容特征进行分析、判断、选择并赋予分类标识的过程。分类标引是信息标引的主要方法之一，是信息资源分类组织的基础和前提，是建立分类排架系统和分类检索系统的必要环节。

分类标引工作需要达到一定的要求，才能使信息资源的分类组织工作保持一定的质量水平：准确，归类要正确、确切，应将信息资源归入对应的学科和专业，同时要归入分类体系中最专指、最切合其内容的类目；充分，要充分揭示有检索价值的信息资源主题；一致，对同一主题内容的信息资源的标引结果应一致；适用，分类标引应考虑系统的特点和用户的检索需求，使标引结果适合使用。

分类标引工作主要的操作包括两个方面：一是认识信息资源，即分析信息资源的学科范畴和内容性质，通过分析研究确定信息资源的属性；二是把握类目含义，即在正确理解类目含义的基础上，将信息资源归到恰当的类。分类标引工作的基本步骤与前面的信息标引的步骤一致，在各个具体环节上体现出其特有的工作内容。主要的工作步骤包括：首先，需要查重，确认是否有可供利用的标引成果；其次，进行主题分析，分析主题类型、主题结构，判断主题的学科归属；最后，进行标识转换，依据分类工具和分类标引规则，赋予信息资源分类检索标识（分类号）。

二、类目辨析

类目辨析是要准确了解类目的含义和包含的范围，是对信息资源进行准确归类的前提。类目辨析的方法和角度有以下多种。

（一）根据上、下位类关系了解类目的含义

上、下位类关系是分类体系中的基本关系类型，上位类对下位类的含义具有限定作用，而下位类则展示说明上位类的范围。利用上、下位类的关系，可以更为准确地把握类目的具体含义。例如，《中图法》的“K878.2 纪念地、故居”和其下位类：

K09　　史学史
K091　　世界
K092　　中国
……

分类法中为了使类目尽可能简短，对下位类类目的确定往往省略其上位类的含义，只列出子概念的意义，这种情况下就需要结合其上位类的含义加以理解。上例中，“K091”“K092”等下位类的含义，准确来说应该是“世界史学史”“中国史学史”等。

（二）根据同位类之间的关系了解类目的含义

分类法中，同位类的设置通常是遵循逻辑划分规则进行的，一般情况下，一组同位类是采用一个区分标准对上位类进行划分得到的，同位类之间相互排斥，界限比较明确。但有时也会根据实际需要，采用两个或多个标准进行一次划分，出现部分同位类之间可能相互交叉的情况。这类情况下，一般应根据同位类的特点，对相关类的含义和范围加以限定，明确区分的界限。例如，《中图法》中的类目：

U416.2　　路面工程
U416.21　　路面：按使用材料分
U416.211　　土路面
U416.212　　加固土路面、加固土基层
U416.213　　砾石路面、砾石基层
……
U416.22　　路面：按结构性质分
U416.221　　柔性路面
U416.222　　刚性路面
U416.223　　半刚性路面
……
U416.23　　路面：按路面级别分
U416.23+1　　高级路面
U416.23+2　　次高级路面
U416.23+3　　中级路面
……

上例中，对于上位类“路面工程”分别按照三种标准进行了划分，按不同标准区分出来的各个类目之间在包含的范围上存在着不同程度的交叉。在确定特定信息资源的归

属时，必须明确相关类目之间的关系，以便正确地归类。

（三）根据类目注释了解含义和范围

各个学科知识之间具有错综复杂的关系，反映到类目体系中，类目之间也呈现出复杂的关系。在实际应用中，特定主题内容可能同时与多个知识门类具有联系。为了解决这类问题，分类表通常以注释的方式规定相关类目之间的区分界限。这些注释对于了解类目的含义与范围十分重要，在使用时需要注意。例如，《中图法》中：

P126　　天文基本常数的测定

一般理论及测定方法入此。

个别星体的测定入有关各类。

Q147　　系统生态学

模拟生态学入此。

理论生态学（数学生态学）入 Q141。

除此以外，对一些特殊的设类方法，类表一般通过注释的方式对类目的使用方法加以规定，借以明确类目的范围，实质上也是一种类目范围的限定。

（四）按照类目体系展开的规律了解类目的含义

分类法中类目的范围与类目体系展开的方式密切联系。掌握类目展开的规律，也是正确了解类目含义和范围的必要途径。

传统等级列举式分类法的类目体系是一个按照从总到分、从一般到专门的方式层层展开的线性系统。在采用这类分类法标引时，必须在掌握类目体系展开规律的基础上，了解类目的确切范围，把握不同层次相关类目之间的关系。

了解类目含义的角度不限于前述几个。一般情况下，注意类目的各种相关联系，并与类表展开的结构结合，就可以准确地进行类目的辨析。

三、分类标引的基本规则

分类标引规则是准确、一致、充分、适用地进行分类操作的重要条件，一般是根据检索系统的需要，并结合信息资源的特点确定的。分类规则根据适用的范围可以分为 3 个层次，即基本分类规则、一般分类规则、特殊分类规则（国家图书馆《中国图书馆分类法》编辑委员会，2016）。特殊分类规则是指适用于不同学科门类的分类规则，本书不做讨论。

基本分类规则是整个分类过程中始终必须遵循的、具有指导作用的规则。基本分类规则是从信息资源分类原则中引申出来的，并结合分类标引的基本特点和要求确定的，具体包括以下内容。

（一）信息资源分类以信息内容的学科或专业属性为主要标准的原则

这是信息资源分类中最重要的原则，信息资源只有以内容的学科属性为分类的主要标准，才能把众多的信息资源纳入既定的科学（知识）分类体系中，按学科或专业属性聚类，形成分类法特有的系统检索功能。空间、时间、民族等内容属性是其次考虑的辅助标准，形式特征一般是最后才考虑的。

（二）信息资源分类的系统性和逻辑性原则

分类法是一个具有逻辑性的概念体系，每个类目的内涵和外延受到众多因素的限定，信息资源分类时必须体现分类法的系统性和逻辑性。例如，分类法上、下位类的从属属性，同位类的并列属性，受类目逻辑关系体系限定的类目内涵，总论与专论的处理原则等，都应体现在分类标引中，不能脱离类目之间的逻辑关系和类目注释的限定，孤立地理解类名的含义。

（三）信息资源分类的专指性原则

信息资源分类应把信息资源分入最切合其内容的类目，不能分入范围大于或小于信息资源实际内容的类目。只有当分类表中无确切类目时，才能分入范围较大的类目（上位类目）或与信息资源内容最密切的相关类目。

（四）信息资源分类的实用性原则

信息资源分类在依据内容属性的同时，还应结合考虑文献的用途、宗旨与读者对象、检索系统的专业性质和用户需要等因素，归入能够发挥最大用途的类。当被标引的信息资源涉及分类法的多个类目时，应首先归入对用户最有用、最容易检索到的类目，再通过互见分类、分析分类等方法进行全面反映。

（五）信息资源分类的一致性原则

一致性原则是指把内容相同的信息资源归入相同的类。不同的标引人员对同类型或同性质的信息资源分类，或在不同的时间对信息资源分类，其结果应该是一致的。

（六）信息资源分类的客观性原则

分类标引应以文献实际论述的主题为依据，不掺杂标引人员的主观意向。凡属于不同学术观点、不同的宗教信仰、不同的道德观念的阐述，一般不予区分。

（七）信息资源分类的深度控制原则

对于多主题信息资源和内容涉及多个类目的信息资源，应分别根据不同的情况进行分类标引深度控制。互见分类、分析分类是对多主题信息资源整体分类的补充，是提高信息资源分类标引深度的主要手段。互见分类，也称附加分类，指一种信息资源除按其全部内容或重点主题进行分类外，再对其中的非重点主题，或因分类规则所限定没有得以揭示的其他整体性内容进行分类。分析分类，指对信息资源的局部内容进行分类，如对整套文献中的某一种、对文献单元中的某一知识单元进行分类。

四、分类标引的一般规则

分类标引的一般规则是指有关某种主题形式、某种文献类型的分类规则。本节主要讨论各种主题类型和文献类型的分类规则，以及复分、仿分和主类号组配的规则。

（一）各主题类型的分类标引规则

1. 单元主题信息资源的分类

单元主题是指信息资源只含有一个主题概念因素，即主体因素，一般按照主题对象的学科属性归类。

例如，物理学，归入 O4。

又如，分类法，归入 G254.1。

2. 复合主题信息资源的分类

复合主题包括两个或两个以上的主题因素，本书按照各个主题因素间的关系，将复合主题分为概念交叉型复合主题、概念限定型复合主题和概念联结型复合主题。下面分别阐述其分类标引规则。

（1）概念交叉型复合主题的分类。概念交叉型复合主题是指由两个或两个以上具有交叉关系的因素复合而成一个事物或学科的主题。对于这一类主题的归类分为以下几种情况。

①有专类的归入专类，例如，“物理化学”归入 O64。

②如果是应用与被应用关系的交叉学科，归入应用到的学科，如“心理历史学”，是心理学应用到历史学，归入“K0-05 历史与其他学科的关系”。

③如果是两个或多个学科相互渗透、相互作用的概念交叉型主题，按主题学科属性归类，如“社会主义市场经济”，属于社会主义的商品生产与交换范畴，归入“F045.5 社会主义计划与市场”，不入经济学基础理论下的“F014.3 商品生产与交换”。

④如果是具体事物交叉型主题，如“喷气式垂直起落飞机”，若有该交叉概念的类就直接给号，若没有，就按“喷气式飞机”给号，然后“垂直起落飞机”给一个互见号。

（2）概念限定型复合主题的分类。概念限定型复合主题是由事物及其部分或方面概念构成的主题类型。具体标引规则如下。

①对于“事物–方面”型复合主题，一般依据“方面”的学科属性归入相应学科或专业，然后依据其他因素归入或复分有关类目。例如，“小麦种植”，先依据事物方面的学科属性，归入农业类的农作物类下的小麦类，再依据小麦的方面属性复分为 S512.104。

②论述一个主题两个或两个以上方面的信息资源，应根据不同方面之间的关系确定其归属。如果信息资源中有重点论述的方面，则归入该重点方面所属的类；不能辨别重点的，有共同上位类的，归入共同上位类，没有共同上位类的，按照在前的方面归类，并在相关类互见。例如，“土壤分析与改良”，不能辨别重点，归入上位类“S15 土壤学”。

③对于“事物–部分”型复合主题，论述某一事物的某个部分的信息资源，一般应依据“部分”归类，无“部分”的类目，可归入“事物”的类目。

④对于“事物–部分–方面”型复合主题，从某一方面论述事物某一部分的信息资源，一般应依据“部分”的“方面”所属的学科性质归类。例如，“汽车轮胎制造”，归入“TQ336.1 轮胎”。

（3）概念联结型复合主题的分类。联结型概念间的关系表现为应用、影响、因果、比较等，具体标引规则如下。

①应用关系的概念联结型复合主题，指一个主题应用到另一个或几个主题中，或者是指几个主题同时应用到另一个主题中。一般应归入应用到的事物或学科的有关类目。例如，“激光在医学中的应用”，归入医学所属类目。当应用到的主题不唯一时，则归入被应用事物或学科的有关类目。例如，“激光在工业、农业和医学中的应用”，归入激光所属类目。

②影响关系的概念联结型复合主题，指一个主题对另一个或多个主题产生影响，或多个主题对一个主题产生影响，或各主题之间互相影响。一般归入受影响主题所属的类目。当受影响的主题有两个或多个时，一般按发生影响的主题归类。若某一受影响的主题是论述的重点，则按重点受影响的主题归类。例如，“人为灾害对环境的影响”，归入环境所属类目“X45 人为灾害及其防治”。

③因果关系的概念联结型复合主题，指一个主题是另一个主题或多个主题产生的原因，或者一个主题是另一个或多个主题产生的结果。一般归入结果方面的主题所属的类目。如果一个原因产生多个结果，则按原因的主题归类。例如，“吸烟与肺癌”，归入“R734.2 肺肿瘤”。

④比较关系的概念联结型复合主题，指信息资源中多个主题之间具有相互比较优劣或异同的关系。一般应归入作者重点论及或赞同的事物或学科所属的类目，必要时为其他主题做互见分类；如果没有重点或倾向，而分类表中有相应的类组或上位类目能够概括比较的两个或多个对象，则归入相应的概括性类目或上位类。例如，“东西方文化的比较”，归入“G04 比较文化学”。

3. 多主题信息资源的分类

多主题是指信息资源中包括两个或多个主题对象，可以分为并列多主题和从属多主题。

并列多主题，是指一个信息资源中同时论述两个或两个以上各自独立的主题。论及两个并列关系主题的信息资源，根据论述的重点或写作的目的归类；若不能辨别重点，有共同上位类的，归入共同上位类；若没有共同上位类，则按前一个主题的学科属性归类，并为另一个主题做互见分类；具有多个并列主题的信息资源，一般可根据其涉及的范围，归入共同的上位类或概括性类目。

从属多主题，是指一个信息资源同时论述一个大主题和一个小主题，大主题的外延可以包含小主题。一般应按大主题归类；但如果信息资源的研究重点为小主题，则依据小主题的学科属性归类。

（二）各文献类型的分类标引规则

1. 多卷书的分类标引

多卷书是一种分卷、辑、册逐次或一次出版的文献。多卷书一般集中分类，以全书的整体内容为归类的依据。对分卷内容相对独立，并有分卷书名的卷、册，可以再做分析分类。例如：《物理学第三册：光学》，本书归入 O4，本册分析分类号为 O43。

2. 丛书的分类标引

丛书是按照一定的主题范围，汇集多种单独的著作，并题有一个总书名的文献。丛书的分类方法有两种，一种是集中分类，另一种是分散分类。

（1）丛书的集中分类：按照整套丛书内容的学科属性集中归类。在按整套书标引时，除了类表中已有的丛书专类以外，应在分类号中加上丛书复分号“-51”，必要时还应对丛书中的每种或某几种单书进行分析分类。宜集中分类的丛书类型包括：科普性、知识性丛书；各书内容联系紧密的专题性丛书，尤其是专题狭小的丛书；一次刊行的丛书；有总书名、总的编制计划、总目次的丛书。例如，《十万个为什么》集中分类，归入 N49（此类为丛书专类）；《鲁迅研究丛书》集中分类，归入 I210.97-51。

（2）丛书的分散分类：按丛书各个分册的内容分别归类。丛书分散分类时不必使用丛书复分号。必要时，再为整套丛书进行综合归类。宜采用分散分类的丛书主要是学科性和专业性强、学术价值高、内容广泛、各分册之间联系不密切的丛书。例如，《现代系统工程概论》（现代管理科学丛书），分散分类，归入 N94；《美国城市管理》（政治学丛书），分散分类，归入 D771.232。

3. 工具书的分类标引

工具书可以分为参考工具书、检索工具书和语言工具书三大类，分类的方法有所不同。

（1）参考工具书的分类标引。参考工具书是专供查考资料、事实、数据的工具书，包括百科全书、词典、手册、年鉴等。综合性参考工具书归入“Z 综合性图书”的有关各类；专科性参考工具书按其学科内容归入各有关学科，再依据“总论复分表”分。如果需要将专科性参考工具书集中，可归入“Z 综合性图书”的有关各类，并用组配编号的方法，依据学科细分。例如，《中国大百科全书》，归入 Z227；《经济统计年鉴》，分散标引，归入 F222-54；集中标引，归入 Z58：F222。

（2）检索工具书的分类标引。检索工具书是专供查找文献或事物线索的工具书，包括目录、索引、文摘等。属于查找文献线索的检索工具书，均集中归入 Z8 有关各类，可在有关类互见，提供检索途径；专科性的目录、索引、文摘的分类，可按其内容归入有关各类，并在分类号后再加上总论复分号“-7”；如需集中专科性检索工具书，可将其归入“Z 综合性图书”的有关各类，再按组配配号法揭示其学科；专书索引一般随原书归类或按分类法的规定归类；查找事物（而不是文献）的工具书按其学科内容归入有关各类，再依据“总论复分表”分。例如，《全国总书目》，归入 Z812.1；《史记》人名索引，归入 K204.2-7；《全国中医图书联合目录》，归入 Z88：R2，互见类号为 R2-7；《有机化合物索引》，归入 O62-64。

（3）语言工具书的分类标引。语言工具书是专供学习和使用语言的工具书。各语言的普通字典、词典归入相应语言的字典、词典类；专科词典按专业内容归入有关学科门类，并加复分号“-61”。单语种的词典归入该语言的有关类目，两种外语对照的词典归入前一语种，汉语与中国少数民族语言或外语对照词典，归入有关少数民族语言或外语的有关类目，三种以上语言对照的词典归入“H061 词典”类。例如，《汉语大辞典》，归入 H164；《朗文现代高级英汉双解词典》，归入 H316；《英、日、法三国语言词典》，归入 H061；《英汉对照物理学词典》，归入 O4-61。

4. 教学用书的分类标引

教学用书指教科书、教学参考书、教学大纲、教师学生参考书、习题试题集等。除中小学用书（包括职业技术教育和初、中等成人业余教育的文化基础课教学用书）分入各级教育有关类外，其他均按文献的学科内容分入有关各类，并用“总论复分表”中的教材、教学参考书等复分号加以复分。例如，化学（成人业余中等教育基础课教材），归入 G723.48；化学（普通中专职业教材），归入 O6-43。

5. 特种文献的分类标引

特种文献包括专利文献、标准文献、会议文献、学位论文、产品资料、科技报告等。如果没有必要使用专门的分类法对某种特种文献进行分类标引，可以采用《中图法》对其进行标引。

（1）专利文献的分类标引。专利文献是指经专利机构批准的，获得专利权的有关新技术、新方法、新工艺、新产品的文献形式。使用《中图法》进行标引时，自然科学总论和工业技术设有 C18、N18、T-18 等专类，可分别容纳内容涉及社会科学多学科、自然科学及技术科学多学科的专利文献；各学科的专利可依专利内容的学科、专业属性入有关各类，再以总论复分号“-18”复分。专利综合汇编入 G306.9。有关专利或专利文献的理论著作，依其内容性质归入有关各类，例如，专利制度归入 G306.3，专利法归入

D913.4。

（2）标准文献的分类标引。标准文献一般进行分散归类，C65、N65、T-65 分别容纳内容涉及社会科学、自然科学、技术科学多学科的标准文献；内容属于某学科、专业的标准入有关学科、专业的类目，必要时以总论复分号“-65”复分。例如，集中归类，可以归入 T-65 及以下各类；有关标准理论的文献归入 G307。

（3）会议文献、学位论文、产品资料的分类标引。会议文献主要指会议录或论文集，学位论文一般包括硕士学位论文和博士学位论文，产品资料包括产品样本、产品目录、产品说明书等。这三类特种文献的分类标引，一般依其内容分入各学科、专业的有关类目，再加上相应的总论复分号。也可集中归入 C、N、T 类的有关类目。

（4）科技报告的分类标引。科技报告是指某一专题研究或科学技术成果的报告。一般依报告内容的所属学科、专业分散归入有关各类。对于连续出版的科技报告，应以整套报告的内容归类，然后再依据每份报告的内容进行分析标引。

6. 期刊、报纸的分类标引

（1）期刊的分类标引。期刊的分类标引应采用《中图法报刊分类表》。该分类表的体系结构、标记符号与《中图法》基本一致，只是类目较粗，个别类目做了合并、修正和改动。

（2）报纸的分类标引。报纸一般按“地区—刊名—年代”或“刊名—年代”进行排架或组织目录；也可以利用《中图法报刊分类表》进行分类标引。

7. 非书资料的分类标引

非书资料是指缩微资料、声像资料、机读文献等非纸介质非印刷型文献。非书资料的分类标引与普通文献基本一致，非书资料的整体标引方法与普通文献相同。其中作为图书附件的非书资料，一般应与原书的分类标引取得一致。

8. 某些著作方式文献的分类标引

（1）经过缩编、改写的文献的分类标引。如果内容改动不大，均随原书或原文分类。如果内容改动较大，甚至改换名称，则应根据改变后的内容重新分类。例如：

《西游记》（缩写本），归入 I242.4。

《西游记》（电视剧），归入 I235.2。

（2）对原著进行研究的文献的分类标引。对原著的研究，包括注释、解说、考证、评论、札记等，一般按原文献归类。但如果类表中设有专类或另有规定，则依据类表的规定分类。例如，对马列主义经典著作研究的文献，集中归入 A8 类；对文艺作品的研究，归入有关文艺理论类，不随原著归类。

（三）复分、仿分和主类号组配的规则

《中图法》进行分类标引时，号码配置大致有两种情况：一种是利用主表直接获得

表达信息资源主题的完整分类号码；另一种是利用组配技术，通过不同号码的组配获得完整分类号码。组配技术是指利用分类表中已有类目的号码，按照一定规则组合复合类号，用以表达类表中未设置的专指类目。这种组配标引，主要体现在复分、仿分和主类号组配等三个方面。

1. 复分的一般规则

复分即在使用主表类目分类的同时，结合使用复分表类目加以区分，通常按类表要求，将主表号码与复分号码组配。复分的一般规则包括以下几条。

（1）复分表中的号码不能单独使用，必须与主表类号结合使用。

（2）除总论复分表可根据需要自行使用外，其他通用复分表和专类复分表一般需要有注释指示才能使用。

（3）主表中已有专类的概念，不得采用复分组号表达。

（4）复分号码的组配次序，一般应按照类表注释指定的顺序进行。复分号应按有关类目注释加于主类号之后。连续复分时，应依据规定的使用范围和次序进行处理。例如：

I3/7 各国文学

依世界地区表分，再依下表分。例如，日本近代小说集的号码是 I313.44。

（5）复分号码与主表号码的成分含义相同时，应删除重号。例如，在标引“法国文学”这一主题时，按类表要求，应先依据世界地区表分，法国的号码是 565。其中号码 5 表示欧洲，其含义与“I3/7”中的号码重复，应标引为 I565，而不是 I556.5。

2. 仿分的一般规则

类目仿分是利用邻近的相似或相关类目的子目，作为有关类目进一步区分的依据，具有与复分表相似的作用。《中图法》中仿分主要有两种类型，一种是对邻近类目的仿分，一种是对总论性类目的仿分。对邻近类目的仿分，是指一组邻近的相似类目需要按相同标准进一步区分时，将在前类目详细展开，后面类目不再编列子目，在需要细分时仿照已展开类目进行复分。对总论性类目的仿分，是指在从总到分展开的过程中，将总论性类目的分法作为性质相似的专论性类目进一步区分的依据。类目仿分的规则包括以下几条。

（1）类目仿分需根据有关类目的注释要求进行，凡不在仿分限定范围内的不得随意仿分。

（2）需连续仿分时，仿分必须根据注释的规定依次进行，不得改变仿分组号的顺序。

（3）当遇到“各国”仿“中国”的类目分，同时涉及时代因素复分时，应将“依中国时代表分”的注释自行理解为“依国际时代表分”。

（4）当被仿分的是一组“/”连接的具有起止性质的类目时，应根据被仿分类号的配号变化正确组号。

3. 复分、仿分加“0”的规则

《中图法》的标记符号是一个按照类目的次序和等级展开的符号系统。为了避免在复分、仿分配号时出现与类目体系中已有号码相重或与原有排列原则不一致的现象，类表规定通过在复分、仿分时加“0”，表示新类目的插入。《中图法》复分、仿分时加“0”的规则如下。

（1）主表各级上位类，如再依其他标准细分时均应在复分子目号前加“0”。需注意的是：这里的上位类是指其类号编号是严格按层累制的，如果上下位使用的是同级类号，上位类复分时不用加“0”；某类目虽然没有下位类，但其下邻的同位类号借用了它的下位类号，那么该类也作为上位类对待，需加“0”；如某专类复分表的子目号本身均已冠“0”，复分时就不再重复加“0”。例如，《汉代哲学研究》，标引为 B234.05，不能标引为 B234.5。

（2）自然科学各类的专类复分表的子目前均已冠“0”，各级类目依其复分时无须再加“0”。

（3）具有概括性地区属性的类目，即某级地区上位类，如果再依其他因素（非地区因素）细分时，均应在细分子目号前加“0”。例如，《中东地区难民问题》，标引为 D737.039.1，不能标引为 D737.391。

（4）主表具体类目仿“一般性问题”分，均应在复分子目前加“0”。需注意的是：“一般性问题”中的部分子目如再仿“一般性问题”分（包括本一般性问题类），应在仿分号前加“0”；凡“一般性问题”仿“一般性问题”分、“一般性问题”中的部分子目只允许仿“一般性问题”中的个别子目分、主表类目仅允许仿“一般性问题”中的个别子目分等情况，均无须在仿分号前加“0”；邻近类目的仿分，不需要加“0”；如果某类列类不全，需仿“一般性问题”分加以补充时，也不需在仿分号前加“0”。例如：

《立式车床的消震设备》，标引为 TG515.023.6，不能标引为 TG515.236。

《无机化工设备的防腐技术》，标引为 TQ110.509，不能标引为 TQ110.59。

《电力牵引原理》，标引为 TM922.01，属于“一般性问题”仿“一般性问题”分，无须加“0”。

《羊的饲养管理》，标引为 S826.4，属于邻近类目仿分，无须加“0”。

（5）在需要进行多种复分或仿分时，如出现跳过某一个复分或仿分标准的情况，一般应加“0”。例如，《法国言情小说》，标引为 I565.407，不能标引为 I565.47。

（6）类表中对复分加“0”有特殊规定，一般按类目注释要求操作。例如，K21/27 仿 K20 复分时，均应加“0”。例如，《唐朝编年》，标引为 K242.043。

4. 主类号组配的规则

主类号间的组配，是指按照分类法的要求，使用特定的辅助符号，将一个主类号与其他和文献内容相关的主类号组合，表达文献内容。《中图法》以组配符号“:”进行主类号间的组配，主要应用于以下三个方面。

（1）被分散到各类的“专论”，如愿集中在“总论”类目，可以用组配编号法进行集中处理。例如：

O29 应用数学

总论入此。具体应用入有关各类。如愿集中于此者，可用组配编号法。例：工程数学为

O29：TB11。

（2）通过应用组配编号法，对某些类目进行细分。例如：

Z88 专科目录

专科、专题的书、刊目录入此。

可按本分类法体系分，即将各学科的分类号码加于本类号之后，用组配符号“:”组合。例：医学书目为 Z88：R。

（3）通过若干个与文献主题相关类目的组配，表达分类法中未列举的新主题，或从不同维度对主题进行区分。但这类情况仅适合资料分类。例如：

TM53/59 各种电器

如有必要按高压电器、低压电器区分时，可用组配方法。例：高压熔断器设计为 TM563.02：TM51。

主类号组配的规则主要有以下几条。

（1）图书分类中，组配编号法仅限于主表规定的组配编号类目，一般不进行扩大。在资料分类时，也应在允许的范围内扩大使用。

（2）资料分类，可以应用组配编号法的情况包括：对于应用关系、影响关系、比较关系、因果关系等主题类型，可通过相关类目的组配，表达文献主题；对于复杂主题，利用已有类目组配表达；对于少数民族或外国语专科词典、多种语言对照的语文词典等，组配编号揭示涉及的语种；对多重列类的类目，使用组配编号法表达文献涉及的多因素主题。

（3）主表已列出的专类的复合主题，不得再用组配编号法组配表达。例如，力化学，入 O64。

（4）凡可通过复分、仿分表达的主题，不得使用组配编号法表达。例如，中国建筑史，可标引为 TU-092，不用 TU：K20。

（5）在组配编号时，应根据被标引的主题，以最专指类目的类号进行组配标引。例如，社会心理学，集中归类时可用组配标引，类号为 B848：C91。

（6）通用复分表、专类复分表的类目不能直接作为组配标引的对象，但主表类目在进行复分、仿分后，仍可以进行组配。

第四节 主题标引

一、主题标引概述

主题标引是依据一定的主题词表或主题标引规则，赋予信息资源语词标识的过程。具体而言，主题标引是在主题分析的基础上，以一定的词表或标引规则作为依据，将信息资源中具有检索意义的特征转换成相应的主题词，并将其组织成表达信息资源内容特征的标识的过程。按照是否使用词表，主题标引可以分为受控标引和自由标引。

主题标引和分类标引是信息标引的两种主要方法，二者既有相同之处，也有不同之处。主题标引和分类标引的相同之处在于以下几点。

（1）二者揭示的对象相同。主题标引和分类标引都是以信息资源的主题内容为揭示和转换对象的，在主题分析的过程中，都是以主题内容为主要依据的。

（2）二者依据的数据来源相同。主题标引和分类标引都是以信息资源的题名、目次、提要、正文等作为标引依据的。

（3）二者操作程序相同。主题标引和分类标引一般先进行主题分析，在主题分析的基础上提炼主题概念，之后进行标识转换，并需要遵守一定的标引规则。

（4）二者基本处理方法相同。例如，主题表和分类标引的主题分析方法是一致的，都要分析主题类型和主题结构；二者都要根据信息资源的类型、特点确定相应的标引方式或揭示方法等。

主题标引和分类标引的不同之处表现在以下几点。

（1）主题分析的角度不同。分类标引侧重从学科、专业的角度组织体系，除需要析出带标引的内容对象外，还需进一步确定其研究的学科角度。主题标引侧重对标引对象的确切揭示，而不必确定资源的学科属性。

（2）转换途径不同。分类标引以分类表为工具，一般需按类目之间的关系层层分析；主题标引以字顺系统为主要途径，可以直接从语词出发进行查找。分类标引一般可以直接按对应的类目进行标引，转换明确；主题标引通常需要对主题概念进行分解转换，有时需反复查表，难度较大。

（3）标识不同。分类标引形成的检索标识是分类号，主题标引形成的检索标识是主题词。两种标识在直观性和通用性上各有优劣，同时两种标识的生成各自有一系列规则，例如，《中图法》预先确定了分类号的配号次序，形式固定；而主题法的标识在分解转换的基础上，需按主题概念之间的关系进行组配，要选择主标题、确定引用次序等。

（4）揭示的特点不同。分类标引以学科体系作为类目展开的基础，子目的列举受先组式体系的束缚，对主题对象的揭示比较概括；主题标引通过组配方式表达主题内容，对主题对象的揭示较为专指。

二、主题概念的转换

主题概念的转换就是把用自然语言提炼的主题转换为正式主题词表达的主题。通过定义可以发现，受控主题标引中涉及主题概念的转换，而自由标引中无须进行主题概念的转换。以下所阐述的内容均以《汉语主题词表》为例。

主题概念转换包括直接转换和分解转换两种类型。概念的直接转换是指待标引主题概念可以直接用词表上的一个对应叙词加以表述，这种转换较为简单。概念的分解转换是指待标引主题概念没有现成的主题词可供直接标引使用，必须首先将该主题分解成若干个基本的主题概念，再将基本的主题概念转换为词表中的词。

分解转换是主题标引的难点和关键，其主要的原则和要求包括以下几点。

（1）必须进行概念分解，避免字面拆分。叙词语言通过叙词的概念组配来表达主题概念。概念组配是通过概念之间的相互限定来加深概念内涵，而概念分解是概念组配的逆过程，通过减少概念的内容，将其分解为相应的基本概念。按照主题概念内部之间的关系，概念分解有交叉关系分解法和限定关系分解法。交叉关系分解法是将一个复杂概念分解成若干互相具有交叉关系的概念成分，例如，“畜牧生物气象学”可分解为“畜牧学”和“生物气象学”等概念成分。限定关系分解法是将复合概念分解为两个或多个限定关系的概念成分。例如，“汽车发动机”可分解为“汽车”和“发动机”两个概念成分。分解转换是基于主题概念的含义进行的，不能进行字面拆分。当一个复杂概念既可采用交叉关系分解也可采用限定关系分解时，应采用交叉关系优先的原则。

（2）分解转换的程序，应按照从专指到泛指的次序进行。一个复杂的主题概念往往有多种分解转换的形式，例如，“飞机结构设计”可以分解为“飞机”“结构”“设计”“飞机结构”“结构设计”等。为保证标引的一致性，一般要求以词表中最专指、关系最密切的词进行组配标引。按照从专指到泛指的次序进行查找，有助于根据收词的特点，以最专指的方式进行标引。前例中，按照从专指到泛指的方式查找，可依次查找“飞机结构、结构设计”、“飞机结构、设计”或“飞机、结构设计”、“飞机、结构、设计”。

（3）应根据概念内涵析出最专指的分解形式。对于特定的待分解概念，应将其分解成词表中所能表达的最接近被分解概念的若干概念因素，以保持概念分解的一致性。概念分解的一种情况是，复合主题概念本身就包括了专指的字面分解形式，则分解过程比较简单，例如，“工业企业财务管理”，可分解为“工业企业”“财务管理”。另一种情况，复合主题字面上没有显示出最接近的上位概念，这类概念应根据概念关系，采用逐步减少概念内涵的方式分解。例如，“物理哲学”应分解为“物理学”“自然哲学”，“文献计量学”应分解为“文献学”“应用计量学”。

（4）概念分解的结构不能冗余或缺损，以保证分解前后的概念内涵的一致性。例如，“农村住房结构设计”较易分解为“农业建筑”“居住建筑”“结构设计”，而容易遗漏“建筑结构”。

三、标识的确定

标识的确定是指依据检索系统的使用需要，在完成标识转换的同时，对标引词进行必要的处理。检索系统或检索工具可以分为手检工具和机检系统。手检工具一般采用先组方式，即在标引阶段完成标识的组配，而机检系统一般采用后组方式，即在检索阶段进行标识的组配。因此，标识的确定也分为先组和后组两种形式。

（一）先组式标题的确定

利用叙词语言编制手工检索工具，一般应根据手工检索工具的需要，对标引词进行处理，确定标题。首先需要确定标题的结构形式，如果是多级标题，还需要做好多级标题的相关处理。

1. 确定标题的结构形式

信息资源的主题有多种类型和结构，标引信息资源使用的叙词数量也不相同。标题可以由单个叙词构成，也可以由多个叙词构成。由多个叙词构成的标题，需要确定多个叙词的组配次序，排在前面的称为主标题，将作为排检依据和检索入口词；依次排在后面的叙词称为副标题（也称为子标题），其作用是对主标题进行修饰、限定和细分。主标题和副标题的数量不等，可分别称为单级标题、二级标题、三级标题等。具体来说，标题的结构形式包括以下类型。

（1）单级标题，由一个叙词构成的标题形式，包括以下形式。

①单词标题，例如，情报学、吸尘器、教育。

②词组标题，例如，网络信息安全、社会调查研究。

③带限定词的标题，例如，耐受性（体育）。

（2）复合标题，即多级标题，由两个或两个以上叙词通过一定的语义逻辑关系组配形成的多级标题形式。常用的组配符号，冒号“:”表示两个或多个并列交叉概念之间的组配；短横“—”表示事物及其限定（部分或方面）概念间的组配；逗号“,”一般用于限定关系的标题轮排时使用。例如：

人类遗传学：遗传生理学

文献—编目

（3）复杂标题，同时使用两种以上组配符号的标题形式，例如：

超音速飞机：轰炸机—结构设计

2. 多级标题的相关处理

当标题是多级标题时，还需要处理以下问题。

（1）确定主标题。主标题位于标题的最前面，是标题检索的入口。主标题一般是表示主题因素的叙词，多级标题中，通常选择表示信息资源研究的对象、问题、现象的中心叙词作为主标题，其他叙词作为副标题。

（2）确定叙词的引用次序。叙词的引用次序即标题中叙词的排列次序，一般应按照主题词之间的关系进行确定，在确定主标题后，依据一定的原则，根据其他叙词与主标题的关系进行排列。关于引用次序，国内外有不同的原则，国内一般可依据主体因素、通用因素、空间因素、时间因素、文献类型因素的次序排列。

（3）确定轮排模式。轮排是指依次将标题中每个有独立检索意义的叙词作为检索点，轮流排在主标题的位置上，同时对标题中的其他叙词进行相应的变动。轮排可以以最经济的方式提供有效的检索入口。国内手检工具一般采取轮替轮排法，依次将具有独立检索意义的叙词排作主标题，标题中其他词的位置保持不变。

（二）机检词的处理

机检系统一般对信息资源采用深度标引，每个信息资源选取的叙词数量通常比手工检索系统多。此外，机检系统通常按后组式方式使用，为避免错误组配关系，需要对机检词进行必要的处理。常用的处理方式包括以下几种。

（1）加联号。联号一般为数字或字母，通常加在标引词之后，用于揭示同一信息资源的多个标引词之间的联系，目的是防止标引词之间可能出现的虚假组配。例如，对于“广东的对外贸易与香港的转口贸易”这一主题，若仅采用“对外贸易”“广东”“转口贸易”“香港”进行标引和检索，则该信息资源除可以将“对外贸易—广东”或“转口贸易—香港”检出外，还可以将“对外贸易—香港”或“转口贸易—广东”检出。而后者为该信息资源所未论及的虚假内容。使用联合可以避免出现前述问题。例如，可以用数字 1、2 为联号，则该信息资源可标引为：

对外贸易 1
广东 1
转口贸易 2
香港 2

（2）加职号。职号是表示标引词在组配表达主题时职能作用的符号，可以指明同一主题的标引词中，特定词的职能或角色，从而明确词间关系及其表达的概念。例如，“森林对气候的影响”这一主题，“森林”是影响因素，“气候”是受影响者。在后组式检索系统中，若仅用“森林”“影响”“气候”进行标引，则有可能同时检出“森林对气候的影响”和“气候对森林的影响”两种资源。使用职号可以避免前述问题。

使用职能符号一般应根据需要预先确定句法范畴和相应的符号。例如，A 表示动作对象，B 表示部分，C 表示性质，D 表示操作，E 表示施动者。则前述例子可以标引为：

森林 E
影响 D
气候 A

（3）根据输出需要确定标题。如果标引词仅供机检系统使用，则其处理相对简单，只需将主题标识及辅助符号输入系统即可。如果文献单位需要结合机读文档自动编制书本式索引或输出书目卡片等，一般还应同时为机编索引或手工目录确定标题，具体可参考先组式标题的确定部分的内容。

四、主题标引的基本规则

主题标引的基本规则包括选用标引词的基本规则和叙词组配标引的基本规则两方面。

（一）选用标引词的基本规则

1. 选用正式叙词标引原则

标引词应选用词表中的正式叙词，并且注意保持词形，即书写形式应与词表中的叙词词形一致。非正式叙词只是入口词，不能用作标引词。可以借助词表参照系统，辨别正式叙词和非正式叙词。此外，应严格控制使用叙词表以外的词作为标引词。

2. 选用最专指叙词标引原则

标引词应选用相对最专指的叙词。叙词表中若有恰好能表达所标引主题概念的词，不应选用其他叙词。避免将上位词或下位词作为专指词。应首先假定词表中有所需的最贴切的正式主题词，在此基础上反复查找。若确实没有专指叙词，再考虑其他方案。但无论何种方案，都应该选择相对更加专指的叙词进行标引。

3. 依据标引方案的优先顺序标引原则

选词标引可能有多种方案，标引时应遵循一定的优先顺序。

（1）当叙词表中有专指词时，必须选用专指词标引。

（2）当叙词表中无专指词时，可选用词表中最接近的两个或多个叙词进行组配标引。

（3）当叙词表中既没有专指叙词，也不能进行组配标引时，可选用最接近的上位词标引。

（4）当叙词表中没有专指叙词，也不能进行组配标引、上位词标引时，可选用词表中与被标引概念相近的叙词进行标引，即近义词标引，也称为靠词标引。例如，标引“害虫天敌保护”这一主题概念时，可选用“天敌利用”这一近义词标引。

（5）当以上方案均不适用时，可考虑增词标引或自由词标引。增词标引是增补叙词进行标引。新增的叙词必须是词表中明显漏收的主题概念的词，或表达新学科、新理论、新技术、新材料、新发展的词，或虽可采用组配标引、上位标引、靠词标引，但出现频率较高的词，或组配标引可能出现二义性的词。对于人名、地名、机构名等专有名词，可直接用作新增叙词。自由词标引是直接采用自然语言的语词进行标引。自由词标引有助于改进对新主题的及时标引能力。增词标引和自由词标引一般只选择其中一种。

4. 适度标引原则

适度标引指标引深度要适当，一般可通过每个信息资源标引的叙词数量来衡量。标引深度受待标引信息资源内容、检索系统类型、词表类型、标引方针等众多因素影响，并没有统一的规定。一般情况下，每种图书的标引词数量可保持在 1~8 个，机检系统可适当增加。

5. 一致标引原则

一致标引指对于相同的主题概念，应选择相同的叙词进行标引。同一标引人员在不同时间或不同标引人员对相同主题概念进行标引时应保持一致。

（二）叙词组配标引的基本规则

叙词组配标引是指将两个或多个叙词按照一定的逻辑关系结合在一起，表达信息资源的主题。组配标引是主题标引采用的一种基本标引方式。

1. 组配标引方式

按照概念之间的逻辑关系，组配标引可以分为交叉组配、限定组配和联结组配三种基本类型。

（1）交叉组配：指选用若干个具有交叉关系的叙词进行组配，表达一个复合概念，一般用“:”作为组配符号。例如：

水生木本植物，可以标引为：水生植物：木本植物

高钛合金钢，可以标引为：高合金钢：钛钢：不锈钢

（2）限定组配：指选用表示事物的叙词和表示事物方面、部分、属性的叙词进行组配，表示新的专指概念，一般用“—”或“,”为组配标识。限定组配又可以分为以下类型。

①方面限定组配：表示事物与其方面概念之间的组配。例如：

数控机床设计，可标引为：数控机床—设计

电子元件生产工艺，可标引为：电子元件—生产工艺

②特称限定组配：表示事物与其部分概念之间的组配。例如：

汽车车身，可标引为：汽车—车体

飞机发动机，可标引为：飞机—发动机

③说明语限定组配：一般用于对事物的补义说明，表示事物的性质、特征等，可以使用叙词做说明语，也可以使用自然语言做说明语。例如：

移动式钻床，可标引为：钻床，移动式（叙词）

胶体的生物学方法生产，可标引为：胶体—生产，生物学方法（自然语言）

（3）联结组配：表示事物与具有联结关系的事物的组配，一般也采用“—”为组配标识。例如：

信息资源在企业战略决策中的作用，可标引为：信息资源—作用—企业战略决策

图书馆学与情报学的关系，可标引为：图书馆学—关系—情报学

2. 组配标引规则

（1）概念组配原则。叙词组配必须是概念组配，不能简单地进行字面组配。概念组配要求每个参组叙词所表达的概念与组配表达的概念之间存在合理的逻辑关系。

（2）交叉组配优先原则。叙词的组配应优先采用交叉组配，在无法采用交叉组配的情况下，再考虑其他组配方式。例如，“畜牧气象学”这一主题，应根据词表的收词情况，优先选用“畜牧学”和“生物气象学”进行交叉组配，而不应用“畜牧”与“生物气象学”进行限定组配。

（3）参组叙词相对专指原则。参组的词相对于被标引的主题概念应该是最专指的，不能用其上位或下位词。例如，“工程结构设计”这一主题，根据词表的收词情况，应用“工程结构”和“结构设计”这两个最专指叙词进行组配，而“工程—结构—设计”“工程—结构设计”“工程结构—设计”等组配形式都是不适宜的。

（4）合理组配原则。用若干叙词组配表达被标引的内容时，要保证组配的合理性。应选用组配结果能够最确切表达被标引主题概念的叙词参与组配，防止组配结果表达的

概念并不是待标引主题表达的概念。例如，对于“淡水养殖鱼类”这一主题，应选用“淡水鱼类”和“养殖鱼类”进行组配，而不应选用“淡水养殖”和“鱼类养殖”进行组配。此外还应注意，需选用科学上或逻辑上允许组配的叙词进行组配，防止违反科学或逻辑的不合理组配。

（5）适度组配原则。叙词的组配应是适度的，必须考察每个参组叙词的有效性和整个组配的完整性，既要防止冗余，也要防止遗漏。例如，标引“保定教育”这一主题时，应选用“教育”“河北”“保定”进行组配。

（6）组配结果单义性原则。叙词组配的结果应明确和单一，避免产生二义性的组配。具体可通过确定引用次序、采用组配符号、配置职能符号、增补新词等方法予以保证。

（7）多主题分组标引原则。对于论述多个主题的信息资源，对其标引时要防止表达不同主题的叙词之间产生虚假组配。分组标引是将表达各主题的叙词分组，以示区别。例如，对于“钢的抗拉性与铜的导电性”这一主题，可分组标引为：“钢—抗拉性”“铜—导电性”。

在机检系统中，可以采用加联号的方法予以区分。

（8）不可组配原则。一是词表中有单个专指词时不得组配，例如，“生物物理学”，词表中有专指词，不能用“生物学”和“物理学”组配标引；二是专有名词不用分解成普通名词再组配，例如，“北京理工大学”这一专有名词，可直接选用专有名词作为标引词。

思考题

1. 什么是信息标引？信息标引对于信息组织而言有什么意义？
2. 信息标引的一般步骤是什么？
3. 什么是主题？信息主题包括哪些类型？
4. 什么是主题分析？主题分析包括哪些主要环节？
5. 试解释说明分类标引的基本规则和一般规则。
6. 什么是主题概念的分解转换？主题概念的分解转换有哪些原则？
7. 试解释说明主题标引的基本规则。

第五章　分类法与主题法在网络环境下的拓展

【教学目的与要求】本章主要介绍网络环境的发展概况、分类法自身的网络化发展、分类法的网络化应用、主题法自身的网络化发展和主题法的网络化应用。通过本章学习，应了解和熟悉传统分类法和主题法在网络环境下的数字化与网络化发展情况，了解网络环境下新型分类法和主题法的基本情况。

第一节　网络环境概述

一、网络环境的基本概念

日常生活中网络的概念通常指互联网。互联网也称为国际互联网、因特网等，其前身是1969年美国国防部的ARPAnet，指按照一定通信协议，连接全球计算机的物理网络系统。与互联网关系密切的另一个概念是万维网，万维网是互联网提供的应用服务类型之一，最初由Tim Berners-Lee于1990年设计提出，是一个由互相链接的超文本组成的系统。

网络自出现以来也经历了不同的发展阶段，每个阶段呈现不同的显著特征。目前，网络的发展大致可以分为三个阶段。

（1）Web 1.0阶段。Web 1.0即文档的网络，是网络发展的初期阶段，主要是将信息内容发布于互联网之上，用户通过浏览器访问获取，信息为单向传递。这一时期的代表性的信息组织与利用形式，如雅虎的分类浏览目录以及Google的关键词搜索引擎。

（2）Web 2.0阶段。Web 2.0阶段，信息由单向传递变为双向传递，用户既是信息的使用者，也是信息的创造者。这一时期代表性的应用包括博客、微博、RSS（really simple syndication）、维基等，大量用户生成内容也给信息组织带来了挑战。

（3）Web 3.0阶段。Web 3.0阶段是语义网阶段，即数据的网络。语义网是一种智能网络，它不但能够理解词语和概念，而且能够理解它们之间的逻辑关系，可以使交流变得更有效率和价值。语义网环境下的信息组织已成为一个专门的研究领域。

随着网络的不断发展，网络信息资源逐渐成为信息资源的重要组成部分。网络信息资源是指以数字资源数据的形式，将文字、图像、声音、动画等多种形式的信息存储在光、磁等非印刷的介质中，利用计算机通过网络进行发布、传递、存储的各类信息资源的总和。网络信息资源的组织，是指根据使用需要，对网络信息资源进行选择、处理、序化，并以适当的方式加以提供的活动。网络信息资源的组织是信息资源组织理论方法在网络信息资源中的应用，是网络信息资源开发利用的基础，也是信息组织的重要研究领域。

二、网络信息资源的特点

网络信息资源具有不同于传统信息资源的特征，具体表现为以下几方面。

（1）数量庞大。越来越多的信息以数字化形态在网络中产生、存储、传递和利用，网络信息资源的数量庞大且在不断增长。据中国互联网信息中心发布的第 45 次《中国互联网发展状况统计报告》显示，截至 2019 年 12 月，我国域名总数为 5094 万个[①]。海量的信息资源给信息的管理带来巨大的挑战，日益增长的信息资源与越来越难获取所需资源之间的矛盾即这一矛盾的表现形态之一。

（2）分布异构。网络信息资源是分布在不同的物理空间的，在分布的同时通过网络进行关联。网络信息资源类型多样，包括文本、图像、音频和视频等，既有结构化的数据，也有非结构化和半结构化的数据。

（3）开放无序。网络是一个开放的空间，任何用户都可以通过网络创建与发布信息内容，特别是随着社会化网络的应用，网络空间出现大量的用户生成内容。网络环境下缺少必要的信息审核机制，造成信息的质量良莠不齐。网络的开放性使网络信息资源呈现出无序化状态。

（4）动态更新。网络信息不仅数量大、类型多，同时动态更新，且更新频率高。动态更新的网络信息对网络信息资源的管理提出了更高的要求，及时去除无效链接和死链接，保障信息的及时性，是网络信息资源管理需要解决的问题。

网络信息资源的组织需要考量前述特点，传统分类法和主题法需要调整和发展，新的方法也需要创造。本章主要关注传统分类法和主题法在网络环境下的发展和应用问题。

第二节　分类法在网络环境下的发展和应用

为适应网络环境的发展，在修订完善传统分类法的基础上，多部分类法陆续推出电子版和网络版，满足了用户新的需求。另外，分类法也应用到网络信息资源的组织中，其中，既有基于传统分类法或其改良版本进行网络信息资源组织的应用，也有自建分类体系组织网络信息资源的形式。本节从分类法自身的网络化发展和分类法的网络化应用

① https://www.cnnic.cn/hlwxzbg/202004/t20200428_70974.htm.

两个方面进行介绍。

一、分类法自身的网络化发展

目前主流的分类法都已建设了网络版本，提供特定范围的分类体系访问与数据下载服务。在网络化过程中，分类法的所有者对其使用范围进行了分层界定，从免费版的粗粒度大纲到付费版的详细类目，再到附加的服务功能，开放程度不一。本节主要介绍《杜威十进制分类法》《国际十进制分类法》《中图法》的网络版。

（一）《杜威十进制分类法》的网络版

《杜威十进制分类法》的网络版名字是 WebDewey[①]，由联机计算机图书馆中心（Online Computer Library Center，OCLC）负责维护和更新，用户付费使用。WebDewey 包括《杜威十进制分类法》第 23 版的内容以及日常更新数据，同时拥有与其他外部词表的映射连接，系统提供查找和浏览功能，用户也可以添加标注并在特定情境下展示，用户界面的设计考虑不同用户的需求，既有面向初级用户的界面，也有面向图书馆专家的界面。

目前 WebDewey 的版本是 2.0，其登录界面如图 5-1 所示。

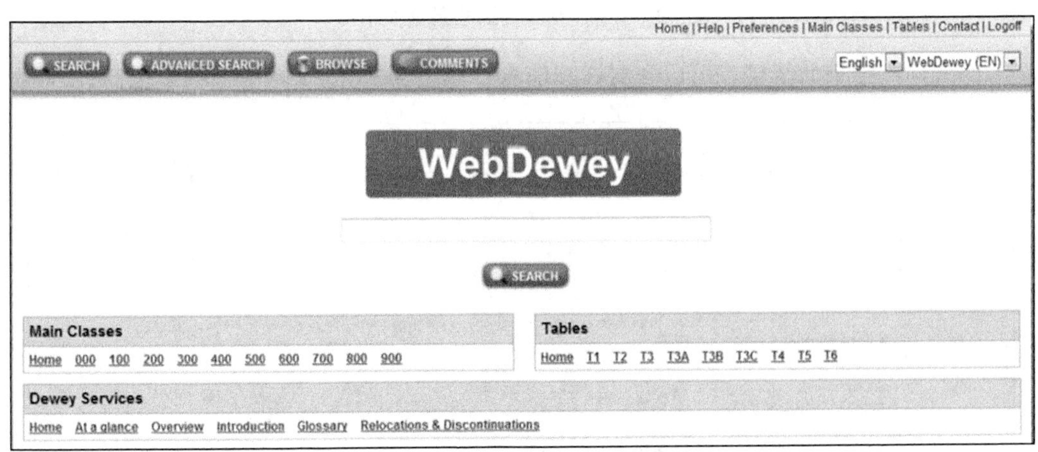

图5-1　WebDewey登录界面

WebDewey 首页提供了查询和浏览两种起点，页面中间为搜索框。每一个页面底端都提供了基本大类和辅助表的快速链接，同时提供了其他服务的链接。

用户输入检索词后的结果页面如图 5-2 所示。

① https://www.oclc.org/en/dewey/webdewey.html.

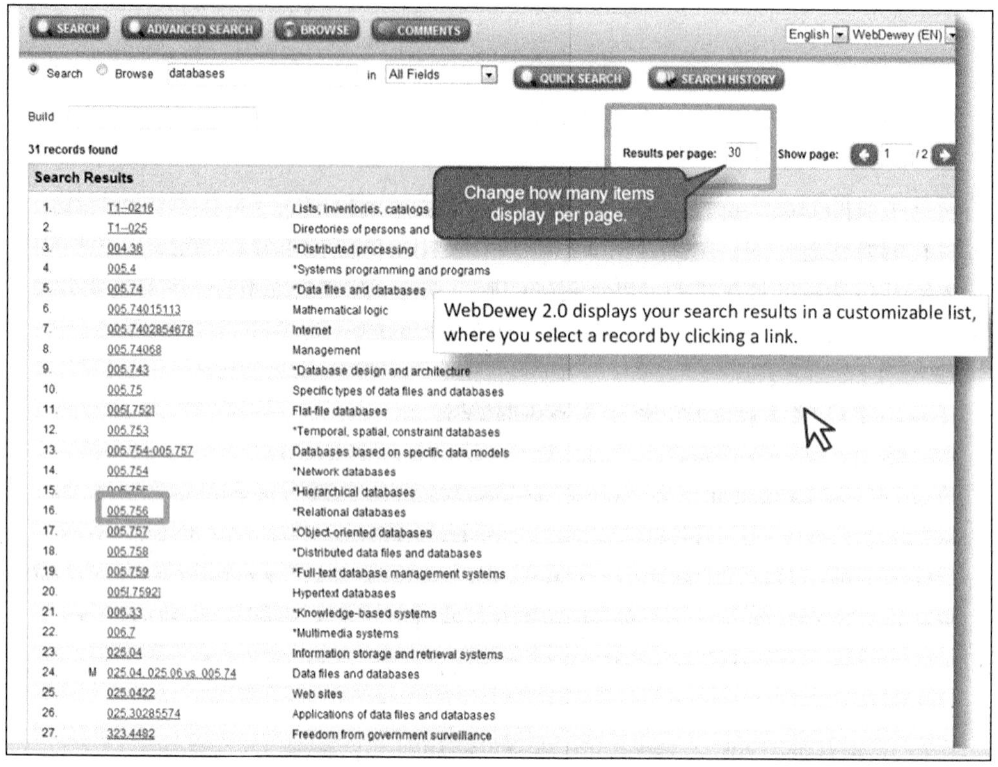

图5-2　WebDewey查询结果页面示例

单击具体结果的链接，可以查看详细信息，如图 5-3 所示。

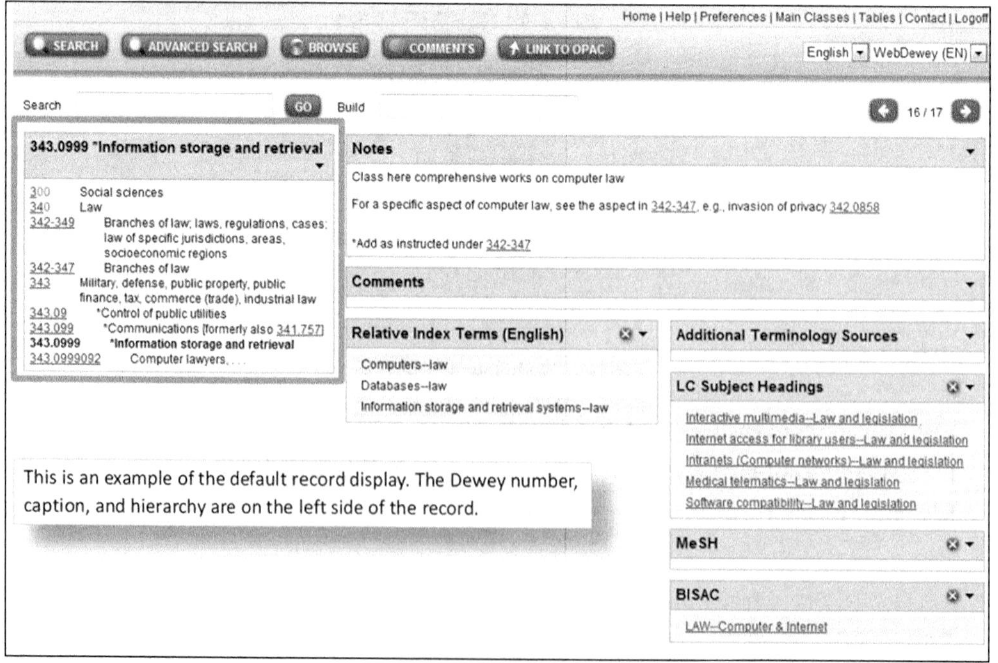

图5-3　WebDewey检索结果详情页面示例

图 5-3 是默认的结果页面。页面左侧显示了结果类号在类目体系中的位置，包括其上位类目和下位类目。右侧分别显示类目注释和相关索引词。右下角显示的是词类号与《美国国会图书馆标题表》《医学主题词表》《书业主题表》的映射关系。在结果详情页面，单击超链接后可以跳转到对应的《杜威十进制分类法》类与相关外部类。

在基本的使用功能以外，WebDewey 还包括若干高级功能，如高级搜索、偏好设置、结果页面的定制等。

（二）《国际十进制分类法》的网络版

《国际十进制分类法》的网络版①以主控文档（master reference file，MRF）数据库形式发布。MRF 是《国际十进制分类法》最佳的权威性版本，MRF 的数据库中包含《国际十进制分类法》的全部类目以及用于管理、维护、归档、编辑及发布的各种记录，目前最新的版本是 2018 年发布的 MRF12。《国际十进制分类法》的类目已达到 72 000 个，是全球最大的多语种分类语言之一。

《国际十进制分类法》网络版分为免费和付费两种类型。免费开放的是多语种的简本（summaries），包括 2600 个类目，拥有 57 种语言的版本。《国际十进制分类法》网络版简本的主界面如图 5-4 所示。主界面分为两个主要窗口，左侧以树状结构显示通用复分表和主表，右侧显示类目的详细记录。

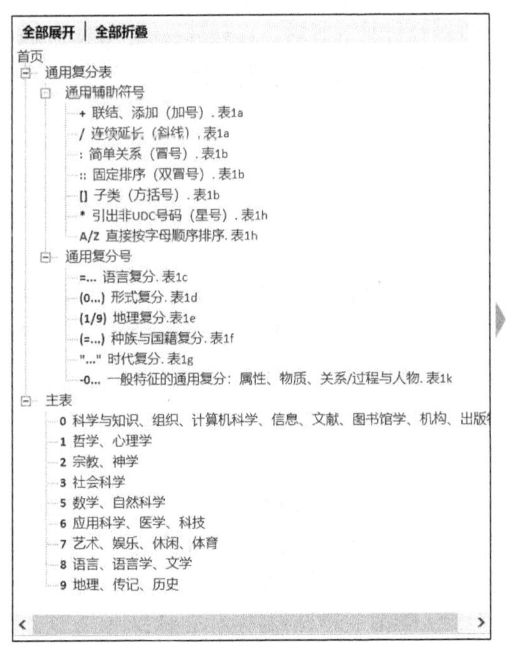

图5-4　《国际十进制分类法》网络版简本的主界面

资料来源：http://www.udcsummary.info/php/index.php?lang=chi.

① http://udcc.org.

单击特定类目，如“027 一般图书馆”，右侧展开样式如图 5-5 所示。

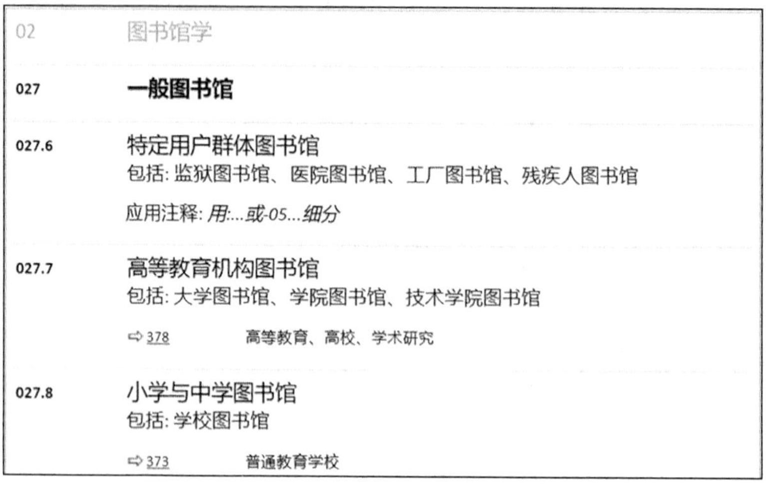

02 图书馆学

027 **一般图书馆**

027.6 特定用户群体图书馆
包括: 监狱图书馆、医院图书馆、工厂图书馆、残疾人图书馆
应用注释: *用:...或-05...细分*

027.7 高等教育机构图书馆
包括: 大学图书馆、学院图书馆、技术学院图书馆
⇨ 378 高等教育、高校、学术研究

027.8 小学与中学图书馆
包括: 学校图书馆
⇨ 373 普通教育学校

图5-5 《国际十进制分类法》具体类目示例

《国际十进制分类法》简本数据包含类号、类名、范围注释、应用注释、示例注释等信息。在图中，当前类目用黑体显示，同时显示其上位类目和下位类目，相关类目以超链接形式提供，单击后可直接进入该类目。

目前《国际十进制分类法》付费版本包括英语、荷兰语、法语、西班牙语、斯洛文尼亚语等多个语言的版本。以英语版为例，《国际十进制分类法》在线英语版包括所有类目，以及将近 12 000 条的《国际十进制分类法》历史数据（取消的类目），提供查询、浏览、解析、验证、分类号的建立等功能。

（三）《中图法》的网络版

为适应网络环境法发展，2001 年 6 月出版了《中图法》（第四版）电子版，2009 年 6 月，《中图法》（第四版）Web 版被包含在《中分表》（第二版）Web 版中试用发布，2011 年 12 月推出《中图法》（第五版）Web 试用版，2014 年 1 月与《中分表》Web 2.1 版同时分别更新发布①，目前稳定运行并不断完善。

《中图法》网络版的主要功能包括以下几方面。

（1）提供各类知识内容的在线浏览、互动显示和多途径检索服务。

（2）提供文献检索服务，可与多个 Web 联机公共检索目录（online public access catalogue，OPAC）连接，提供文献信息内容的多库实时检索和学科导航服务。

（3）为分类标引用户提供利用分类号标引发送服务，把所需分类号粘贴到剪贴板供分类标引系统使用。

（4）为各类用户提供评论注释服务，可从任何角度针对类目添加评注，方便用户建

① http://clc.nlc.cn.

立个人书签、公共使用文档，也使系统开发与维护人员能快速掌握读者及用户使用信息，以便提高《中图法》的服务质量，更好地开展知识服务。

（5）为业界提供《中图法》（第五版）的实时更新数据服务，利用更新系统和评注系统可实时更新《中图法》（第五版）的数据，缩短《中图法》维护修订周期。

《中图法》Web版提供免费版和付费版，免费用户可以浏览和检索三级以内的类目，在三级类目范围内设置及使用OPAC检索相应主题文献，使用标引发送、添加评注功能。付费用户可浏览和检索所有的类目，设置及使用OPAC检索相应主题文献，使用标引发送、添加评注等功能。

《中图法》Web版主页面分上、下两栏，如图5-6所示。上栏为《中图法》检索途径、用户使用功能设置及管理；下栏分左、右两栏，左栏为类目浏览表，右栏初始页面为Web版使用说明，选定左栏类目后右栏页面随即显示该类目的详细款目及其在分类法中的位置。

在类目浏览表中，通过区分类目颜色标识出《中图法》第五版新增类、修改类包括删除停用类，其中红色为新增类；绿色为修改过的类，包括修改类名、类号、类级、类目性质，增改注释，停用类等；黑色字体表示该类未进行修订。

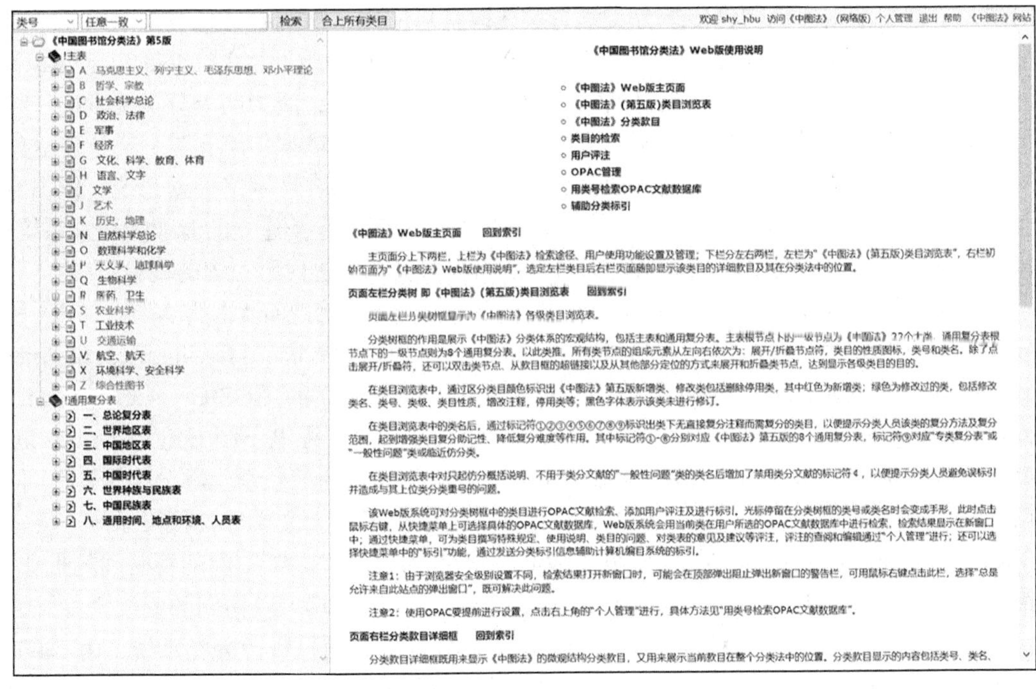

图5-6　《中图法》主界面

右侧分类款目显示的内容包括类号、类名、类级、类目注释、参照、标引评注和本分类款目的记录控制号（在横线下以大写字母C开头）；分类款目在分类法中的位置显示的内容包括当前分类款目，其上级类、下级类和同级类，其中，双击任何一个类目，在定位到左栏分类树该类目节点的同时，会在右栏已有分类款目详细框下方生成一个新的分类款目详细框，展示该分类款目及其在整个分类法中的位置。分类款目注释中的类号和参照类号设置了超链接，单击该类号，在定位到左栏分类树该类目节点的同时，在右栏顺序生成一个新的分类款目详细框，展示该类号对应的分类款目详细内容，便于用户对相关联的类目进行比较，起到辨类的作用。

《中图法》Web版提供了4个检索途径：全部途径、类号、类名、类目注释，同时提供4种匹配方式，即任意一致、完全一致、前方一致和后方一致。选择了检索途径和匹配方式后，在右方的输入框输入要检索的内容，单击“检索”按钮执行检索。如果检索到记录，系统将检索结果显示在右侧的检索结果栏。单击结果条目，即可定位到分类树框对应的类目节点。

二、分类法的网络化应用

（一）传统分类法的应用

传统分类法是信息资源组织的基本方法，长期以来广泛应用于国内外的文献信息组织领域，在不断研究实践的基础上，传统分类法也在不断发展和完善。随着网络环境的出现，一些文献服务机构将传统分类法直接或改良后应用于对网络信息资源的组织，通常是用来建立以网上学术信息资源为对象的分类系统，也称为主题网关(subject gateway)。许多著名的文献分类法，同时也是网络资源分类组织的工具，成为网上分类检索的一种重要类型。根据检索系统涉及的领域及分类法的使用特点，依据传统文献分类法建立的网络分类检索系统大致分为五类：依据综合性类表建立的综合性网络检索系统；依据专业类表建立的专业性网络检索系统；依据综合性类表的某一专类建立的专业性检索系统；建立与分类表相联系的主题范畴系统；同时使用分类表和主题代码系统的检索系统。

在网络发展过程中，出现过众多基于传统分类法的网络信息资源检索系统，如以《杜威十进制分类法》分类体系为基础编制的BUBL LINK(bulletin board for libraries，libraries of networked knowledge)，依据《国际十进制分类法》建立的SOSIG（social science information gateway)，依据《工程信息分类法》建设的瑞典工程电子图书馆(Engineering Electronic Library Sweden)，依据《数学主题分类法》建立的“数学主题分类资源”，依据《杜威十进制分类法》的天文学类目建立的“业余爱好者天文学分类检索系统”等。Beyond Bookmarks网站对这些网络分类检索系统进行过整理工作[①]。但随着时间的推移，很多网站都停止了相关服务。CyberDewey是截至2019年仍然可以访问的系统之一[②]。

CyberDewey是基于《杜威十进制分类法》构建的网络信息资源分类系统，由David A. Mundie构建。该系统一级页面显示了《杜威十进制分类法》的10个一级类目，每个一级类目下显示10个二级类目，每个类目旁边标注数字，表明该类目收录资源的数量，如图5-7所示。单击进入特定二级类目，将显示其细分子目及子目下的资源。每一个相关资源均配置了《杜威十进制分类法》的分类号和相应的资源主题，括号内标注了该资源的来源，单击分类号，即可定位到该资源所在的站点，如图5-8所示。

① http://www.riccardoridi.it/esb/motori/CTW.htm.

② http://library.tedankara.k12.tr/dewey.

A Hotlist of Internet Sites organized using Dewey Decimal Classification codes.

000 Generalities

- 000 Generalities (427)
- 010 Bibliography (60)
- 020 Library and Information Science (47)
- 030 Encyclopedias (14)
- 040 Unassigned (0)
- 050 Magazines (12)
- 060 General organizations and museology (18)
- 070 Journalism (44)
- 080 General collections (9)
- 090 Manuscripts and rare books (0)

500 Science

- 500 Science (50)
- 510 Mathematics (18)
- 520 Astronomy & allied sciences (14)
- 530 Physics (26)
- 540 Chemistry (15)
- 550 Earth sciences (28)
- 560 Paleontology, Paleozoology (10)
- 570 Life sciences (29)
- 580 Botanical sciences (11)
- 590 Zoological Sciences (50)

图5-7 CyberDewey一级类目（部分）

Division 000: Generalities

000 Generalities

001 Knowledge

- 001 Knowledge Management (Lycos)
- 001 Knowledge Management (OD)
- 001 Research (BUBL)
- 001.012 Classification Society of North America
- 001.3 Humanities (BUBL)
- 001.3 Humanities (Lycos)
- 001.3 Humanities (OD)
- 001.3 Humanities (WWWVL)
- 001.3 Humanities 1 (Yahoo)
- 001.4 Research in the Info Zone
- 001.942 Unidentified Flying Objects (UFOs) (WWWVL)
- 001.944 Bigfoot

图5-8 CyberDewey二级类目示例

CyberDewey呈现了传统分类法应用于网络信息资源组织的基本形式，目前二级页面均可访问，但二级页面的部分资源链接已经是无效链接了，表明该系统的更新存在问题。

（二）网络信息资源分类法及其应用

网络信息资源分类法是分类思想在网络环境下的应用，其主要表现形式是一些网络平台所构建的网络分类目录。网络分类目录，也称为主题指南，是一种以网络信息资源为对象，按照其内容、特征等的相互关系建立的网络检索工具。分类目录提供了以浏览方式获取信息的途径，用户负担低。分类目录是按照类目之间的关系进行组织的，便于用户按照资源关系进行检索，通过类目等级关系，用户可以扩大或缩小检索范围。此外，分类目录中的资源一般是经过人工筛选的，信息资源质量相对较高。

传统分类法所推出的网络版，在很大意义上面向的是专业用户用于组织学术信息资源。而网络用户大多数是非专业用户，网络信息资源在学术资源之外，还覆盖其他广泛的主题。因此，网络信息资源分类法在类目的设置方面与传统分类法有较大的不同。传统分类法在类目设置上以学科划分为主要依据，而网络信息资源分类法则是以“主题为主，学科为辅”，同时在类目设置上以扁平化、多维划分、多重列类、交叉参照等方式增强类目设置的灵活性，以满足网络信息资源组织的需要。

雅虎是最早出现也是最著名的分类目录之一，创建于 1994 年，最初是由美国斯坦福大学工程学院的学生将自己感兴趣的网址按等级方式编制的一个简单工具，随后逐渐发展成为与关键词搜索引擎地位相等的网络信息检索系统。雅虎之后，陆续出现了其他一些分类目录，如 Open Directory、LookSmart 等，国内的搜狐和新浪等，也曾推出其分类目录系统。

网络分类目录作为网络信息资源组织与检索的重要形式之一，在互联网发展过程中曾经占据重要地位，但其局限性也十分明显：分类目录一般采用人工编辑的方式，但随着网络信息资源的急剧增长，这一方式远远不能满足网络信息采集与组织的需要。目前关键词搜索引擎已成为网络信息检索的主要工具，大型综合性分类目录已不再提供服务或降低分类目录的重要性。现阶段仍提供服务的分类目录以 Open Directory 为代表。

Open Directory，现名为 DMOZ，是目前世界上最大的人工编辑的网络目录，其建设由开放资源运动所驱动，免费开放所有资源[①]。DMOZ 的维护由全球范围内的志愿者进行，通过汇聚网民参与的集体贡献模式而保障持续运行。DMOZ 的主页如图 5-9 所示。

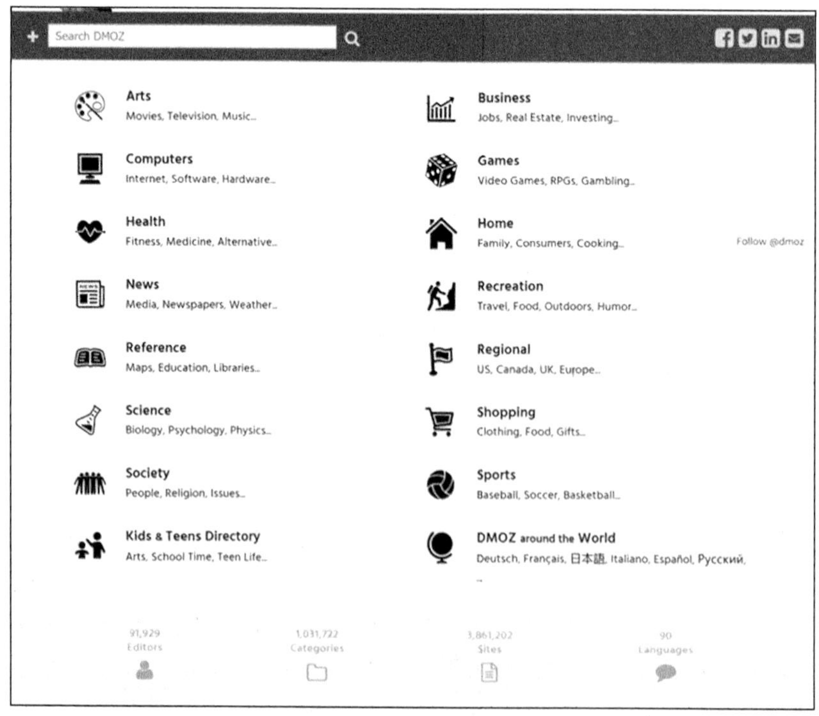

图5-9 DMOZ的主界面

① https://www.dmoz-odp.org.

截至2019年9月，DMOZ网站共有9万多志愿者对网站进行编辑维护，分类目录中共包含超过10万个目录，资源数量达到380多万个站点，涵盖90种语言。一级类目共有16个，包括艺术、计算机、健康、新闻、参考、科学、社会、青少年目录、商业、游戏、家庭、休闲、地区、购物、运动、世界各国DMOZ等，体现了以主题列类、多维划分、多重列类的原则。在每一个页面上均设置了主题检索的窗口，便于多途径利用系统资源。

单击超链接进入细分类目，如进入Computer类目下的MIS，结果如图5-10所示。在该页面顶端显示了当前类目所处的层级位置，页面中间依次显示下位类、相关类目、相关网站及其他语言版本的链接，页面底端注明了当前类目的最后更新时间，同时提供了通往其他一级类目的快速链接，以及多个关键词搜索引擎的快速入口。

图5-10　DMOZ的检索结果页面（部分）

第三节 主题法在网络环境下的发展与应用

主题法包括元词法、标题词法、叙词法和关键词法，其中，元词法应用有限，关键词法在网络信息资源的组织与检索中应用较为广泛，本书将在自动标引的相关章节进行介绍。本节主要介绍标题词法和叙词法的发展与应用情况。

一、主题法自身的网络化发展

与分类法一样，一些主题法为适应网络环境的发展，也纷纷推出网络版本，较有代表性的主题词表的网络化发展如下。

（一）《美国国会标题表》的网络化发展

《美国国会标题表》（Library of Congress Subject Headings，LCSH）是目前使用较为广泛的标题词表之一，其网络版于 2002 年推出，截至 2019 年 3 月，LCSH 已发展到第 41 版。标题词的创建与更新持续进行，每年大约有 5000 个新的标题词添加到词表中。

LCSH 的网络服务平台是 Classification Web①，该系统整合多种信息组织工具，包括 LC Classification、LSCH 和 LC Name Headings 等，需付费使用。Classification Web 提供浏览与查询两种基本功能，其主界面如图 5-11 所示。

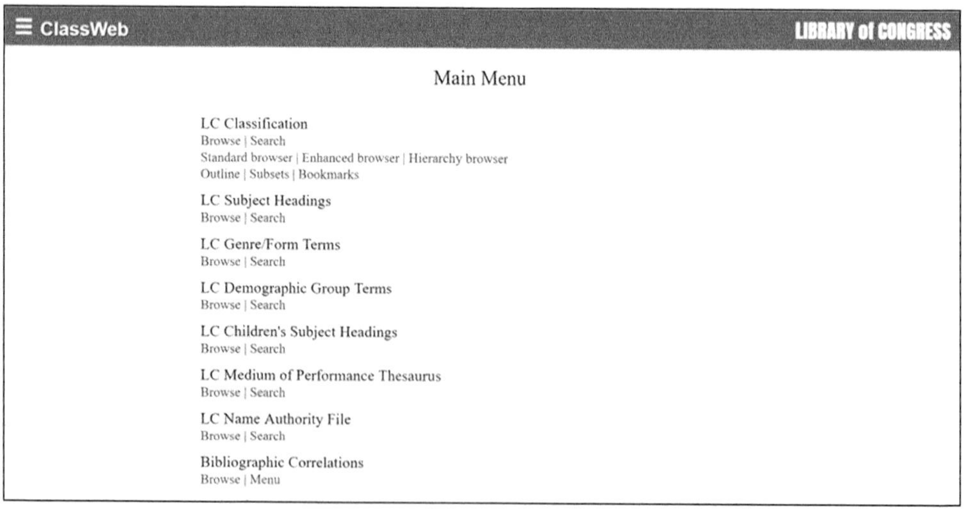

图5-11 Classification Web主界面

Classification Web 提供了多种检索入口，包括标题词（Subject heading）、自由浮动复分表（Free-floating subdivision）、非结构化标题（Unstructured heading）、非结构化复

① https://classweb.org.

分表（Unstructured subdivision）、关键词（Keyword）、分类号（Class number）和记录号（Record number），其查询界面如图 5-12 所示。

Subject Heading Search
Subject heading
Free-floating subdiv
Unstructured heading
Unstructured subdiv
Keyword
Class number
Record number
Search options
Search New search

图5-12 Classification Web查询界面

在该窗口中除关键词以外的任意一个入口输入查询要求并按回车键后，即可执行一次索引浏览（index browse），结果样式如图 5-13 所示。

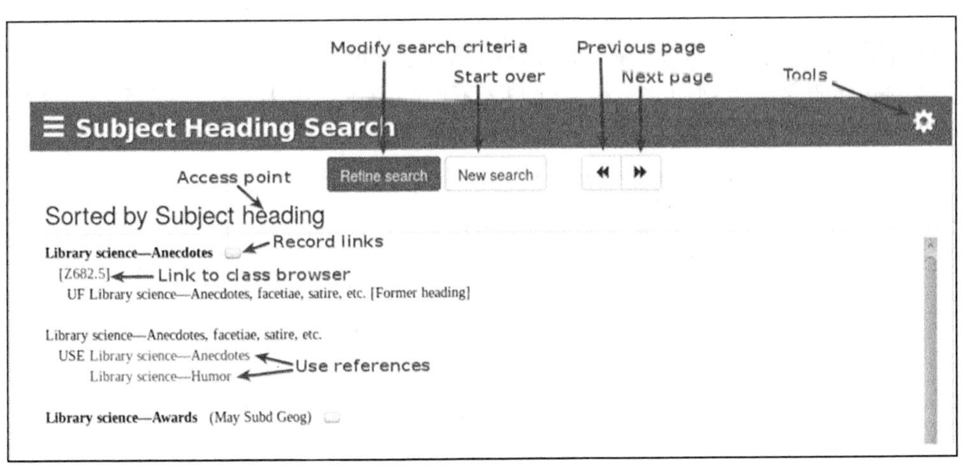

图5-13 Classification Web查询结果页面示例

结果页面将显示特定数据库中的所有记录，并按检索入口进行排序。每一条结果记录包括标题词、记录链接、《美国国会图书馆图书分类法》分类号和词间参照。若在查询窗口的关键词一栏输入一个或多个词，或在两个或多个查询入口处输入数据，系统将执行一次查询，结果将显示所有与查询相匹配的结果。此外，系统支持布尔检索、截词检索、结果定制等高级功能。

（二）《医学主题词表》的网络版

医学主题词表[①]（Medical Subject Headings，MeSH）是由美国国家医学图书馆编制的一部面向生物医学和健康领域的专业叙词表。目前 MeSH 提供了 MeSH 浏览器作为其网络版的使用入口。通过 MeSH 浏览器，可以查找主题词、查看数据记录、浏览 MeSH 的层级树。MeSH 浏览器的查询界面如图 5-14 所示。MeSH 查询提供了多种查询入口和匹配方式，可以满足不同的查询需求。

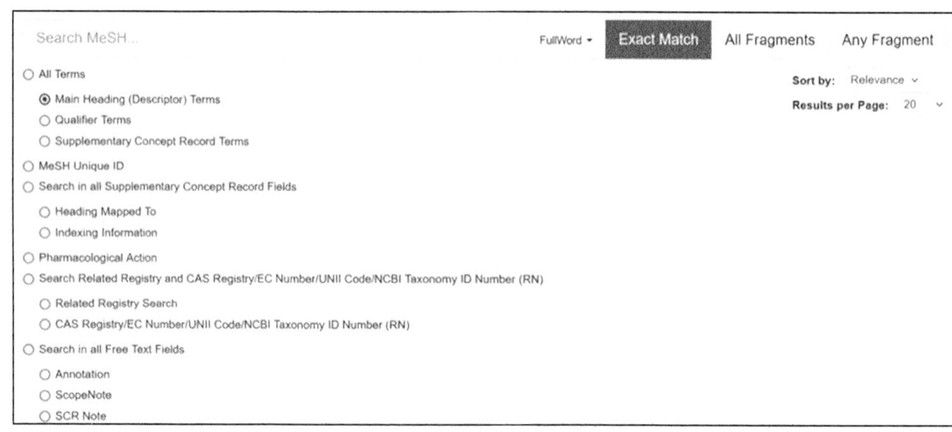

图5-14 MeSH查询界面

单击浏览树状结构，部分结果如图 5-15 所示。MeSH 的树状结构表从学科分类的角度，将 MeSH 收录的主题词按学科属性归入不同的层级结构中，作用相当于范畴表，可以提供不同于字顺表的访问和获取方式。

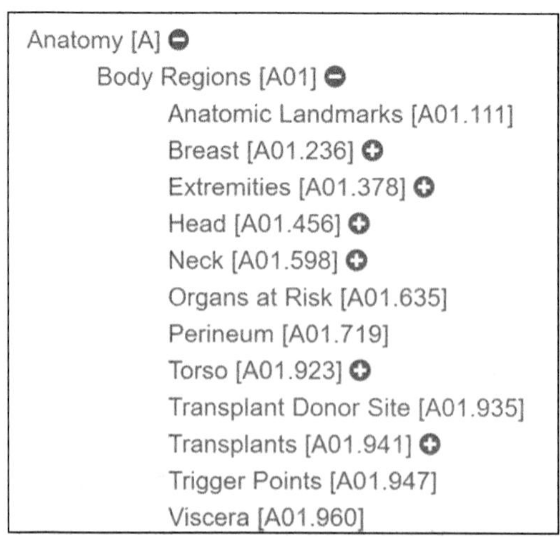

图5-15 MeSH树状结构部分示例

① https://www.ncbi.nlm.nih.gov/mesh.

单击特定主题词，进入词条页面，如图 5-16 所示。

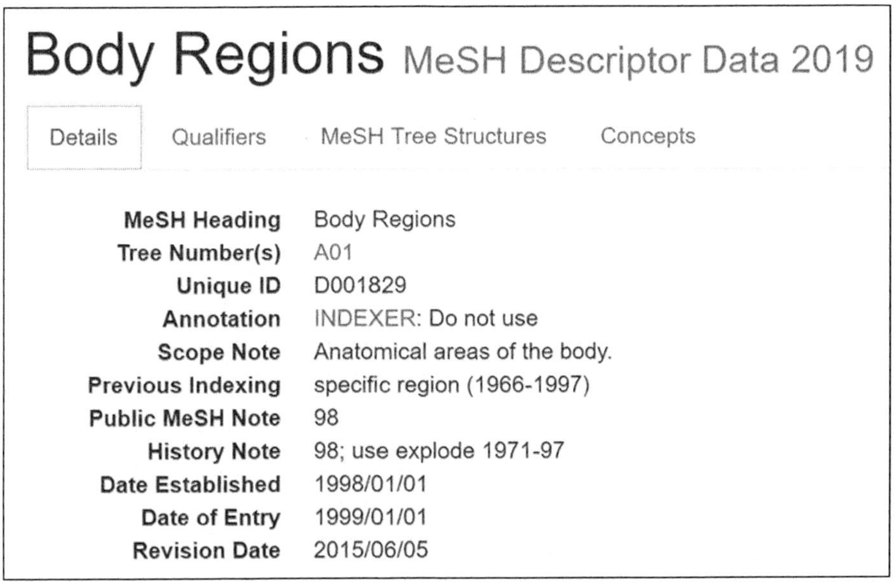

Body Regions MeSH Descriptor Data 2019

Details Qualifiers MeSH Tree Structures Concepts

MeSH Heading	Body Regions
Tree Number(s)	A01
Unique ID	D001829
Annotation	INDEXER: Do not use
Scope Note	Anatomical areas of the body.
Previous Indexing	specific region (1966-1997)
Public MeSH Note	98
History Note	98; use explode 1971-97
Date Established	1998/01/01
Date of Entry	1999/01/01
Revision Date	2015/06/05

图5-16 MeSH词条页面示例

MeSH 在将词表网络化、提供主题词浏览和检索服务之外，基于词表数据开展了语义化和关联化的建设，建设成果是 MeSH RDF。MeSH RDF 是 MeSH 中词汇的关联数据形式，包括一个 MeSH 词汇的资源描述框架（resource description framework，RDF）三元组文件、一个 SPARQL（SPARQL protocol and RDF query language）查询编辑器、一个 SPARQL 终端以及基于 RESTful 架构的交互界面。

（三）《艺术与建筑叙词表》

《艺术与建筑叙词表》（Art & Architecture Thesaurus，AAT）[①]是一部分面叙词表，范围涉及艺术、建筑、装饰艺术、考古学等众多领域，包括英语、法语、西班牙语、意大利语等多种语言的数据。AAT 目前有 8 个分面，即相关概念、物理属性、风格和时期、代理（agent）、活动、材料、对象、品牌名称（近期添加），每个分面下设置若干层级，整个叙词表呈现层级式树状结构。AAT 提供了浏览和查询两种主要功能。浏览界面如图 5-17 所示。

单击树状结构的特定节点，如 Top of the AAT hierarchies，进入该记录所对应的页面，如图 5-18 所示。在该页面上显示了记录号、链接、注释、相关词语、层级位置、来源和贡献者等多种信息。

① https://www.getty.edu/research/tools/vocabularies/aat.

Top of the AAT hierarchies
.... Associated Concepts Facet
.... Associated Concepts (hierarchy name)
.... Physical Attributes Facet
.... Attributes and Properties (hierarchy name)
.... Conditions and Effects (hierarchy name)
.... Design Elements (hierarchy name)
.... Color (hierarchy name)
.... Styles and Periods Facet
.... Styles and Periods (hierarchy name)
.... Agents Facet
.... People (hierarchy name)
.... Organizations (hierarchy name)
.... Living Organisms (hierarchy name)
.... agents (general) [N]
.... Activities Facet
.... Disciplines (hierarchy name)
.... Functions (hierarchy name)
.... Events (hierarchy name)
.... Physical and Mental Activities (hierarchy name)
.... Processes and Techniques (hierarchy name)
.... activities (general context)
.... Materials Facet
.... Materials (hierarchy name)
.... Objects Facet
.... Built Environment (hierarchy name)
.... Components (hierarchy name)
.... Furnishings and Equipment (hierarchy name)
.... Object Genres (hierarchy name)
.... Object Groupings and Systems (hierarchy name)
.... Visual and Verbal Communication (hierarchy name)
.... Brand Names Facet
.... Brand Names (hierarchy name)

图5-17　AAT浏览界面

Semantic View (JSON, RDF, N3/Turtle, N-Triples)

ID: 300264087 **Record Type:** facet
Page Link: http://vocab.getty.edu/page/aat/300264087

Physical Attributes Facet

Note: Includes terms for the perceptible or measurable characteristics of materials and artifacts as well as features of materials and artifacts that are not separable as components, and needed to catalog visual works. Included are characteristics such as size and shape, chemical properties of materials, qualities of texture and hardness, and features such as surface ornament. Examples borders, round, waterlogged, brittleness.

Terms:
Physical Attributes Facet (**preferred**,C,U,English-P,D,U)
物理特質層面 (C,U,Chinese (traditional)-P,D,U,U)
wù lǐ tè zhí céng miàn (C,U,Chinese (transliterated Hanyu Pinyin)-P,UF,U,U)
wu li te zhi ceng mian (C,U,Chinese (transliterated Pinyin without tones)-P,UF,U,U)
wu li t'e chih ts'eng mien (C,U,Chinese (transliterated Wade-Giles)-P,UF,U,U)
Facet Fysieke kenmerken (C,U,Dutch-P,D,U,U)
Physische Attribute (Facette) (C,U,German-P,D,PN)
faceta atributos físicos (C,U,Spanish-P,D,U,U)

Facet/Hierarchy Code: D

Hierarchical Position:
Physical Attributes Facet

图5-18　AAT特定节点页面示例

（四）《统一医学语言系统》

《统一医学语言系统》（Unified Medical Language System，UMLS）[①]是美国医学图书馆为医学、生物学、健康等专业领域开发的一体化主题概念系统，其结构与语义复杂度已远远超越传统叙词表的内涵，主要包括三个部分：元叙词表（Metathesaurus）、语义网络（Semantic Network）、专家词库和词库工具（Specialist Lexicon and Lexical Tools）。元叙词表整合了来自多个受控词表的词汇和代码，包括现行过程术语（current procedural terminology，CPT），国际疾病分类-第10版-临床修订（International Classification of Diseases，10th Edition，Clinical Modification，ICD-10-CM），逻辑观察标识符、名称及代码（logical observation identifiers names and codes，LOINC），MeSH，RxNorm，医学系统命名法——临床术语（systematized nomenclature of medicine—clinical terms，SNOMED CT）等。语义网络建立了概念的语义类型和语义关系。专家词库和词库工具主要用于自然语言处理。在UMLS中，可以利用语义网络和词库工具生成元叙词表。

UTS（UMLS terminology services）是UMLS的网络访问系统，提供了三种访问方式：Web浏览器方式、本地安装方式和Web服务API方式。Web浏览器方式提供了元叙词表浏览器和语义网络浏览器两种应用，前者可以检索UMLS中的概念信息，后者可以浏览语义网络中的名字、定义及语义网络的结构。UMLS需付费申请许可使用，其许可只面向个人开放。图5-19为UMLS的浏览界面。

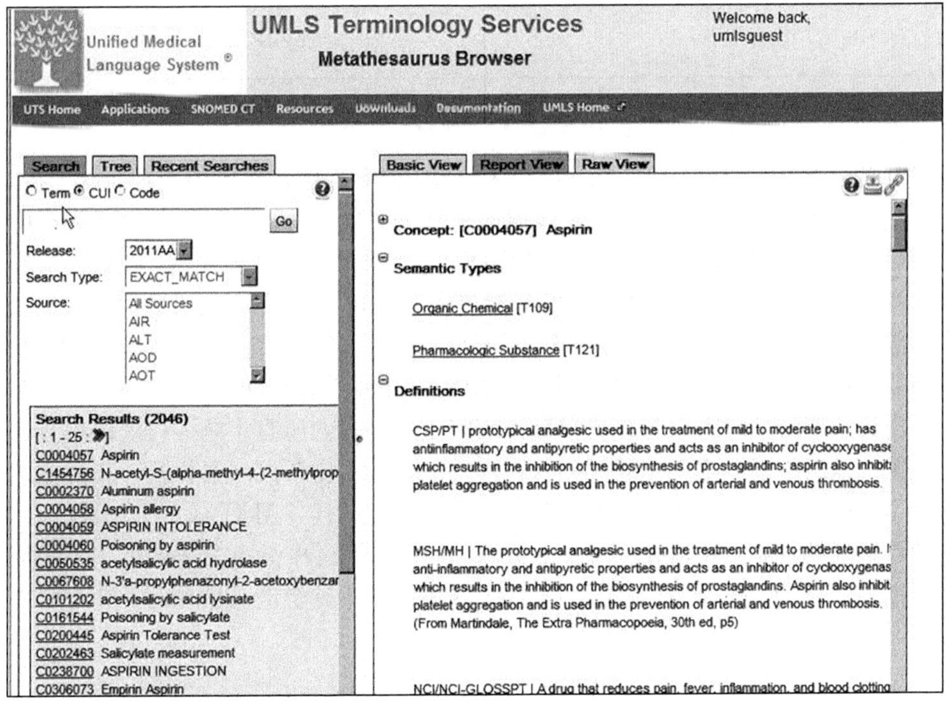

图5-19　UMLS浏览界面

① https://www.nlm.nih.gov/research/umls/quickstart.html.

（五）《中分表》

《中分表》，是以《中图法》和《汉语主题词表》为基础编制的分类检索语言和主题检索语言兼容互换工具，2009 年 6 月，《中分表》Web 版[①]（含《中图法》（第四版）Web 版）在互联网上试用发布，2014 年 1 月更新为《中分表》2.1 版，在此基础上又进行了多次更新。

《中分表》Web 版与《中图法》Web 版有共通的数据库，在界面上也有类似之处，如图 5-20 所示。

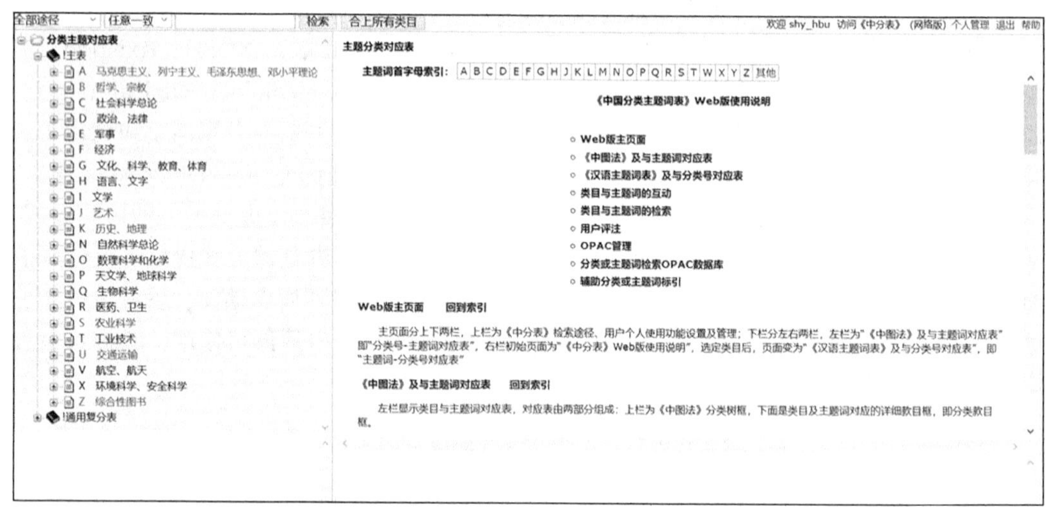

图5-20 《中分表》主界面

主页面分上、下两栏，上栏为《中分表》检索途径、用户个人使用功能设置及管理；下栏分左、右两栏，左栏为“《中图法》及与主题词对应表”即“分类号-主题词对应表”，右栏初始页面为“《中分表》Web 版使用说明”，选定类目后，页面变为“《汉语主题词表》及与分类号对应表”，即“主题词-分类号对应表”。左栏显示类目与主题词对应表，对应表由两部分组成：上栏为《中图法》分类树框，下面是类目及主题词对应的详细款目框，即分类款目框。右栏为“主题词-分类号对应表”，由两部分组成：上栏为主题词字顺列表，下栏为主题词款目框。主题词字顺列表将主题词表的所有主题词按汉语拼音进行排列，主题词款目框显示当前主题词的款目内容。包括：主题词汉语拼音、款目主题词、注释、主题词英译名、对应分类号、参照关系词（包括代（用）、属、分、族、参）、主题词款目记录的控制号（以大写字母 S 开头）、评注等。《中分表》Web 版中主题词和分类号之间可以互动，即当用户在分类表或主题表中选中一个语义单位时，其对应结构会

① http://cct.nlc.cn.

自动定位到与该选中的语义单元对应的关系类或关系词。为用户全面、准确地掌握类或词的概念，迅速确定标引或检索用词提供了方便。

二、主题法的网络化应用

在“主题法自身的网络化发展”一节中所介绍的主题词表，均是以独立的形式提供应用，即主题词表没有嵌入任何应用系统中，而是以词表形式提供浏览、检索及相关服务。本节所介绍的主题法的网络化应用，是指主题词表嵌入数据库或检索系统之中，通常作为后控词表使用，借以提高检索效果。在这一模式中，主题词表以检索系统内部组件的形式存在，对一般用户透明。在检索过程中，主题词表以系统提供的规范化词汇、术语建议、查询扩展等形式存在。这一类主题词表如集成到美国教育信息资源中心主题网关的《教育主题词表》（ERIC Thesaurus），应用于英国数据档案主题网关的《人文社会科学电子叙词表》（Humanities and Social Science Electronic Thesaurus，HASSET）等。

（一）ERIC Thesaurus 的应用

ERIC 叙词表[①]是美国教育资源信息中心（Education Resource Information Center）创建的一部教育领域的专业叙词表，用于其教育资源数据库中信息的组织与检索。ERIC 数据库和叙词表以统一的网站提供服务，如图 5-21 所示。

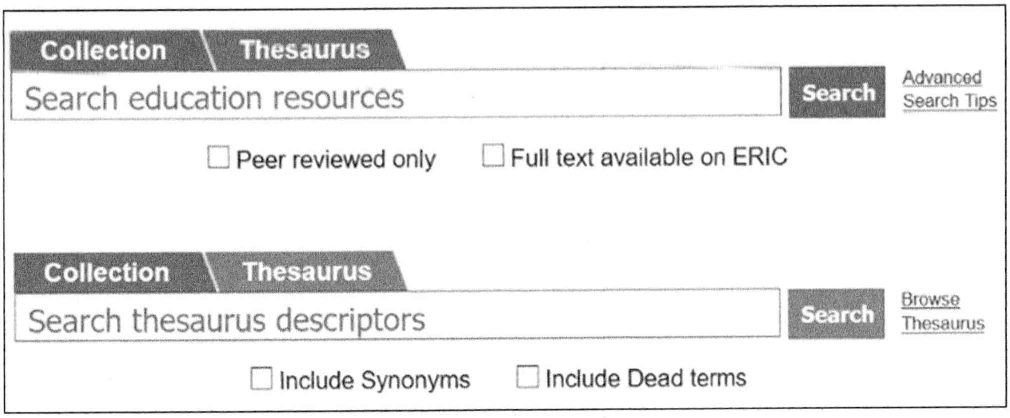

图5-21　ERIC数据库与叙词表的检索入口

ERIC 网站提供了数据库检索和词表检索的功能，同时提供叙词表浏览功能。其浏览界面如图 5-22 所示。

① https://eric.ed.gov/?ti=all.

Browse Alphabetically

A B C D E F G H I J K L M N O P Q R S T U V W X Y Z

Browse by Category

Agriculture and Natural Resources
Arts
Bias and Equity
Business, Commerce, and Industry
Communications Media
Counseling
Curriculum Organization
Disabilities
Economics and Finance
Educational Levels, Degrees, and Organizations
Educational Process: Classroom Perspectives
Educational Process: School Perspectives
Educational Process: Societal Perspectives
Equipment
Facilities
Government and Politics
Health and Safety
Human Geography
Humanities
Individual Development and Characteristics
Individual in Social Context
Information/Communications Systems
Labor and Employment
Language and Speech
Languages
Learning and Perception
Mathematics
Measurement
Mental Health
Occupations
Peoples and Cultures
Physical Education and Recreation
Publication/Document Types
Reading
Research and Theory
Science and Technology
Social Problems
Social Processes and Structures
Students, Teachers, School Personnel
Subjects of Instruction
Tests and Scales

图5-22 ERIC浏览界面

叙词表浏览可以按字顺浏览，也可以按类目浏览。按字母顺序浏览，单击特定字母，将显示叙词表中所有以该字母开头的叙词，而在每一个按字母浏览的页面下端，系统均提供了按类目浏览的链接，方便快速切换。单击特定叙词，则显示该叙词款目的相关信息，如图 5-23 所示。

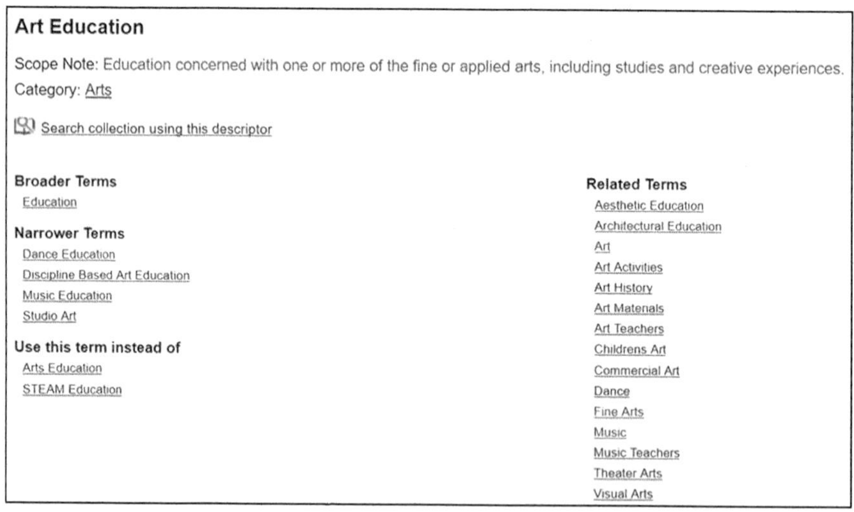

图5-23 ERIC结果页面示例

每一个叙词页面均显示范围注释、所属类目、上位词、下位词、非正式叙词和相关词，每个叙词页面均设置了快速检索链接，可以用该叙词查找数据库中的相关记录。

（二）HASSET 的应用

HASSET[①]最初起源于联合国教育、科学及文化组织叙词表，1997 年发展为独立产品，

① https://hasset.ukdataservice.ac.uk.

在发展最初用于为英国数据档案馆（UK Data Archive）提供检索服务，现在是作为英国数据服务（UK Data Service）的信息标引和检索工具。英国数据服务是一个多学科数据服务系统，资源内容包括 1971 年至今的大规模政府调查、国际宏观数据、商业微观数据、质性研究和统计数据等。

HASSET 提供了查询和浏览两种途径访问词表资源。浏览模式以树状结构组织词表中的词，可以逐级浏览。在检索框中输入检索词，可以查询词表中所有包含该词的款目。单击特定款目进入结果页面，将显示该款目的详细信息，如图 5-24 所示。

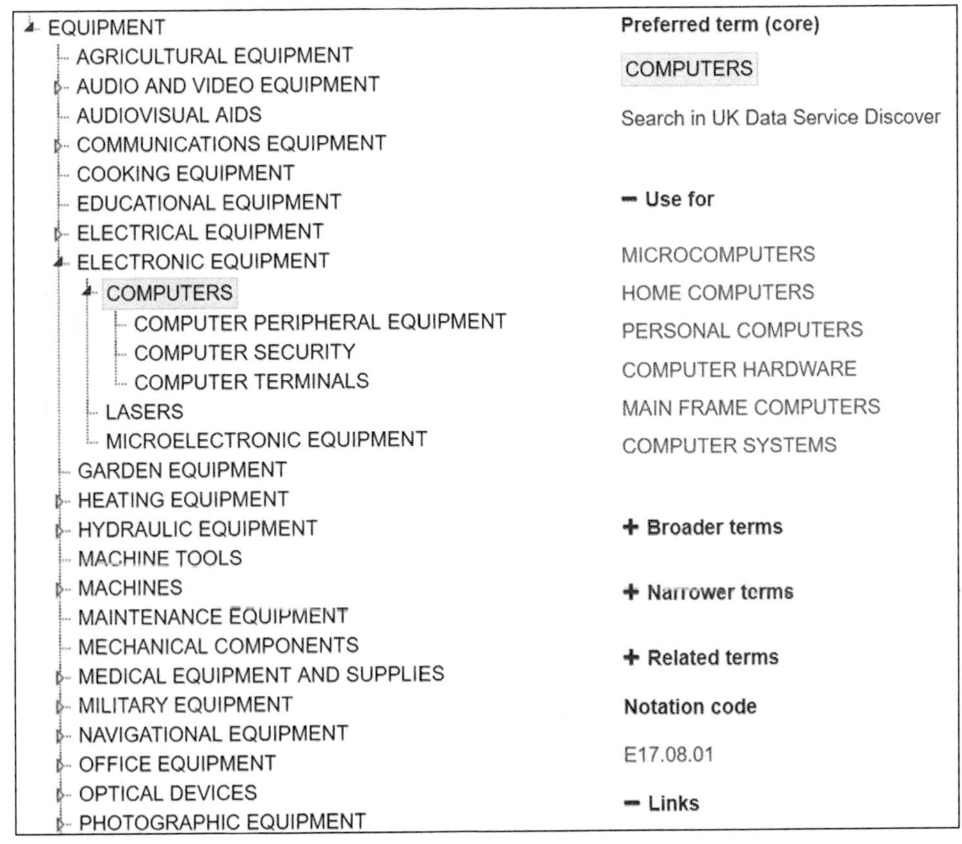

图5-24 HASSET检索结果页面示例

页面左侧以树状结构显示当前叙词在层级结构中的位置，右侧显示该词的相关信息，包括非正式叙词、上位词、下位词、相关词、标注代码等，同时提供了以该词检索英国数据服务数据库的快速链接。页面右下角设置的 Links，单击该链接将定位到当前词的简单知识组织系统（simple knowledge organization system，SKOS）数据。

对于特定的叙词，HASSET 在提供树状结构和详细信息显示以外，还提供了可视化的浏览方式，单击 Visual graph 选项卡即可进入可视化显示界面。

英国数字档案馆从 2012 年 7 月到 2013 年 3 月开展了一项将 SKOS 应用于 HASSET 的项目，基于 Pubby 部署了 SKOS-HASSET，从而使该词表更加开放，易于兼容。

思考题

1. 网络信息资源和传统信息资源相比具有哪些特点?
2. 分类法在网络环境下的拓展和应用体现在哪些方面?
3. 网络分类法和传统分类法相比有什么区别?
4. 试举例说明主题法在网络环境下的应用。

第六章　信息描述

【**教学目的与要求**】本章主要介绍信息描述的基本理论、机读目录、元数据和RDF。通过本章学习，学生应掌握信息描述的概念与作用，熟悉信息描述的标准与方法，熟悉机读目录的基本结构，掌握中国机读目录格式（China machine-readable catalogue，CNMARC）的应用方法，掌握元数据的概念与类型，熟悉都柏林核心元数据集，了解主要的元数据标准，熟悉RDF的基本理论与发展应用。

第一节　信息描述概述

一、信息描述的概念

信息描述是指根据信息组织和检索的需要，对信息资源的主题内容、形式特征、物质形态等进行分析、选择、记录的活动。在传统文献的组织与检索中，信息描述一般称为文献编目或著录。广义的信息描述包括信息标引，即包括对内容特征和外部特征的揭示和描述，而狭义的信息描述仅包括对信息资源外部特征的描述。

信息描述的结果，在传统文献编目或著录中一般称为款目。款目是指依据一定的规则和方法，对文献特征与编目业务信息所做的记录，表现为反映文献内容特征和外部特征的著录项目的组合。而在现代信息描述中，其结果通常称为记录，一条记录相当于手工编目中的一条款目，但记录中所包含的内容更为丰富和复杂，在扩充“款目”信息的基础上，还增加了代码信息及计算机识别与处理的符号。但不论款目的形式，还是记录的形式，所形成的都是信息资源组织的基本单位。

信息描述是信息组织的关键环节之一，通过对信息资源内容特征和外部特征的揭示和描述，形成著录款目或记录，以款目或记录为基本单位构建信息检索工具或系统。

二、信息描述的作用

信息描述主要有以下作用。

（1）识别。对需组织的信息资源进行确认及具体描述，使用户能准确识别该资源对象。

（2）定位。对传统文献、数据库及网络环境下的信息资源进行序化描述的过程中，生成具体信息资源的特定位置、地址信息，以供用户访问时便捷可及。

（3）检索。根据检索设备条件、信息资源特点和用户使用需要，在描述数据中设定检索点，为用户对信息资源的检索和利用提供支持。

（4）选择。通过对信息资源的主题、作者、资源类型、出版或发布信息及日期等各种特征进行描述，供用户对信息资源的具体功能价值及个体需求匹配进行判断，以决定是否选择该资源。

三、信息描述的标准

信息描述通常是依据一定的描述标准进行的。信息描述的标准是对需描述的项目、描述的形式、各个描述项目间的次序等进行的统一说明，目的是对信息资源进行一致、有效的描述，以便于不同机构之间进行信息交换。信息描述工作从传统手工著录阶段，到机编目录阶段，再到对网络信息资源进行描述的阶段，根据信息资源的特点以及信息检索的需要，已建立了一系列信息描述的规范和标准。较有代表性的信息描述标准，包括文献著录标准、机读目录和元数据的相关标准。机读目录（machine-readable catalog，MARC）和元数据的相关内容将在本章后续章节介绍，本节主要介绍文献著录标准。

在现有的文献著录标准中，《国际标准书目著录》和《英美编目条例》是国际上影响最为广泛的两个著录规范，我国也有文献著录的系列国家标准。

1.《国际标准书目著录》

《国际标准书目著录》（International Standard Bibliographic Description，ISBD）是国际图书馆协会联合会（International Federation of Library Associations and Institutions，IFLA）为实现文献编目工作标准化而制定的一套供各类型文献著录用的国际标准。1971年，由IFLA设立的ISBD工作组编制推出了《国际标准书目著录（专著）》初稿。1974年，在伦敦正式出版了该标准的修订本——“第一标准版”。此后，IFLA又相继推出了适用于其他文献类型的分则。1977年，IFLA正式出版《国际标准书目著录（总则）》，提供了一个总的框架，作为各分则编制的指南，以达到协调各个分则的目的。ISBD（G）推出后，新编制的分则都必须以此为编制依据，已出版的分则也要根据总则进行修订。至此便形成了一套以ISBD（G）为总原则的、针对不同文献类型设计分则的国际标准的著录规则。在后续的使用过程中，ISBD的系列标准也在不断修订，以适应文献编目的实际需求。

ISBD对著录项目的设置、著录项目的次序、标识符号的使用等做出了统一的规定，以保证文献著录的一致性。同时，ISBD还明确了获取著录信息的来源，对于每一种类型的文献，ISBD都规定了其著录的主要信息源，对于每个类型文献的各个著录项目，ISBD又具体规定了该项目的规定信息源。这在以往规则中是没有明确界定的，从著录信息的来源上保证了对同一种文献著录的信息采集具有一致性。ISBD（G）的著录项目及标识符号如表6-1所示。

表 6-1 ISBD（G）的著录项目及标识符号一览表

著录项目（Area）	前置（或外括）标识符号（Punctuation）	著录单元（Element）
1. Title and statement of responsibility area	[] = : / ;	1.1 Title proper 1.2 General material designation (optional) *1.3 Parallel title *1.4 Other title information 1.5 Statements of responsibility First statement *Subsequent statement
2. Edition area	= / ; , / ;	2.1 Edition statement *2.2 Parallel edition statement (optional) 2.3 Statements of responsibility relating to the edition First statement *Subsequent statement *2.4 Additional edition statement 2.5 Statements of responsibility following an additional edition statement First statement *Subsequent statement
3. Material (or type of resource) specific area		
4. Publication, distribution, etc., area	; : [] , (: ,)	4.1 Place of publication, distribution, etc First place *Subsequent place *4.2 Name of publisher, distributor, etc. *4.3 Statement of function of distributor 4.4 Date of publication, distribution, etc. *4.5 Place of manufacture *4.6 Name of manufacturer 4.7 Date of manufacture
5. Physical description area	: ; +	5.1 Specific material designation and extent of resource 5.2 Other physical details 5.3 Dimensions *5.4 Accompanying material statement (optional)
6. Series area	= : / ; , ;	6.1 Title proper of series or sub-series *6.2 Parallel title of series or sub-series *6.3 Other title information of series or sub-series 6.4 Statements of responsibility relating to the series or sub-series First statement *Subsequent statement 6.5 International Standard Serial Number of series or sub-series 6.6 Numbering within series or subseries
7. Note area		
8. Standard number (or alternative) and terms of availability area	= : ()	*8.1 Standard number (or alternative) 8.2 Key title *8.3 Terms of availability and/or price (optional) *8.4 Qualification (in varying positions) (optional)

2. 《英美编目条例》（第 2 版）

《英美编目条例》（第 2 版）（Anglo-American Cataloguing Rules，2ed，AACR2）是配合 ISBD 而产生的一部最为著名的编目条例，由美国图书馆协会、英国图书馆协会、加拿大图书馆编目委员会、英国图书馆、美国国会图书馆联合提出，由戈尔曼（Michael Gorman）与温克勒（Paul W. Winkler）负责编辑，于 1978 年出版，并于 1988 年、1998

年、2002年分别进行了修订。

AACR2具有显著的一些特点：①贯彻了编目标准化的原则，注意保持与其他相关书目控制标准的协调性，率先采用了ISBD的原则与格式，促进了文献著录标准化的进程；②在检索点选取方面沿用了西方特别是英美编目的“著者原则”，根据著者对文献的知识内容或艺术内容所负的责任，而不是凭文献类型选择标目；③全面考虑了非书资料的编目问题，大量扩充了非书资料、测绘制图资料、电子资源的著录规则。

AACR2已发展成为一部适用于多种类型、多种文字、多种载体的文献信息著录条例。每个版本的AACR2都包括“第一部分 描述著录”、“第二部分 标目、统一题名与参照”和“附录”等三部分。以2002年的修订版为例，其结构如下所示：

Part Ⅰ Description（第一部分 描述著录）

- 1 General Rules for Description（著录总则）
- 2 Books，Pamphlets，and Printed Sheets（图书、小册子、散页出版物）
- 3 Cartographic Materials（测绘制图资料）
- 4 Manuscripts（Including Manuscript Collections）（手稿）
- 5 Music（乐谱）
- 6 Sound Recording（录音资料）
- 7 Motion Pictures and Video Recordings（影片与录像资料）
- 8 Graphic Materials（图片资料）
- 9 Electronic Resources（电子资源）
- 10 Three-Dimentional Artefacts and Realia（立体工艺品与实物）
- 11 Microforms（缩微品）
- 12 Continuing Resources（连续资源）
- 13 Analysis（分析）

Part Ⅱ Headings，Uniform Titles，and References（第二部分 标目、统一题名与参照）

- 21 Choice of Access Point（检索点的选择）
- 22 Heading for Persons（个人著者标目）
- 23 Geographic Names（地理名称）
- 24 Headings for Corporate Bodies（团体名称标目）
- 25 Uniform Titles（统一题名）
- 26 Reference（参照）

Appendices（附录）

- A Capitalization（大写）
- B Abbreviations（缩写）
- C Numbers（数字）
- D Glossary（词汇）
- E Initial Articles（首冠词）
- Index（索引）

3. RDA

《资源描述与检索》(Resource Description & Access，RDA)是由美国、英国、加拿大及澳大利亚联合编制的元数据内容标准，是 AACR2 的升级产品，其目的在于满足数字环境下资源著录与检索的新要求，成为全球信息资源描述与检索标准。

RDA 的诞生源于 1997 年英美编目条例联合修订委员会举办的“AACR 原则与未来发展国际会议”，会上提议将 AACR 进一步国际化，扩展到更广泛的范围内使用。RDA 的编制出于两方面的原因：一是网络环境下编目工作新的概念模式《书目记录的功能需求》和《规范数据功能需求》的出现，使编目规则也要适时地做出修改；二是 AACR2 的不适应性，其规则不能完全适用内容和载体交叉的资源，特别是不断涌现的数字资源，都对现有编目规则提出了新的挑战。

2004 年，英美编目条例联合修订委员会的主管机构“负责人委员会”宣布编制 AACR3。2005 年，出于对 AACR3 可以成为超越图书馆界的世界性规则的期望，AACR3 被更名为 RDA。历经艰苦而漫长的过程，RDA 于 2009 年完成编制。2010 年 6 月，联机版“RDA 工具套件”(RDA Toolkit)正式发布，标志着 RDA 的正式诞生，同年 11 月，RDA 活页印刷本出版。2008 年 5 月~2010 年 12 月，美国国会图书馆与国家医学图书馆、国家农业图书馆对 RDA 进行联合测试。2011 年 6 月，RDA 测试报告发布。2012 年 2 月，美国国会图书馆宣布将于 2013 年 3 月 31 日全部采用 RDA 编目，这天就是 RDA 实施切换日(Day One)。

4. 我国的文献著录标准

我国的文献著录标准化工作起步较晚，但发展较快，从 ISBD 问世后，先后出版了 GB/T 3792 系列文献著录国家标准、《中国文献编目规则》以及《西文文献著录条例》。

GB/T 3792 系列包括《文献著录 第 1 部分：总则》和适用于不同文献信息类型的若干细则。《文献著录 第 1 部分：总则》由我国全国信息与文献标准化技术委员会提出，该委员会下属的第六分委员会起草，国家质量监督检验检疫总局 2009 年 9 月发布，2010 年 2 月实施。《文献著录 第 1 部分：总则》在编制原则、著录项目、标识符号等方面，与 ISBD 基本保持一致，目的是使我国与世界范围内的目录成果能够在最大程度上交换和共享。同时，为了满足我国编目工作的需要，也充分考虑了国内的具体情况，适当保留了我国文献编目中的一些传统做法，并借鉴了其他国家和地区汉语言文字目录著录中的一些有益规定。《西文文献著录条例》是为了实现西文文献著录的标准化而编制的著录标准，最初于 1985 年出版，全书共 6 章 33 节。第一章和第二章规定了各种载体文献的著录项目、著录项目的顺序、著录方法及标识符号的使用。第三章至第五章明确规定了检索点的选取原则和标目的著录形式。第六章规定了参照的编制原则和编制方法。2003 年，科学技术文献出版社出版了《西文文献著录条例》的修订扩大版。全书包括“著录”“标目、统一题名和参照”“附录”等三部分共 12 章。《西文文献著录条例》以 ISBD 和 AACR2 为基础，结合我国实际需要编写，既能适应手工编目的需要，又符合计算机编目的要求，适用于多种载体类型。

《中国文献编目规则》于 1996 年最初出版，是一部全国文献工作标准化技术委员会和中国图书馆学会推荐的、供中文文献使用的编目条例。2005年，由国家图书馆《中国文献编目规则》修订组完成修订，推出《中国文献编目规则》第二版。《中国文献编目规则》以ISBD和GB/T 3792系列国家标准为依据，在著录项目的设置、著录顺序以及标识符号使用方面，力求与ISBD保持一致。第二版对部分章节内容进行了调整，使规则更为细化，术语更为明确。

四、信息描述的基本方法

为了全面记录、揭示信息资源的物质外形特征和内容特征，帮助用户快速识别、了解、确认、选择信息资源，从而有效利用信息资源，进行资源描述时应依据准确性、一致性的文献描述规则。目前，我国中文文献描述遵循的是国家图书馆组织编写、北京图书馆出版社2005年出版的《中国文献编目规则（第二版）》，西文文献描述遵循的是中国图书馆学会组织修订、科学技术文献出版社2003年出版的《西文文献著录条例》。

具体而言，目前文献描述的基本方法包括描述信息源、描述项目、标识符号、描述级次与描述格式等（段明莲，2008）。

1. 描述信息源

描述信息源既包含揭示各类信息源主要出处或自身特点的主要信息源（chief source of information），也包含描述不同信息源款目各个项目或字段来源的规定信息源（prescribed sources of information）。

在描述各类信息资源时，优先选用主要信息源，以反映信息资源的主要特征，确保信息资源的统一描述。各类文献资源均有特定的主要信息源，如图书的题名页或其他代题名页等。各类型信息资源的主要信息源见表6-2。

表6-2 各类型信息资源的主要信息源

信息资源的类型	主要信息源
普通图书	题名页，若无题名页，则可依据封面、附加题名页、版权页或其他部分
连续出版物	题名页，若无题名页，以封面、文首页、标题页、目次页、编辑页或版权页作为代题名页
电子连续出版物	载体本身或标签
学位论文、科技报告、标准文献	题名页，若无题名页，则可依据封面或摘要页
古籍	正文卷首卷端
测绘制图资料	载体本身，包括制图资料的图袋、图盒等包装品
影像资料	载体本身或标签
录音资料	载体本身或标签
静画资料	载体本身或标签
手稿	首尾页及整体

若主要信息源不完整或所描述的信息资源不同位置的信息存在差异，则需要规定信

息源予以描述确认。各类信息资源的描述项目均应以各自特定的规定信息源及其选取顺序作为描述依据。普通图书各描述项目的规定信息源及选取的顺序可参见表 6-3。

表 6-3 普通图书各描述项目的规定信息源及选取的顺序

描述项目	规定信息源及选取顺序
题名与责任说明项	题名页、版权页
版本项	版权页、题名页
出版、发行项	版权页、题名页
载体形态项	整部图书及附件
丛编项	题名页、版权页、封面、书脊、封底
附注项	任何信息源
标准编号与获得方式项	版权页、图书其余部分

2. 描述项目

描述项目（area）是用以揭示信息资源形式特征和内容特征的记录事项，是组成款目（entry）的基本要素。款目则是信息资源目录的基本单位。信息资源描述的项目一般为八项，每个描述项目又由若干描述单元（element）构成。描述单元可以是描述信息资源某一特征的单词、短语或一组字符。

（1）题名与责任说明项，具体包含正题名、一般文献类型标识、并列题名、其他题名信息、责任说明。

（2）版本项，具体包含版本说明、并列版本说明、与版本有关的责任说明、附加版本说明、附加版本说明的责任说明。

（3）文献特殊细节项。

（4）出版发行项，具体包含出版发行地、出版发行者、出版发行日期、印制地、印制者、印制年。

（5）载体形态项，具体包括文献数量及特定文献类型标识、其他载体形态细节、尺寸、附件。

（6）丛编项，具体包含丛编正题名、丛编并列题名、丛编其他题名信息、丛编责任说明、丛编国际标准连续出版物号、丛编号、分丛编名、分丛编并列题名、分丛编国际标准连续出版物号、分丛编号。

（7）附注项。

（8）标准编号与获得方式项，具体包含标准编号、识别题名、获得方式和/或定价、限定说明。

3. 标识符号

描述用标识符是由书目机构提供的、置于每个书目描述项目或描述单元（第一描述项目的第一单元除外）信息之前的标识符号。

标识符分为描述项目标识符和描述单元识别符两种：描述项目标识符记录于每个描

述项目前；描述单元识别符是指专用于说明某些描述单元（特定内容）所设置的标识符，详见表 6-4。

表 6-4 描述标识符号及使用方法

标识符号	使用方法
.—— （项目标识符）	除题名与责任说明外，用于各描述项目前；若描述项目另起段落，可省略
= （等号）	用于并列题名、并列版本说明、从编并列题名、分丛编并列题名及识别题名前
: （冒号）	用于其他题名信息、出版者、发行者、印刷者、其他形态细节、从编其他题名信息及获得方式或价格前
/ （斜线）	用于题名与责任者说明项、版本项、从编项中的责任说明前
; （分号）	用于其他责任说明、同一责任者的合订题名、后续的出版地、后续的出版者、尺寸、从编号及分丛编号前
, （逗号）	用于交替题名、分担责任者、附加版本说明、出版年、印制年、分段页码、从编国际标准连续出版物号前
. （圆点）	用于不同责任者的合订题名、分丛编名前
[] （方括号）	用于一般文献类型标识、未取自规定信息源的著录内容以及编目员自拟的描述内容
( ) （圆括号）	将从编项、限定说明、印刷地、印刷者、印刷年置于其中。中文文献清代以前著者朝代、中文文献中外国著者的国别置于其中
+ （加号）	用于附件前
… （省略号）	用于省略描述内容
× （乘号）	用于载体形态项的文献宽度和/或厚度尺寸前
? （问号）	用于不确定的描述内容，与方括号结合使用
- （连字符）	用于说明年代，卷期等起讫连接
// （双斜线）	表示分析款目上析出内容所在的出处
“ ” （双引号）	用于附注项内的引用内容

4. 描述级次与描述格式

描述级次是指文献描述项目的详简级次，它以描述项目尤其是以描述单元的详简程度划分。详简级次的具体区分依据为主要项目、选择项目。

主要项目包括：题名与责任说明项的正题名、第一责任说明；版本项的版本说明；文献特殊细节；出版发行项的出版地、出版者、出版日期；载体形态项的数量及特定文献类型标识、尺寸、附件；从编项的从编正题名、从编编号、分从编编号；重要的附注（如电子资源正题名来源附注）；标准编号。

选择项目包括：一般文献类型标识、并列题名、其他题名信息、其他责任说明；并列版本说明、与本版有关的责任说明、附加版本说明、附加版本说明的责任说明；印制地、印制者、印制日期；其他形态细节；从编并列题名、从编其他题名信息、从编责任说明、从编标准国际连续出版物号（international standard serial number，ISSN）；附注；获得方式项、限定说明。

其中，简要级次描述全部主要项目；基本级次描述全部主要项目及部分选择项目；详细级次描述全部主要项目和全部选择项目。

当前，国家书目和全国联合编目应采用详细级次。各图书馆可根据本馆的实际情况及读者的检索要求，制定出本单位的文献描述细则，确定详简级次，供本馆描述人员使用，以确保本单位文献描述具有统一性和连续性，同时又能适应标准化、规范化的要求。

描述格式是指描述项目在款目上的排列顺序及其表述方式。按照文献描述项目的功能，将其组织为描述正文和提要两大部分，如图 6-1 所示。

正题名=并列题名：副题名及说明题名的文字/第一责任者；其他责任者. ——版次及其他版本形式/与本版有关的责任者. —— 出版发行地：出版发行者，出版发行日期（印刷地：印刷者，印刷日期）. —— 页数或卷（册）数：图；尺寸或开本+附件. ——（丛书名/编者，国际标准连续出版物编号；丛书编号）. ——附注. ——国际文献标准书号；中国标准书号（装订）：获得方式

提要

Ⅰ. 题名　Ⅱ. 责任者　Ⅲ. 主题　Ⅳ. 分类号

图6-1　文献描述格式

描述正文主要描述文献的外部特征和各个项目，是款目的主体部分，用户可以基于描述正文识别和确认文献资源，进行基本操作。提要则是通过介绍主要项目及对内容的提炼，帮助用户进行核心内容选择和需求匹配。

第二节　机 读 目 录

一、机读目录概述

1. 机读目录的定义和特点

机读目录是一种机器可读目录，以代码形式和特定结构记录在计算机存储载体上，能够被计算机识别并编辑输出书目信息的目录形式。

在机读目录中，一条书目记录（record）相当于手工目录中的一条款目，是对于一种文献目录信息的完整记录。记录按一定顺序排列而成的集合称为文件（file）。内容和时间上具有完整意义的一个文件，相当于一个功能很强的手工目录体系，经过程序控制的计算机加工处理，可以按照需要输出题名、责任者、主题、分类等多种目录。

与传统目录比较，机读目录的主要特点是：密度高、体积小、易于保存、节省空间；一次输入，多种输出；检索效果好；可以自动排序；记录修改、维护方便。

2. 国外机读目录的发展

1965 年，美国国会图书馆开始研制业务工作采用电子计算机的可能性。

1966 年 2 月，进行试验。

1966 年 4 月，美国国会图书馆设计出世界上第一个机读目录格式 MARC Ⅰ。

1967 年，转向 MARC Ⅱ 的研制。

1969 年开始向全国发行 MARC Ⅱ 格式的书目磁带，因为是美国国会图书馆（Library of Congress，LC）研制的，因此称为 LCMARC，1983 年改称为 USMARC（United States machine-readable cataloging），即美国机器可读目录。

1977 年，IFLA 研制通用机读目录格式（UNI machine-readable cataloging，UNIMARC）。

1991 年，美国图书馆协会接受格式一体化建议，对 USMARC 进行一体化。

1998~2000 年，一体化的 USMARC 更名为 MARC21。

2002 年推出 MARCXML，是目前通用的可扩展标记语言（extensible markup language，XML）格式的 MARC。

在适用于 MARC21 的 MARCXML 推出之后，丹麦国家图书馆致力于开发 MarcXchange，这是适用于各种 MARC 的 XML 格式。在由美国国会图书馆接任 MarcXchange 的维护机构后，2008 年它正式成为国际标准 ISO 25577。

3. 国内机读目录的发展

1975 年，刘国钧先生发表文章，揭开了我国机读目录研究工作的序幕。

1979 年，北京地区机读目录研制协作组开始研究 LCMARC。

1996 年，CNMARC《中国机读目录格式》发布。

2003 年，MARC21 格式使用手册启动，向全国各类图书馆提供编制西文数据的统一标准和较为规范的参考依据。

2004 年 3 月，国家图书馆编制的《新版中国机读目录格式使用手册》正式出版。

二、MARC 的逻辑结构

MARC 记录可简称记录，是书目数据库里的一个信息单元。CNMARC 的每条记录均由记录头标区、地址目次区、数据字段区和记录分隔符四部分构成。

1. 记录头标区

记录头标区（record label）是指利用计算机处理书目相关参数的定长数据元素，位于每个记录之首。根据 ISO 2709 的规定，记录头标区固定为 24 个字符长，包含记录处理所需的一般信息，没有字段号、指示符和子字段标识符，其是必备的和不可重复的。在记录头标区，需要人工设定的数据元素为记录状态、执行代码、记录附加定义。记录头标区包括的数据元素如表 6-5 所示。

表 6-5 记录头标区包括的数据元素

数据元素名称	字符数	字符位置	数据形式	生成方式
（1）记录长度	5	0~4	五位十进制数	计算机计算生成
（2）记录状态	1	5	一位字符符	人工设定
（3）执行代码	4	6~9	一位字母或数字	人工设定
（4）指示符长度	1	10	一位十进制数（2）	计算机程序生成
（5）子字段标识符长度	1	11	一位十进制数（2）	计算机程序生成
（6）数据基地址	5	12~16	五位十进制数	计算机计算生成
（7）记录附加定义	3	17~19	三位空格或字符符	人工设定
（8）目次结构区	4	20~23	四位字符符或空格	计算机程序生成

（1）记录状态（字符位置 5）：用一个字符的代码表示记录的处理状态。

c=修改的记录。对原已发行且记录状态为 n、o、p 的记录，经过修改更新后，应用 c 替换原记录。

d=删除的记录。当原发行的记录不再有效时，用 d 表示删除原来的数据字段，且应增加一个 300 字段（一般性附注），说明该记录删除的原因。

n=新记录。表示原始编目产生新的记录。

o=已发行较高层次记录。该记录为低于最高层次的新记录。

p=曾为不完整的预编记录。根据正式出版的编制记录，用以代替以前的预期记录。

（2）执行代码（字符位置 6~9）：各字符位上的字符分别表示记录类型、书目级别、层次等级以及未定义字符。

①记录类型（字符位置 6）。

中文图书机读记录类型代码如下：a=印刷的文字资料；b=手写的文字资料；c=印刷的乐谱；d=手写的乐谱；e=测绘资料（印刷品）；f=测绘资料（手稿）；g=放映和视频资料；i=录音资料（非音乐节目）；j=录音资料（音乐节目）；k=二维图像；l=计算机存储介质；m=多媒体资料；r=三维制品和教具；u=拓片；v=善本书。

②书目级别（字符位置 7）：表示对在编文献的处理方法，如按分析的方法或按成套还是单本描述，其与记录所描述的文献实体相关，具体如下。

a=析出文献，即该记录所描述的文献在物理实体上从属于另一个文献实体。

m=专著，即以单册或限定分册出全的出版物，如普通图书、单张地图等。

s=连续出版物，即以连续卷期形式出版的出版物，包括期刊、年鉴、报纸等。

c=合集，即汇集的书目实体，如盒装的册子集等。

③层次等级（字符位置 8）：表示该记录在信息资源结构体系中的位置等级，以揭示目录之间的从属关系，具体如下。

#=层次关系未定义

0=无层次等级关系

1=最高层次的记录

2=低于最高层次的记录

④未定义字符（字符位置 9），填空格“#”。

（3）记录附加定义（字符位置 17~19）：各字符位上的字符分别表示编目等级、著录格式以及未定义字符。

①编目等级（字符位置 17）：表示该条记录的完整程度，以及是否根据受编文献编制机读目录，具体如下。

#=完全级，即直接依据受编文献或核对受编文献所产生的记录。

1=次级 1，即未依据受编文献或核对受编文献所产生的记录。

2=次级 2，即依据文献校样或校对单所产生的记录。

3=次级 3，即数据不完整但将来有可能升级为完全级的记录。

②著录格式（字符位置 18）：在描述时是否使用了描述规则（ISBD）。

#=完全采用了 ISBD 格式

i=部分采用了 ISBD 格式

n=未采用 ISBD 格式

③未定义字符（字符位置 19），填空格“#”。

记录头标举例：00123nam0#2200265###450#。

该例记录头标中的数据元素依次表示如下：“00123”为记录长度；“n”为新记录；“a”为印刷型文字资料，“m”为专著，“0”为无层次等级关系，“#”为未定义；“22”为指示符长度和子字段指示符长度均为 2；“00265”为数据基地址，右对齐，前面补充 0；“###”为记录编目等级完全级、描述完全采用 ISBD 格式、未定义；“450#”为地址目次区 4 位数字的字段长度、5 位数字的起始字符位置、执行-定义部分字符数、未定义。

2. 地址目次区

地址目次区（directory）位于记录头标区之后，是关于该记录数据字段区记录情况的有关数据，其作用类似于一本书的目录，用以记载数据资源每个字段的长度、起始位置。各地址目次区字符位数为 12 位，包括 3 位数字的字段号、4 位数字的字段长度、5 位数字的起始字符位置，由计算机自动生成。通过目次区可以查找 MARC 记录中某一特定字段的起始字符位置，一般供系统分析员排除记录故障时使用，编目员不直接使用。

3. 数据字段区

1）结构功能

数据字段区（data fields）用以记录有关文献的各种信息，包括编目数据、主题数据、分类数据等方面，是书目记录的主体，主要由人工输入。数据字段区中涵盖了十大功能块，具体如表 6-6 所示。

表 6-6 数据字段区的十大功能块

字段	功能块名称	字段	功能块名称
0××	标识块	5××	相关题名块
1××	编码信息块	6××	主题分析块
2××	著录信息块	7××	知识责任块
3××	附注块	8××	国际使用块
4××	款目连接块	9××	国内使用块

每个数据字段区根据记录信息资源的需要，按照等级呈现层次结构。具体而言，首先设置若干功能模块，再在功能模块中依次分出字段、子字段。数据字段区的数据组成方式通常为，功能块—字段—子字段—数据元素。

2）标识符号界定

字段：由字段标识符标识的被定义的字符串，其长度包括字段标识符、字段指示符、子字段标识符、数据元素和字段分隔符。

字段标识符是用于标识字段的一组符号，由 3 位数字字符组成，其中第一位数用以区分不同的功能块。例如，“010”指字段标识符为国际标准书号，其中第一个“0”表示该字段属于标识块。

字段指示符是字段中头两个字符位的值，提供字段内容、字段之间的相互关系以及数据处理过程中所需操作的附加信息。字段指示符的值通常有“0”“1”“2”“#”，每个指示符的值在特定字段都有其独立的含义。

子字段指一个字段中所组成的多个属性描述字符串。在 CNMARC 中，除了 00×字段，其他字段均包含一个或一个以上子字段。

子字段标识符由两个字符组成，用以识别可变长字段中的不同子字段。第 1 个字符为子字段分隔符（$），第 2 个字符为字母或数字。

数据元素是字段内明确定义的最小数据单元。

字段分隔符指在每个可变长字段的结尾用以分隔字段的符号，机读目录中由计算机自动生成。

4. 记录分隔符

记录分隔符（record separator），即置于每条机读记录尾部，用以区分记录的控制字符。在机读记录中，可通过编目系统自动生成。

三、CNMARC 常用字段的使用方法

CNMARC 记录通常遵循《中国机读目录使用手册》《中国文献编目规则》《中国图书馆分类法》《汉语主题词表》等。其常用字段描述方法如下。

1. 标识块

字段定义：标识块包含标识记录或出版物实体并记载在实体上的号码。

常用数据字段包括：

001 记录标识号

005 记录处理时间

009 源记录控制号

010 国际标准书号（ISBN）

011 连续出版物号（ISSN）

020 国家书目号

021 版权登记号

022 政府出版物号

091 统一书刊号

092 订购号

094 标准号

1）001 记录标识号

记录标识号是与记录相关的标识符号，具有唯一性，可作为检索点；每条记录的必备字段，不可重复；不设字段指示符，不设子字段；固定长字段：共 12 个字符，由 3 个数据元素组成。

例如：001　　011999000001

　　　001　　011989009021

各个数据元素的字符数与字符位置如表 6-7 所示。资料库类型代码由两个字符构成，第一个字符表示文献类型，第二个字符表示语种，具体见表 6-8。

表 6-7　001 字段数据元素表

数据元素	字符数	字符位置
资料库类型代码	2	0~1
编目年	4	2~5
编目流水号	6	6~11

表 6-8　001 字段资料库类型代码表

文献载体	第一位代码	文献语种	第二位代码
普通图书	0	中文	1
连续出版物	1	西文	2
声像资料	2	日文	3
古籍	3	俄文	4
善本	4	其他	5
民族	5		
其他	6		

2）005 记录处理时间

记录处理时间是记录的最后处理日期和时间，以便系统判断所处理记录的版本情况。选择使用，不可重复。日期记录形式为 YYYYMMDD，时间记录形式为 HHMMSS.T，各项均右对齐，不足左边补 0；其由系统自动生成。

例如：005　19850501141236.0

3）010 国际标准书号（ISBN）

国际标准书号包含 ISBN 及其限定内容、文献获得方式和/或定价及错误的 ISBN 号。该字段选择使用，可重复。

国际标准书号的子字段由子字段标识符、子字段内容及注释组成，具体设置如下。

（1）$a ISBN：将 10 位（2007 年升级后为 13 位）阿拉伯数字的 ISBN 填入此。该子字段不重复。

例如：010 ## $a789-7-301-14264-6

010 ## $a7-80021-344-9

（2）限定：除平装的图书可省略不填入此子字段外，图书的其他装帧形式，包括精装、豪华装、线装、盒装、函套装等均填入此子字段。该子字段不重复。

例如：010 ## $a7-81023-963-5$d CNY7.50 （本书为平装书）

$b 精装$d CNY30.00 （本书为精装书）

010 ## $a7-5343-2006-2$b 线装$d CNY23.60 （本书为线装书）

010 ## $a7-351-1154-7$b 函套装$d CNY56.00 （本书为函套装书）

（3）$d 获得方式和/或定价　本子字段填写图书的价格，价格保留小数点后面两位。货币符号与价格之间不空格。该子字段不重复。

例如：010 ## $a7-80023-963-5$d CNY7.50

010 ## $a962-7104-24-8$d HK38.00

010 ## $a957-11-1099-X $d NTM360.00

（4）$z 错误的 ISBN：本字段指当 ISBN 错误时，应先著录正确的 $a ，后著录错误的 $z。

例如：010 ## $a7-204-03310-8$d CNY56.00$z7-204-003310-9

注意事项：若同一种书不同印次，ISBN 不同，价格也不相同，则应按出版顺序，重复使用 010 字段。若同一种书同一印次，价格相同，ISBN 不同，应重复使用 010 字段。若同一种图书，有精装、平装两个不同的 ISBN，需使用两个 010 字段，先著录平装，后著录精装；若精装、平装为同一 ISBN，也需使用两个 010 字段，因 $d 的价格不同，且还需著录$b。

例如：010 ## $a7-200-03128-3$b1995$d CNY5.60

010 ## $a7-200-03169-0$b1996$d CNY7.80

例如：010 ## $a7-200-03128-3$d CNY5.60

010 ## $a7-200-01369-0$d CNY5.60

例如：010 ## $a7-80021-843-0$d CNY25.00

010 ## $a7-80021-844-9$b 精装$d CNY30.00

4）091 统一书刊号

统一书刊号指在 ISBN、ISSN 出现前，我国出版部门为书刊分配的统一号码。该字段选择使用，可重复。

统一书刊号子字段由子字段标识符、子字段内容及注释组成，具体设置如下。

（1）$a 统一书刊号：记载在出版物上由国家出版部门分配的号码，包括标点符号和汉字，该字段不重复。

（2）$b 限定：该字段不重复。

（3）$d 定价：该字段不重复。

（4）$z 错误的统一书刊号：该字段可重复。

例如：091 ##$a10261.80 $dCNY1.20

091 ##$aR3213.12 $dCNY2.83

2. 编码信息块

编码信息块记录固定长编码数据元素。2001年版《中国机读目录格式使用手册》的编码信息块设有如下字段。

100 通用处理数据

101 文献语种

102 出版或制作国别

105 编码数据字段：专著性文字资料

106 编码数据字段：文字资料——形态特征

110 编码数据字段：连续出版物

115 编码数据字段：影像制品、投影制品

116 编码数据字段：图形制品

117 编码数据字段：三维制品和实物

135 编码数据字段：电子资源

1）100 通用处理数据

通用处理数据指用于记录任何媒体资料的固定长代码数据。该字段由12个数据元素共36个字符组成，字段必备，不可重复。

（1）记录生成时间（字符位 0~7）：是书目记录生成并转换为机读目录的时间；以后修改记录时，该时间不改动。具体由8位数字 YYYYMMDD 表示，月或日不足2位时前补0 。

（2）出版时间类型、出版日期1、出版日期2（字符位 8~16）：出版时间类型用1位字符标识；出版日期1、出版日期2分别用4位字符标识。

若书目为现在仍在出版的连续出版物，则出版日期1填起始出版年或创刊年，若无法确定，未知字符用“#”表示；出版日期2填“9999”。例如：a19529999。

若书目为已停刊的连续出版物，则出版日期1填起始出版年或创刊年，出版日期2填末卷期停止出版年；若起始出版年或创刊年、停止出版年无法确定，未知字符用“#”表示。例如：b19581978。

若书目为刊行状态不明的连续出版物，则出版日期1填首卷期的起始出版年或创刊年，若无法确定日期，未知字符用“#”表示；出版日期2填“####”。例如：c1979 ####。

若书目为一次或一年内出全的专著，则出版日期1填单行本著作或一年内出全的丛书或多卷书的出版年，出版日期2填“####”。例如：d1992 ####。

（3）阅读对象代码（字符位 17~19）：根据文献的阅读对象，依次选填1~3个下列代码，并按从左至右的顺序填写，不用的位置填“#”。阅读对象具体代码为：a 青少年，b 学龄前儿童（0~5岁），c 学龄儿童（5~10岁），d 少年儿童（9~14岁），e 青年（14~20岁），k 研究人员，m 普通成人，u 不详。

例如：ekm、ek#、u##。

（4）政府出版物代码（字符位 20）：用1位字符的代码标识文献是否是政府出版物

以及政府出版物的级别。

（5）变更记录代码（字符位 21）。

（6）编目语种代码（字符位 22~24）。

（7）音译代码（字符位 25）。

（8）字符集（字符位 26~29）。

（9）补充字符集（字符位 30~33）。

（10）题名文种代码（字符位 34~35）：用 2 位字符的代码标识文献正题名所用文种。具体题名文种代码为，ea 中文——文字类型未指定，eb 中文——汉字。

例如：100 ##$a19870923d1985####km#y0chiy0110####ea

2）101 作品语种字段

作品语种字段记录著作正文（题名、部分等）的语种代码。该字段适用于凡有语言文字的作品，为必备字段，不可重复。常用语种代码有 chi（中文）、jpn（日文）、rus（俄文）、eng（英文）、fre（法文）。

该字段指示符 1：翻译指示符，其中 0 为原著，1 为译著，2 为含译文（摘要除外）；指示符 2：未定义用“#”表示。下设有 10 个子字段。

$a 正文、声道等语种，可重复。

例如：101 2# $a chi $a lat

$b 中间语种，可重复。

$c 原作语种，可重复。

例如：101 1# $a chi $ceng

101 1# $a chi $beng $cger

$d 提要或文摘语种，可重复。

$e 目次页语种，可重复。

$f 题名页语种，可重复。

$g 正题名语种，不重复。

$h 歌词语种。

$i 附件语种。

$j 字幕语种。

3）102 出版或制作国别

该记录受编文献的出版、制作国家或地区的代码，选择使用，不可重复。其两个指示符均未定义，用“#”表示；设有 2 个子字段。

$a 出版或制作国：通常采用 GB/T 2659—2000/ISO 3166 标准国家代码，为两位字符代码，其中，中国为 CN，日本为 JP，美国为 US，加拿大为 CA，法国为 FR。若一个出版物有多个出版或制作国，该子字段可重复。

例如：102 ## $a CN $b110000 $a JP

$b 出版地区：其中，北京为 110000，上海为 310000，广州为 450000。若在多个地区制作，该子字段可重复。

例如：102 ## $a CN $b110000 $b450000

4）105 编码数据字段：专著性文字资料

含有专著型印刷文字资料的编码数据，在印刷文字型专著的机读目录中应提供该字段，选择使用，不可重复。该字段两个指示符均未定义，用“#”表示；设有 1 个子字段$a。

$a 专著编码数据：共 13 位字符（0~12 位），由 7 个数据元素组成；全部的字符位，必须出现在该子字段中；若某个字符位不分配数据，应该用“#”填充。

（1）图表代码（0~3 位）：共 4 位字符；从左至右顺序填写适用的图表代码，未用的位填写“#”。具体图表代码为，a 图表，b 地图，c 肖像，e 设计图，f 图版，g 乐谱，j 谱系图，k 表格，l 样本，m 录音资料，y 无图。若可用的代码超过了 4 位，则按顺序选择前 4 个；若 4 个字符位仅分配了一部分代码，其余位填写“#”；若 4 个字符位都不使用，则均填写“#”。

（2）内容类型代码（4~7 位）：共 4 位字符；从左至右顺序填写适用的图表代码，未用的位填写“#”。具体内容类型代码为，a 书目，b 目录，c 索引，d 文摘或摘要，e 字典或词典，f 百科全书，g 名录，h 项目资料，i 统计资料，j 成套教材，k 专利文献，l 技术标准，m 学位论文或毕业论文，n 法律或法规，p 技术报告，g 试题集，r 评述，s 条约，t 卡通或连环画，z 其他。若可用的代码超过了 4 位，则按顺序选择前 4 个；若 4 个字符位都不使用，则均填写“#”。

（3）会议代码（第 8 位）：共 1 位字符，表示文献是否为各类会议的会议录、报告或会议纪要。其中，0 为非会议出版物，1 为会议出版物。

（4）纪念文集指示符（第 9 位）：共 1 位字符，表示文献是否为纪念文集。其中，0 为非纪念文集，1 为纪念文集。

（5）索引指示符（第 10 位）：共 1 位字符，表示文献是否含有其正文的索引。其中，0 为无索引，1 为有索引。

（6）文学体裁代码（第 11 位）：共 1 位字符，表示文献的文学体裁。具体文学体裁代码为，a 小说，b 戏剧，c 散文，d 幽默或讽刺作品，e 书信，f 短篇故事，g 诗词，h 演说词，y 非文学作品，z 多种或其他文学体裁。

（7）传记代码（第 12 位）：共 1 位字符，表示文献的传记类型。具体传记代码为，a 自传，b 个人传记，c 合传，d 含传记资料，y 非传记。

例如：105 ## $abck#Igz#001yd

5）106 编码数据字段：文字资料——形态特征

记录文字资料的物理形式的代码数据，选择使用，不可重复。该字段两个指示符均未定义，用“#”表示。该字段设有 1 个子字段$a，其具体代码为，d 大型印刷品，e 报纸，f 盲文本，g 微型印刷品，h 手抄本、手稿，i 多媒体，j 小型印刷品，r 普通印刷品，z 其他形式。

3. 著录信息块

著录信息块包括 ISBD 所规定的除了附注项（3--）和 ISBN（010）外的其他主要著录项目。主要设有如下字段。

1）200 题名与责任说明

题名与责任说明字段包含媒体资料的题名、其他题名信息和与题名有关的责任说明。该字段为必备字段，不可重复。其指示符 1 指题名是否做检索点，具体著录为 1 时，表明题名做检索点；著录为 0 时，表明题名不做检索点。指示符 2 表示未定义，填空格。

根据《新版中国机读目录格式使用手册》，题名与责任说明下设 13 个子字段。

（1）$a 正题名：指图书的主要题名，即在图书题名页或代题名页（无题名页，用其他组成部分作为替代的题名页，如封面、版权页、文首部分）上出现的题名。为必备字段，可重复。

正题名中所含标点、符号、数字、汉语拼音及外文字母依原书照录，起语法作用的空格保留。如果所用标点与著录用标识符号重叠，可予以省略。若题名中的某些符号、图形等无法录入，可用其他相应的符号或文字代替，置于方括号[ ]内，同时在 100 字段的第 7 位“修改记录代码”选填“1”，在 300 字段中进行附注说明。

例如：200 1# $a 爱[心]（注：300$a 心，原题：一个桃形图案）

200 1# $a 电工 动力 理化 光学

200 1# $a1+1=2

200 1# $aOS/22.1 学习指南

200 1# $aCC+C++

200 1# $a 口吃….和你的孩子$e 疑问和解答

200 1# $a 中国，足球$e '98 世界杯能出线吗?

（2）$b 一般资料类别标识 按文献编写方式选填，可重复。例如，专著、汇编、参考工具等。普通图书和连续出版物一般不用该字段。

（3）$c 不同责任者的正题名 在一种图书内含有两个以上不同责任者的著作，又无总题名、合订题名时，本子字段用于另一责任者著作的题名。可重复。

（4）$d 并列正题名 指一种图书主要信息源上同时出现的对应于正题名的其他语种或文字的题名。对于每个附加并列题名，该子字段可重复。凡写入本子字段的并列题名，需同时写入 510 字段。

例如：200 1# $a 中国湖北 $d Hubei China $z eng

510 1# $a Hubei China

200 1# $a 新英汉词典$d A new English-China dictionary $z eng

501 1# $a A new English-China dictionary $z eng

（5）$e 其他题名信息：指规定信息源上正题名与并列题名之外的题名补充说明，包括对图书内容范围、体裁、用途、编辑方式等的说明。若此$e 子字段上的题名有检索意义，应将其同时填入 517 字段。可重复。

例如：200 1# $a 东方之珠 $e 香港城市简介

517 1# $a 香港城市简介

（6）$f 第一责任说明：著录与$a、$c、$h、$i 子字段的题名有关的第一责任说明。可重复。

（7）$g 其他责任说明：著录与$a、$c、$h、$i 子字段的题名有关的其他责任说明。

可重复。

（8）$h 从属题名标识：著录共同题名的分辑、分集、分册、分卷的卷册次号，以及对于每个分辑、分集、分册、分卷中更低层分册的卷册次号。可重复。

（9）$i 从属题名：著录共同题名的分辑、分集、分册、分卷的题名，以及对于每个分辑、分集、分册、分卷中更低层分册的题名。可重复。

（10）$A 正题名汉语拼音：用于 2001$a 正题名的汉语拼音，题名中的标点符号省略，汉语拼音由系统生成。

2）205 版本说明

版本说明字段包含媒体资料的版本说明、附注版本说明以及本版有关的责任说明。可重复。其子字段设置如下。

$a 版本说明：除初版（第 1 版）外各个版次均著录版本项，并省略“第”字，著录为“x 版”。版本说明中的版次一律用阿拉伯数字。该字段不可重复。

$b 附加版本说明（可重复）。

$d 并列版本说明（可重复）。

$f 与本版有关的责任说明（可重复）。

$g 次要责任说明（可重复）。

例如：205 ## $a5 版

205 ## $a2nd ed.

205 ## $a1999 年版

205 ## $a 新 1 版

205 ## $a2 版$b 修订本

205 ## $b 增补本

3）210 出版发行项

出版发行项字段包含图书的出版发行及其相关日期等方面的信息。不可重复。其子字段设置如下。

$a 出版发行地（可重复）。

$b 出版发行者地（可重复）。

$c 出版发行者名（可重复）。

$d 出版发行日期（可重复）。

$e 制作地（可重复）。

$g 制作者名（可重复）。

$h 制作日期（可重复）。

需要注意的是，若有出版地、出版者，则不著录发行地、发行者。若原题有三个或三个以上出版者，著录与 ISBN 或统一书号对应的出版社。若有多种文字的出版地、出版者，著录与正题名文种相同的出版地、出版者。出版年一律用阿拉伯数字著录，公元“年”字省略。

例如：210 ## $a 北京$c 北京大学出版社$d2002

4）215 载体形态项

载体形态描述字段包含图书的载体形态、数量及其单位标识、尺寸、附件等信息。可重复。其子字段设置如下。

$a 页数或卷册数（可重复）。

$c 其他形态细节（不可重复）。

$d 尺寸（可重复）。

$e 附件（可重复）。

需要注意的是，图书尺寸以封面高度为准，以 cm 为单位表示，不足 1cm 的尾数按 1cm 著录。非印刷类型附件包括：磁盘、光盘（CD-ROM）、唱片、唱盘(CD)、影碟（VCD、LCD、DVD）、录音磁带、录像带、游戏卡等，非印刷类型附件以盒封装，因此其计量单位都为盒。

例如：215##$a150 页$d26cm

215 ## $a17，254 页

215 ## $a1 册$d15*30cm（高*宽）

215 ## $a3 册（320，287，305 页）

215 ## $a332 页$c 彩色照片

5）225 从编项

从编项字段包含图书所属从编题名、责任说明及有关从编的其他信息。若某种图书同属多个从编，则重复本字段。该字段指示符 1 为题名形式指示符，即从编题名是否与编目机构所给的从编题名检索点形式相同（从编题名检索点形式记录在连接款目 410 字段中），具体而言，0 表示与检索点形式不同，1 表示无确定形式，2 表示与检索点形式相同。指示符 2 表示未定义，填空格。其子字段设置如下。

$a 从编名（不重复）。

$d 并列从编名（可重复）。

$e 其他题名信息（可重复）。

$f 责任说明（可重复）。

$h 分从编号（可重复）。

$i 分从编名称（可重复）。

$v 卷册标识（可重复）。

$z 从编并列题名语种（可重复）。

需要注意的是，从编名有多种并列题名时，一般只著录一种，其余可省略。而从编责任者的著录有 3 种情况。

（1）从编责任者与本书责任者相同时，不著录从编责任者，只著录本书责任者。

（2）从编责任者与本书责任者不相同时，要著录从编责任者。当有多个从编责任者时，按从编责任者的顺序选择其一著录。701 字段也要著录从编责任者。

例如：200 1# $a 小学作文指导 $f 张芳编

225 2# $a 小学语文课程辅导丛书 $f 郭仁主编

（3）从书集中处理时，从编责任者著录在 200 字段的$f。

4. 附注块

附注块是根据国内文献著录规则规定的附注项内容而设置的，一般采用自由行文方式。以普通图书为例，著录常用的字段如下。

300 一般性附注：启用附注块所有的字段，将难以归入 301~315 各专指附注字段的内容著录于该字段，或 300 字段可取代 301~315 中任何字段著录于其中。该字段可重复使用。

例如：300 ## $a“十五”国家社会科学基金资助项目

300 ## $a 本书出版年应是 1996 年，原书误题 1896 年

300 ## $a 中央广播电视大学图书馆学专业用书

300 ## $a 儿童读物

300 ## $a 建筑工人应知应会读物

300 ## $a 科学技术研究报告编号：1167

300 ## $aA0828834-A0828840 由深圳大学编辑出版中心赠送

2001#$a 吉鸿昌就义前后 $f 吉胡红霞著

300## $a 著者原姓名胡红霞，与吉鸿昌结婚后从夫姓

304 题名与责任说明附注（相关字段：200）

305 版本与书目史附注（相关字段：205）

306 出版发行附注（相关字段：210）

307 载体形态附注（相关字段：215）

308 丛编附注（相关字段：225、410）

310 装订及获得方式附注（相关字段：010）

312 相关题名附注（相关字段：5--相关题名块）

例如：312 ## $a 本书别名：石头记

314 知识责任附注（相关字段：7--知识责任块）

320 文献内书目、索引附注

324 原作版本附注（相关字段：455、456）

326 出版周期附注

327 内容附注

328 学位论文附注

330 提要或文摘附注（相关字段：327）

5. 款目连接块

款目连接块用来揭示相关书目记录间的关系，包括层次关系、平行关系以及时间关系。根据《新版中国机读目录格式使用手册》设置 36 个字段，其所有字段选择使用，可重复。指示符 1 为“#”；指示符 2 中，0 表示不生成附注，1 表示生成附注。其子字段具体如下。

410 丛编：指将丛书的分册记录上连到它所属的丛编。在机读目录中，丛书分散著录时，以分册为单位编制低层次记录，并为该从属编制高层次记录。在各分册的低层次

记录中，用 410 从编字段连接高层次记录的相关字段，以便于从整体角度揭示文献。

例如：200 1# $a 英语知识运用 100 篇详解

225 2# $a 考研英语题典 $ d=#Model test … $f 总主编王志

410 #0 $1 200 1# $a 考研英语题典 $d=#Model test … $f 总主编王志

423 合订、合刊。

453 译为。

454 译自。

6. 相关题名块

相关题名块中的各字段可用来生成 200 字段中正题名以外的其他各题名检索点，如交替题名、统一题名以及与正题名有很大区别的封面题名、附加题名等题名检索点。其各字段可重复使用，其子字段具体如下。

（1）500 统一题名：当一部著作有不同版本和译本或具有不同题名和题名形式时，为了在著录中统一，应选定一个题名及题名形式。该字段指示符 1 为题名检索点指示符，其中 0 表示统一题名不做检索点，1 表示统一题名作检索点；指示符 2 为主要款目标目指示符，其中 0 表示统一题名不是主要款目，1 表示统一题名是主要款目。

例如：200 1# $a 孤女飘零记

500 10 $a 简爱

（2）501 作品集统一题名：当著录一个或多个著作集时所使用的题名用语，如全集、选集、文集等，为集中同类出版物而选用题名。该字段指示符 1 为作品集题名各类型指示符，其中 0 表示全集，1 表示选集，2 表示文选；指示符 2 表示未定义，填空格“#”。

（3）510 并列正题名：指题名页上用两种或两种以上的语言文字，互相并列、对照的题名。该字段指示符 1 为题名检索点指示符，其中 0 表示并列题名不做检索点，1 表示并列题名做检索点；指示符 2 未定义，填空格“#”。

例如：200 1# $a 分子神经药理学 $d=#Molecular neuropharmacology $z eng

510 1# $a Molecular neuropharmacology $ z eng

（4）512 封面题名。

（5）516 书脊题名。

（6）517 其他题名：用于揭示在 510~516 字段中未列专门字段，并与正题名不同的其他题名。517 字段只生成其他题名检索点，但不生成附注。若为其他题名做附注，应启用“312 相关题名附注”字段。

例如：200 1# $a 袖珍神学或简明基督教辞典

517 1# $a 简明基督教辞典

7. 主题分析块

（1）600 个人名称主题：依据受编文献记录用作主题的个人名称。该名称采用规范化的检索点形式。该字段选择使用，可重复。指示符 1 表示未定义，填空格“#”；指示符 2 表示名称著录形式指示符，其中 0=直序方式，1=倒序方式。个人名称主题的子字段设置如下：$a 款目要素，$f 年代，$j 形式复分，$x 论题复分，$y 地理复分，$z 年代复分。

例如：200 1# $a 谭嗣同传

600 #0 $a 谭嗣同 $x 传记

（2）601 团体名称主题：依据受编文献记录用作主题的团体名称。该名称采用规范化的检索点形式。该字段选择使用，可重复。指示符 1 表示会议指示符，其中 0=团体名称，1=会议；指示符 2 表示名称形式指示符，其中 0=倒序方式，1=地区或直辖市，2=倒序方式。团体名称主题的子字段设置如下：$a 款目要素，$f 日期，$j 形式复分，$x 论题复分，$y 地理复分，$z 年代复分。

例如：200 1# $a 当代军人知识手册

601 02 $a 中国人民解放军 $j 手册

（3）605 题名主题。

（4）606 学科名称主题。

8. 知识责任块

（1）700 个人名称——主要知识责任者：该字段记录对文献的知识内容或艺术内容负主要责任的个人。在同一个记录中，如果启用了 700 字段，就不能使用“710 团体名称——主要知识责任者”或“720 家族名称——主要知识责任者”字段。该字段选择使用，不可重复。指示符 1 表示未定义，填空格“#”；指示符 2 表示名称著录形式指示符，其中 0=直序，1=倒序。其子字段设置具体如下：$a 款目要素，$b 名称的其他部分，$f 年代，$3 规范记录号，$4 关系词代码。

例如：700 #1 $a Picasso $b Pablo $f 1881-1973

（2）701 个人名称——等同知识责任者。

（3）702 个人名称——次要知识责任者。

（4）710 团体名称——主要知识责任者。

（5）711 团体名称——等同知识责任者。

（6）712 团体名称——次要知识责任者。

9. 国际、国内使用块

1）国际使用块

国际使用块用来定义国际书目信息交换所要使用的数据。

801 记录来源字段：记录在编文献书目记录的来源，包括编制该书目记录的机构、记录转换机构、修改记录和分析记录的机构。指示符 1 表示未定义，填空格“#”；指示符 2 为功能指示符，其中 0=原始编目机构；1=录制机构；2=修改机构；3=发行机构。其子字段设置如下。

$a 国家。

$b 机构名称和代码。

$c 处理日期。

$g 编目规则。

$2 系统代码。

例如：801 #0 $aCN $bNWU $c20021222

801 #0 $aCN $b 陕西省图书馆 $c19990919

856 电子文件地址与检索：记录查找电子资源所需的信息。其指示符 1 表示检索方法，其中#=不提供信息，0=电子邮件（E-mail），1=文件传送（FTP），2=远程登录，3=拨号上网（dail-up），4=超文本传输（HTTP），7=$y 子字段指明的方法。

例如：856 4# $u http://skqs.unihan.com.cn/skinner/classify.htm $h guest

2）国内使用块

905 记录馆藏信息：记录有关出版物的馆藏信息。该字段选择使用，不可重复。指示符 1、2 均表示未定义，填空格“#”。其子字段设置如下。

$a 收藏单位代码或名称。

$b 登录号。

$c 排架区分标识。

$d 分类号。

$e 书次/种次号。

$f 复本数。

$s 索取号。

$v 入藏卷期。

$y 年代范围。

$z 复本号。

例如：905 ## $a NWU $d G254.3 $e 43

四、MARC21

MARC21 书目格式是对各种文献类型进行著录、检索的详细说明，是对书目控制所需要的各种编码数据元素的详细说明；是综合各种文献类型的一体化格式。格式将文献分为 7 种类型：图书（专著）、连续出版物（或连续性资源）、地图、电子资源、乐谱、视觉资料和混合资料。

建立 MARC 书目记录是为了全球书目资源的共享，共享的前提是数据的可交换性，MARC21 书目记录的交换格式是 ISO 2709（GB/T 2901—2012），是一种标准记录结构，由记录头标、目次区和可变数据字段三个部分组成，每个记录均以记录终止符结束。

MARC21 的功能块如下：

00× 控制字段

01×~09× 各种号码和代码字段

1×× 主要款目字段

2×× 题名、版本、出版项等字段

3×× 载体形态项等字段

4×× 从编说明等字段
5×× 附注字段
6×× 主题检索字段
7×× 名称等附加款目、连接字段
8×× 从编附加款目、馆藏信息等
9×× 地方用字段

将 MARC21 与 CNMARC 比较发现，二者除了在字段和子字段命名上存在若干差异，部分著录有着较大的相似性。该相似性主要表现为以下几种近似对应关系：一对一对应、一对多对应和多对一对应，如表 6-9 所示（余敏，2011）。

表 6-9 CNMARC 与 MARC21 对应关系表

对应关系	CNMARC	MARC21
一对一	010（国际标准书号）	020（国际标准书号）
	101（作品语种）	041（语种代码）
	205（版本说明）	250（版本说明）
	210（出版发行）	260（出版发行）
	……	……
一对多	225（从编项）	440（从编说明/从编附加款目）
		490（从编说明）
多对一	510（并列正题名）	246（变异题名）
	512（封面题名）	246（变异题名）
	516（书脊题名）	246（变异题名）
	517（其他题名）	246（变异题名）
	……	……

第三节 元 数 据

一、元数据的概念及特点

随着网络的兴起和日益广泛的应用，网络信息资源逐渐成为信息资源中的主要类型。原有的信息描述方法无法满足信息资源描述和组织的需要，元数据的概念即是在这一背景下提出的。元数据（metadata）一词最先出现在美国国家航空与航天局的 *Directory Interchange Format*（DIF）手册中。关于什么是元数据目前并没有统一的界定，最通常的理解是：元数据是关于数据的数据。关于元数据概念的阐述，较有代表性的观点包括以下几种（刘嘉，2001）。

（1）元数据是关于数据的数据。此术语指任何用于帮助网络电子资源的识别、描述和定位的数据。

（2）元数据是关于数据的结构化的数据。

（3）元数据是与对象相关的数据，此数据使其潜在的用户不必预先具备对这些对象的存在或特征的完整认识。它支持各种操作，用户可能是程序，也可能是人。

（4）元数据是对信息包（information package）的编码描述，其目的在于提供一个中间级别的描述，使人们据此就可以做出选择，确定孰为其想要浏览或检索的信息包，而无须检索大量不相关的全文文本。

（5）元数据，即代表性的数据，通常被定义为数据的数据。它包含用于描述信息对象的内容和位置的数据元素集，促进了网络环境中信息对象的发展和检索。

元数据的概念自提出以来也在不断发展。最初元数据主要指网络信息资源的描述数据，主要用于网络信息资源的组织。其后元数据的概念逐渐扩展到对各种类型数字信息资源的描述数据。而从元数据的基本内涵分析，传统的书目数据也可以看作元数据的一种类型。在现阶段的使用中，一般将元数据视为数字信息环境下的信息描述数据。

元数据具有以下特点（张敏和张晓林，2000）。

（1）元数据可以作为其描述对象的一个固有、内在的部分，也可以独立于该对象。例如，都柏林核心作为嵌入的 META 标记与 HTML 文本成为一体，而 TEI Header 既可伴随 TEI 文本，又可作为单独的数据单元存在。

（2）元数据创建者可分为三类：作者在创建资源时可嵌入元数据以便资源被检索系统发现和组织；信息资源系统管理者也可创建元数据来描述和组织自己的资源；提供信息服务的信息网关也可创建元数据。

（3）元数据一经建立，便可共享，而且元数据在使用过程中可由本地信息管理员、专业信息网关服务或基于搜索引擎的索引服务等给该元数据增加新的属性。

（4）元数据的结构和完整性依赖于信息资源的价值和使用环境。基于搜索引擎的系统提取元数据通常是自动而简略的，由专家或专业信息网关提供的元数据则精细而复杂。

（5）元数据的开发与利用环境往往是一个变化的分布式环境，它可能运用目录协议（如 whois++）、搜索和检索协议（如 Z3950）、Harvest 等多种方法，并对用户是透明的。

（6）任何一种格式都不可能完全满足不同团体的不同需要。不同用户、不同资源类型以及不同信息提供者，导致了不同的元数据格式，并提出了元数据之间的互操作性问题。

二、元数据的功能

元数据在日常生活中具有广泛的应用。图书馆的卡片式目录、机读目录、地图的图例、网页中的标签等，都是对不同资源对象的描述，也都可以视为元数据。元数据的主要作用包括以下几方面（李培，2004）。

（1）描述。通过对信息资源的描述，揭示信息资源的内容特征和形式特征。这是元数据的基本功能，通过对信息资源的描述，可以为信息对象的存取和利用奠定必要的基础。描述的详略程度取决于所采用的元数据标准。

（2）定位。元数据中一般包括信息资源的位置信息，由此可以确定资源的位置，促进对资源的发现与利用。此外，一旦确定了信息对象的元数据，信息对象在数据库或其他信息集合中的位置也将被确定。这是定位的另一层含义。

（3）检索。在利用元数据对信息对象进行描述的过程中，将信息对象中的重要信息抽取出来，赋予检索点，建立信息对象间的关联。这是信息检索的基础。

（4）评估。元数据提供有关信息对象的名称、内容、年代、格式、制作者等基本属性的描述，用户借助这些描述数据，无须具体查看信息对象本身的内容，就可以形成对信息对象的基本了解和认识，参照有关标准，就可以对信息对象的价值进行必要的评估，作为存取和利用的基础。

（5）选择。根据元数据所提供的描述信息，在对信息对象进行评估的基础上，结合使用环境，用户可以选择符合要求的信息资源。

（6）管理。元数据中除了包含一般的描述信息外，往往还包括权利管理、电子签名、资源评鉴、使用管理、支付审计等管理方面的信息，可以提供对信息对象进行管理的参考。

（7）保存。元数据中往往包括格式信息、制作信息、保护条件、转换方式、保存责任等内容，可以支持对资源的保护和长期保存。

三、元数据的主要类型

依据完整性和结构性，元数据可以划分为简单格式、结构化格式和复杂格式等三种类型。

（1）简单格式：是一种互联网搜索引擎专用的元数据格式，主要由非结构化的，特别是那种从数字化信息资源中自动析取出来的数据项组成。这些数据项一般由搜索引擎产生，没有严格的外在语义控制，不支持对字段的检索。

（2）结构化格式：主要由结构化的数据项组成，例如，作者、题名等，具有严格的数据结构，支持字段检索，进而支持在字段基础上的布尔检索。例如，Dublin Core 即是这种类型的元数据。

（3）复杂格式：是一种国际标准的元数据格式。这种格式具有严格的语义规则和完整的信息描述手段，有严格的格式规定和详尽的字段，能够精确、完整地描述信息资源。MARC 即是这种类型的元数据。

按照功能，元数据可以分为描述型元数据、结构型元数据和管理型元数据，也可以分为描述型元数据、结构型元数据、管理型元数据和保存型元数据，或者分为描述型元数据、管理型元数据、技术型元数据、保存型元数据和使用型元数据。本节介绍最后一种分类方法。

（1）描述型元数据：是用来描述或识别信息资源的元数据。例如，编目记录、资源之间关系的说明、用户注释等，都可以视为描述型元数据。

（2）管理型元数据：是用来维护和管理信息资源的元数据。例如，采购信息、权利和复制品追踪、位置信息、版本控制等。

（3）技术型元数据：与系统如何行使职责或元数据如何发挥作用相关的元数据。例如，硬件和软件信息、格式信息、加密信息等。

（4）保存型元数据：与信息资源的保存管理相关的信息使用性元数据。例如，资源实体条件方面的信息、在保存资源的物理和数字版本中所采取的行动等。也有人将技术型元数据和保存型元数据归入管理型元数据。

（5）使用型元数据。与信息资源利用的等级和类型相关的元数据。例如，展览记录；对资源的使用情况和用户进行记录，后期可以追踪查看；内容再利用和多个版本的信息。

四、都柏林核心元数据集

随着网络信息资源的增长，对网络信息资源进行有效的组织以支持用户检索便成为一个重要课题。关键词搜索引擎采用简单格式的元数据来描述网络信息资源，但其检索效果往往不理想。而由专业人员提供的元数据方案，如MARC、政府信息定位服务（the government information locator service，GILS）、联邦地理数据委员会（Federal Geographic Data Committee，FGDC）等，虽然可以达到更好的检准率，但往往过于复杂，不能胜任网络信息资源的组织问题。创立一个简单的并且在网络中为各个用户团体所接受的标准化元数据元素集，成为网络发展的迫切需要。

都柏林核心元数据集即是在这一背景下产生的。1995 年 3 月，第一届元数据研讨会在美国俄亥俄州的都柏林召开。会议由联机图书馆中心（Online Computer Library Center，OCLC）和美国超级计算应用中心（National Center for Supercomputer Application，NCSA）主持。会议的主要目的是建立一套简单的元数据元素集，用以描述网上各个主题类型的信息资源。会议的主要成果是推出了包含 13 个元素的都柏林核心元素集（Dublin Core Element Set），简称都柏林核心（Dublin Core，DC）。在后续的元数据会议中，对 DC 不断进行补充和修订，使其结构和功能更加完善。目前，DC 的维护和持续发展由都柏林核心倡议（Dublin Core Metadata Initiative，DCMI）组织负责，其网址为 https://www.dublincore.org。

DC 元数据的基本元素包括 15 个。具体如表 6-10 所示①。

表 6-10 DC 基本元素及其说明列表

名称	标签	定义	说明
题名	Title	赋予资源的名称	一般而言，指资源对象正式公开的名称
创建者	Creator	创建资源内容的主要责任者	创建者的实例包括个人、组织或某项服务。一般而言，用创建者的名称来标识这一条目
主题	Subject	资源内容的主题描述	如果要描述特定资源的某一主题，一般采用关键词、关键词短语或分类号，最好从受控词表或规范的分类体系中取值
描述	Description	资源内容的解释	描述可以包括但不限于以下内容：文摘、目录、图像的文字说明或者一个关于资源内容的文本描述
出版者	Publisher	使资源成为可获得的责任实体	出版者的实例包括个体、组织或服务。一般而言，应该用出版者的名称来标识这一条目
其他责任者	Contributor	对资源的内容做出贡献的其他实体	其他责任者的实例可包括个人、组织或某项服务。一般而言，用其他责任者的名称来标识这一条目
日期	Date	与资源生命周期中的一个事件相关的时间	一般而言，日期应与资源的创建或可获得的日期相关。建议采用的日期格式应符合 ISO 8601
类型	Type	资源内容的特征或类型	资源类型包括描述资源内容的一般范畴、功能、种属或聚类层次的术语。建议采用来自受控词表中的值（例如，DCMI 类型词汇表[DCMITYPE]）。要描述资源的物理或数字化表现形式，请使用“格式（Format）”元素

① http://dc.library.sh.cn/dcmi-terms.htm.

续表

名称	标签	定义	说明
格式	Format	资源的物理或数字表现形式	一般而言，格式可以包括资源的媒体类型或资源的大小，格式元素可以用来决定展示或操作资源所需的软、硬件或其他相应设备。例如，资源的大小包括资源所占的存储空间或持续时间。建议采用来自受控词表中的值（例如，Internet 媒体类型[MIME]定义的计算机媒体格式）
标识符	Identifier	在特定的范围内给予资源的一个明确的标识	建议对资源的标识采用符合某一正式标识体系的字符串及数字组合。正式的标识体系的实例包括统一资源标识符（包括统一资源定位符、数字对象标识符和国际标准书号等）
语种	Language	描述资源知识内容的语种	建议本元素的值采用 RFC 3066[RFC3066]，该标准与 ISO 639 [ISO639]一起定义了由两个或三个英文字母组成的主标签和可选的子标签来标识语种。例如，用“en”或“eng”来表示 English，用“akk”来表示 Akkadian，用“en-GB”表示英国英语
来源	Source	对当前资源来源的参照	当前资源可能部分或全部源自来源元素所标识的资源，建议对这一资源的标识采用一个符合规范标识系统的字串或数字组合
关联	Relation	对相关资源的参照	建议最好使用符合规范标识体系的字符串或数字来标识所要参照的资源
覆盖范围	Coverage	资源内容所涉及的外延或范围	覆盖范围一般包括空间位置（一个地名或地理坐标）、时间区间（一个时间标识、日期或一个日期范围）或者行政辖区的范围（如指定的一个行政实体）。推荐覆盖范围最好取自于一个受控词表（如地理名称叙词表[TGN]），并应尽可能地使用由数字表示的坐标或日期区间来描述地名与时间段
权限	Rights	有关资源本身所有的或被赋予的权限信息	一般而言，权限元素应包括一个对资源的权限声明，或者是对提供这一信息的服务的参照。权限一般包括知识产权、版权或其他各种各样的产权 。如果没有权限元素的标注，不可以对与资源相关的上述或其他权利的情况做出任何假定

以上 15 个元素，可以分为资源内容描述、知识产权和外部属性描述等三组。资源内容描述组包括题名、主题、描述、来源、语种、关联、覆盖范围等 7 个元素，知识产权组包括创建者、出版者、其他责任者、权限等 4 个元素，外部属性描述组包括日期、类型、格式、标识符等 4 个元素。

DC 元数据的每个元素都是可选的，也是可重复的，并且各元素排列顺序可以是任意的，没有特殊意义。

DC 元数据也是包含 44 个限定词的元素集，每个元素可以通过“堪培拉限定词”进一步扩展，44 个限定词又可分为元素精确描述和元素编码描述两种。主要是提供 DC 所需要的更丰富的语义和更多的描述，使 DC 更简单、更易于管理。

由于 DC 的元素可选择使用，也可重复使用，元素顺序可以任意排列，具有可重复性、选择性，因此简单灵活，易于使用。它可以描述任何网络信息资源，具有全面性，各种通用浏览器都支持对它的解释。更重要的是，它使用户不需要培训就能创建自己的元数据集。作为学科间资源描述的首选者，DC 已得到国际的广泛认同，在我国图书馆界也得到了广泛的应用，许多数字图书馆描述控制所使用的元数据都是 DC，或者以 DC 为基础。

五、其他元数据标准

不同应用领域中都有元数据的应用，以下为主要的元数据标准（张敏和张晓林，2000）：

（1）BibTeX。BibTeX 是描述科技文献书目资源的格式，是 LaTeX 的一部分（LaTeX 是文件打印设置系统）。BibTeX 也是一个单独的程序，通过从一个书目数据库获取信息从而产生文件的来源列表。主要用在科学和学术界以及工业领域。

（2）频道定义格式（channel definition format，CDF）。CDF 由微软公司在 1997 年提出，CDF 允许网页出版商实现从任何自动传输的 Web 服务器到相容的接受程序提供快速更新的信息集合或频道。CDF 使用 XML，并对 XML 和 Web Collections 进行了扩展，面向的用户是创建网页的个人或机构。

（3）艺术作品描述目录（the categories for the description of works of art，CDWA）。CDWA 由 AITF（the art information task force）开发，团体具有提供和使用艺术信息的服务，元数据标准为这些团体提供结构化工具。它的描述重点在于“可动”的对象及其图像，包括来自不同时期和地理范围的油画、雕刻、陶艺、金属制品、家具、设计、表演艺术等。该元数据有 26 个主要类目，每一个类目有其子类目，包括主题、记录、管理等项目。

（4）博物馆信息计算机交换标准框架（a standards framework for the computer interchange of museum information，CIMI）。完整的框架包含交换协议、交换格式、低层网络和通信以及内容数据标准。CIMI 的主要目标是提供对各类博物馆信息的记录方式，包括展览目录的全文本、展品文字解释、图像以及传统的文献类信息。

（5）视觉资料核心类目（the core categories for visual resources，VRA CORE）。它是由美国视觉资料协会为了在网络环境下对艺术、建筑、民间文化等艺术类及其图像、照片等视觉资料进行描述，参照 CDWA 而设计的标准化类目。目前最新版本为第 4 版，共 19 个元素。

（6）编码档案描述（encoding archival description，EAD）。EAD 主要用于描述档案和手稿资源，并利用网络检索和获取档案手稿类信息资源。EAD 以 XML 作为编码语言，是能够支持档案工作者惯用检索工具的一般结构，而且不依赖于某些特定平台、对万维网有良好的适应性，并且具有足够的灵活性，可以适用于多种类型的馆藏。

（7）TEI Header。文本编码计划（the text encoding initiative ，TEI）的目标是定义一个表现电子化文本资料的通用格式，使研究者能交换和重复使用资源，不受软件、硬件和应用领域的限制。TEI Header 作为 TEI 格式中元素定义部分，基于通用标准标记语言/文档类型定义（standard generalized markup language/document type definition，SGML/DTD），可作为 TEI 文件的一部分或作为独立的元数据存在。

（8）瑞典工程电子化图书馆（the Engineering Electronic Library Sweden，EELS）。EELS 是瑞典大学技术图书馆的一个合作计划，为网络信息资源的质量评价提供一个信息系统。EELS 使用的元数据是该计划所专有的。目前，该格式只由图书馆员和信息专家使用。EELS 格式包括 11 个属性。

（9）政府信息定位服务（the government information locator service，GILS）。GILS由美国联邦政府建立，面向普通公众和政府用户提供定位和查找由许多政府机构产生的有用信息的方法。

（10）FGDC。联邦地理数据委员会（the Federal Geographic Data Committee，FGDC）在1992年建立了一个地理数据文件的术语和定义集合，并在1994年通过数字化地理元数据的内容标准（content standards for digital geospatial metadata），名为CSDGM，但通常仍叫作FGDC。FGDC包括300多个元素，包括7个主要段和3个辅助段。

第四节 RDF

1）框架解释

RDF是一个使用XML语法来表示的资料模型（data model），用来描述Web资源的特性及资源与资源之间的关系。RDF是万维网联盟（World Wide Web Consortium，W3C）在1999年2月22日所颁布的一个建议（recommendation），制定的目的主要是为元数据在Web上的各种应用提供一个基础结构（infrastructure），使应用程序之间能够在Web上交换元数据，以促进网络资源的自动化处理。RDF能够有各种不同的应用，例如，在资源检索方面，能够提高搜索引擎的检索准确率；在编目方面，能够描述网站、网页或电子出版物等网络资源的内容及内容之间的关系；而借着智能代理程序，能够促进知识的分享与交换；应用在数字签章上，则是发展电子商务，建立一个可以信赖的网站的关键；其他的应用还可涉及内容分级、知识产权、隐私权等（程变爱，2006）。

2）资料模型

RDF资料模型是一种与语法无关（syntax neutral）的表示法。如果两个RDF语法对应的资料模型相同，则代表这两个RDF语法具有同样的意义，反过来说，如果两个RDF语法具有同样的意义，则它们的资料模型应该相同。RDF的基本资料模型包括三个对象类型（object types）。

资源（resource）：所有以RDF表示法来描述的对象都叫作资源，它可能是一个网站，可能是一个网页，可能只是网页中的某个部分，甚至是不存在于网络的对象，如纸本文献、器物、人等。在RDF中，资源以统一资源标识（uniform resource identifier，URI）来命名，统一资源定位器（uniform resource locator，URL）、统一资源名称（uniform resource name，URN）都是URI的子集。

属性（properties）：属性是用来描述资源的特定特征或关系，每一个属性都有特定的意义，用来定义它的属性值（value）和它所描述的资源形态，以及和其他属性的关系。RDF的（Property，Property value）在概念上和传统的（Attribute，Attribute value）是相同的。

陈述（statements）：特定的资源以一个被命名的属性与相应的属性值来描述，称为一个RDF陈述，其中资源是主词（subject），属性是述词（predicate），属性值则是受词（object），陈述的受词除了可能是一个字符串，也可能是其他的资料形态或是一个资源。

3）语法特点

RDF 资料模型只是一个抽象与概念的框架，若要真的能够承载或交换元数据，需要通过具体的语法。RDF 以 XML 作为编码与传输的语法，此外，RDF 也需要通过 XML 的命名空间（namespace）来指定宣告属性（property）词汇的纲要（schema）。RDF 规格提供了两种 XML 语法来对 RDF 资料模型进行编码，第一种称为序列语法（serialization syntax），是以正规的方式来表达完整的 RDF 资料模型，第二种称为简略语法（abbreviated syntax），是以较精简的方式来表达 RDF 资料模型的一部分。

下面是 RDF 语法的一个实例：

```
<? xml version= "1. 0"? >
  <rdf: RDF
  xmlns: rdf= http://www. w3. org /1999 /02 /22 - rdf- syntax-ns#
  xmlns: DC= http:///purl. org /metadata /dublin- core# >
      < rdf:Description


      rdf:about= http:///www. dlib. org /dlib /may98 / miller>
            < DC: title> An introduction to the Resource Description
        Framework < /DC: title>
             < DC: creator> Eri c Miller < /DC: creator>
            < DC: date> 1998- 0501 < /DC: date>
       < /rdf: Description>
    < /rdf:RDF>
```

上面的实例第一行表示这是一段 XML 文件，这个 XML 声明之后是 RDF 文档的根元素：<rdf:RDF>。随后两行声明了 RDF、DC 两个命名空间，xmlns: rdf 命名空间规定了带有前缀 rdf 的元素来自命名空间 http://www. w3. org /1999 /02 /22 - rdf-syntax-ns# ，xmlns: DC 命名空间规定了带有前缀 DC 的元素来自命名空间 http:///purl. org /metadata /dublin- core# 。RDF 的主要部分写在 Description 这对标签之中，这里以 title、creator、date 三个属性来描述一个资源，这个资源的 URI 就是 Description 的属性 about 的值（http://www.dlib.org/dlib/may98/miller）。

4）容器机制

除了描述单一的资源，有时也需要描述一组资源，例如，某个新闻组（newsgroup）可能包含许多成员，某本书可能有多个作者，某个软件可能有许多个下载地址。RDF 容器（container）就是用来包装或装载一群资源的机制，RDF 定义了三种形态的容器。

封装（bag）：用来包装一组没有顺序性的资源。封装通常用在一个属性有多个值，而这几个值的先后顺序并不重要的情况，例如，通讯录可能包含了许多姓名。封装所包含的值要在 0 个及以上，也就是可以不包含值，也可以有多个重复的值。

顺序（sequence）：用来包装一组有顺序性的资源。顺序通常用在一个属性有多个值，而这些值的先后顺序是重要的情况，例如，一本书如果作者在一个以上，可能有必要区分出主要作者、次要作者。顺序所包含的值要在 0 个及以上，也就是可以不包含值，也可以有多个重复的值。

选择（alternative）：选择通常用在一个属性有多个值可以选择顺序，例如，某个软件可能提供许多个下载网址。选择所包含的值要在1个以上，而第一个值是预设值。

5）重要特点

（1）独立性。RDF实际上是一种元数据模型，具有很大的独立性，它可以嵌入DC这种元数据，也可以嵌入其他类型的元数据。正是由于现实中有多种元数据形式并存，所以各种元数据之间的转换就成为不容回避的问题。RDF就是为解决这一问题应运而生的一种工具，它所具备的独立性，使各种元数据间的转换成为可能。概括地说，RDF可以协助跨越不同语言和增加语义互通性，可以增加DC与其他元数据的联结能力。

（2）使用XML作为其描述语法。XML是从SGML衍生出来的简化格式，也是一种元语言（meta-language），可以用来定义任何一种标记语言。XML摒弃了SGML过于复杂及不利于在Web上传送的选项功能，又弥补了HTML过于简单的不足，是最具发展前景的标记语言。RDF采用XML作为其描述语法，自然也就成为一种可以携带多种元数据来往于网络上的框架工具。

思考题

1. 信息描述与信息标引、信息描述与信息组织的关系是什么？
2. 国内外信息描述的主要标准包括哪些？
3. 解释说明信息描述的基本方法。
4. MARC的逻辑结构包括哪几部分？
5. CNMARC的常用字段包括哪些？
6. 什么是元数据？元数据包括哪些类型？

第七章　文本信息的自动化组织

【**教学目的与要求**】随着数字信息资源的日益增多，以人工方式进行信息组织面临巨大的挑战，信息的自动化组织成为重要的发展趋势之一。文本信息是信息资源的主要组成部分之一。本章主要介绍文本信息的自动处理、自动标引、自动索引、自动分类与聚类。通过本章的学习，应熟悉文本信息预处理的主要内容，掌握自动标引的主要方法和倒排文档的基本原理，熟悉自动分类与聚类的主要步骤和方法。

第一节　文本信息的基础处理

文本信息的基础处理包括自动分词、停用词过滤、词干提取等操作，主要涉及自然语言处理的相关技术，是后续文本信息自动化组织的基础。

一、自动分词

分词就是将连续的字序列按照一定的规范重新组合成词序列的过程。不同语种由于文法不同，分词方法也有差异。本节主要介绍中文分词的方法。

（一）中文分词的主要问题

中文分词面临的首要问题是如何定义一个词，即分词规范的问题。中文与英文相比，英文的词和词之间以空格分开，而中文是连续的字串，词和词之间并没有隔开，词和词组的边界模糊。例如，对于“自然语言处理”这个字组，可以分词为“自然语言”“处理”，也可以分词为“自然”“语言”“处理”。中文词的定义没有统一的标准，语言学家从不同的角度对词进行了定义。例如，我国的国家标准《信息处理用现代汉语分词规范》（GB/T 13715—1992）中将词定义为“最小的能独立运用的语言单位”，将词组定义为“由两个或两个以上的词，按一定的语法规则组成，表达一定意义的语言单位”，而将分词单位定义为“汉语信息处理使用的、具有确定的语义或语法功能的基本单位”。

中文分词在技术上面临的主要问题包括歧义消除和未登录词识别。所谓歧义是指对于待分词的语言单位，可以有两种或更多的切分方法。主要的歧义类型有交集型歧义和组合型歧义。交集型歧义指 A、X、B 分别为汉字串，如果其组成的汉字串 AXB 满足

AX 和 XB 同时为词，则汉字串 AXB 为交集型歧义字段。例如，“研究生命的起源”可以切分为“研究/生命/的/起源”或“研究生/命/的/起源”，其中，“研究生命”为交集型歧义字段。组合型歧义是指汉字串 AB 满足 A、B、AB 同时为词，则该汉字串为组合型歧义字段。例如，“他从马上下来”可以切分为“他/从/马/上/下来”或“他/从/马上/下来”，其中，“马上”为组合型歧义字段。中文分词在技术上面临的另一个难点是未登录词的识别问题。未登录词指分词词典中没有收录，但实际也可以称为词的词，包括命名实体（人名、地名、机构名等）、新词、专业术语等。

（二）中文分词的主要方法

目前中文分词的方法主要包括以下几种。

1. 基于规则的分词方法

这种方法又叫作机械分词方法、基于字典的分词方法，是按照一定的策略将待分析的汉字串与一个“充分大的”机器词典中的词条进行匹配。若在词典中找到某个字符串，则匹配成功。该方法有三个要素，即分词词典、文本扫描顺序和匹配原则。文本扫描顺序包括正向扫描、逆向扫描和双向扫描。匹配原则主要有最大匹配、最小匹配、逐词匹配和最佳匹配，具体包括最大匹配法、逆向最大匹配法、逐词遍历法、设立切分标志法和最佳匹配法等。

（1）最大匹配法（maximum matching，MM），也叫作正向最大匹配法（forward maximum matching，FMM），假设自动分词词典中的最长词条所含汉字的个数为 i，则取被处理材料当前字符串序列中的前 i 个字符作为匹配字段，查找分词词典，若词典中有这样一个字词，则匹配成功，匹配字段作为一个词被切分出来；若词典中找不到，则匹配失败，匹配字段去掉最后一个汉字，剩下的字符作为新的匹配字段，再进行匹配，如此进行下去，直到匹配成功为止。

（2）逆向最大匹配法（reverse maximum matching，RMM）。分词过程与 MM 法相同，不同的是从句子（或文章）末尾开始处理，每次匹配不成功时去掉的是前面的一个汉字。

（3）逐词遍历法。逐词遍历法把词典中的词按照由长到短递减的顺序逐字搜索整个待处理的材料，一直到把全部的词切分出来为止。这种方法每次分词处理，都需要遍历整个分词词典。

（4）设立切分标志法。切分标志有自然和非自然之分，自然切分标志是指文章中出现的非文字符号，如标点符号等；非自然切分标志是词缀和不构成词的词（包括单音词、复音节词以及象声词等）。设立切分标志法首先收集众多的切分标志，分词时先找出切分标志，把句子切分为一些较短的字段，再用 MM、RMM 或其他的方法进行细加工。这种方法并非真正意义上的分词方法，只是自动分词的一种前处理方式，要额外消耗时间扫描切分标志，增加存储空间存放那些非自然切分标志。

（5）最佳匹配法，分为正向的最佳匹配法和逆向的最佳匹配法，其基本思想是在词典中按词频的大小顺序排列词条，以缩短对分词词典的检索时间，达到最佳效果，从而降低分词的时间复杂度，加快分词速度。实质上，这种方法是一种对分词词典的组织方式，并不是纯粹意义上的分词方法。最佳匹配法的分词词典每个词的前面必须有指明长度的数据项，所以其空间复杂度有所增加，对提高分词精度没有影响，分词处理的时间复杂度有所降低。

基于规则的分词方法简单、易于实现，但也有一些不足：匹配速度慢；存在交集型和组合型歧义切分问题；词本身没有一个标准的定义，没有统一标准的词集；不同词典产生的歧义也不同；缺乏自学习的智能性。

2. 基于统计的分词方法

基于统计的分词方法大致可以分为两种。一种认为词是稳定的组合，因此在上下文中，相邻的字同时出现的次数越多，就越有可能构成一个词。因此字与字相邻出现的概率或频率能较好地反映成词的可信度。可以对训练文本中相邻出现的各个字组合的频度进行统计，计算它们之间的互现信息。互现信息体现了汉字之间结合关系的紧密程度。当紧密程度高于某一个阈值时，便可以认为此字组可能构成了一个词。这种方法只需对语料中的字组频度进行统计，不需要切分词典，因而又叫作无词典分词法或统计取词方法。

另外一种是基于统计机器学习的方法。在给定大量已经分词的文本的前提下，利用统计机器学习模型学习词语切分的规律（称为训练），从而实现对未知文本的切分。目前，常用的统计模型有 N-gram 法、隐马尔可夫模型（hidden Markov model，HMM）、最大熵模型、条件随机场（conditional random fields，CRF）模型等。

基于统计的分词方法在实际应用中通常结合基本的分词词典，发挥两种方法的优势。

3. 基于理解的分词方法

基于理解的分词方法是通过让计算机模拟人对句子的理解，达到识别词的效果。其基本思想就是在分词的同时进行句法、语义分析，利用句法信息和语义信息来处理歧义现象。采用这种方法的系统通常包括三个部分：分词子系统、句法语义子系统、总控部分。在总控部分的协调下，分词子系统可以获得有关词、句子等的句法和语义信息来对分词歧义进行判断，即模拟了人对句子的理解过程。这种分词方法需要使用大量的语言知识和信息。目前基于理解的分词方法主要有专家系统分词法、神经网络分词法和神经网络专家系统集成式分词法等。

（1）专家系统分词法。该方法将分词所需要的语法、语义以及句法知识从系统的结构和功能上分离处理，将知识的表示、知识库的逻辑结构与维护作为首要考虑的问题。知识库按常识性知识与启发性知识（如歧义切分规则）分别进行组织。知识库是专家系统具有“智能”的关键性部件。

（2）神经网络分词法。该方法是模拟人脑并行、分布处理和建立数值计算模型工作的。它将分词知识所包含的隐式方法存入神经网络内部，通过自学习和训练修改内部权值，以达到正确的分词结果，最后给出神经网络自动分词结果，如使用长短记忆网络（long short-term memory，LSTM）、门控循环单元（gate recurrent unit，GRU）等神经网络模型等。

（3）神经网络专家系统集成式分词法。该方法首先启动神经网络进行分词，当神经网络对新出现的词不能给出准确切分时，激活专家系统进行分析判断，依据知识库进行推理，得出初步分析，并启动学习机制对神经网络进行训练。该方法可以较充分地发挥神经网络与专家系统二者的优势，进一步提高分词效率。

目前，有很多分词工具可以实现中文分词。Jieba 是基于 Python 的分词包，支持精确模式、全模式和搜索引擎模式等三种分词模式。SnowNLP 是一个 Python 写的类库，可以方便地处理中文文本内容，除了分词以外，SnowNLP 还可以实现情感分析、文本分类、文本摘要提取等功能。THULAC 是由清华大学自然语言处理与社会人文计算实验室研制推出的一套中文词法分析工具包，具有中文分词和词性标注功能。NLPIR 分词系统（前身为 ICTCLAS 词法分析系统）是由北京理工大学张华平博士研发的中文分词系统，可以实现中文分词、词性标注、命名实体识别、用户词典、新词发现与关键词提取等功能。语言技术平台（language technology platform，LTP）是哈尔滨工业大学社会计算与信息检索研究中心开发的一整套中文语言处理系统，能够以网络服务（Web service）的形式进行使用。

二、停用词过滤

停用词是指在文本信息处理中被过滤掉的词。停用词的过滤有利于节约存储空间、提高查询效率。停用词的选择取决于信息检索系统的定位，通常包括两类：一类是功能词，如介词、连词、代词、冠词、数量词等，这些词在文本中大量存在，一般不能独立表达实际意义；另一类是高频词，高频词虽然可以独立表达意义，但由于数量巨大，缺少对文档的区分能力，对于标识文本特征、提供查询入口的作用不明显。在用户输入查询时，如果用户的查询中包含停用词，信息检索系统通常也会将其过滤。

停用词都是人工输入、非自动化生成的，生成后的停用词会形成一个停用词表。常用的中文停用词表包括哈工大停用词表、四川大学机器智能实验室停用词库、百度停用词表等。停用词过滤虽然可以节省存储空间、提高查询效率，但也存在一定的副作用。过滤某些停用词会改变用户的查询意图，例如，对于查询“to be or not to be”，过滤停用词后将无法返回用户需要的结果。

三、词干提取

英语词汇包括词干和词缀两部分。词干是单词不可或缺的部分，有的词干可以单独成词，词缀分为前缀和后缀，前缀通常会改变词的语义，所以英语中词干提取通常指去除后缀。

词干提取也称为词干化、词干法等。对于信息组织而言，词干提取可以减小索引文件的大小，使用一个词干代替其对应的多个变形词作为索引词，可以将索引文件大幅压缩。对于信息检索而言，词干提取可以提高召回率，用户输入查询后，可以检索出与用户输入的语词具有相同词干的所有语词。

词干提取最简单的方法是查表法，即首先建立一个英文单词及其词干的对应表格，提取词干时基于表格进行匹配和转换。这种方法省略了对词缀的处理，原理简单，但会占据大量的存储空间。单词和词干对应表格的建立，有时会面临数据资源获取困难的问题。

此外，词干提取还可以采用后缀去除算法、随机算法、匹配算法、N-gram 算法等。在众多词干提取算法中，Porter 词干算法是影响深远和非常著名的算法。Porter 词干算法最早由马丁·波特在 1980 年发表，该算法的基本原理是基于规则去除后缀，该算法被广泛应用，成为英文词干提取中一个事实上的评判标准。该算法后续进行了一些调整和优化，推出多种编程语言的版本，可以在其官网下载[①]。

第二节　自动标引与索引

一、自动标引

信息标引是对信息资源的各种检索特征进行分析并使之显性化的过程，可以分为手工标引和自动标引。自动标引是手工标引在网络环境下的拓展，借助计算机信息自动处理技术，完成信息标引的工作。

（一）自动标引的基本方式

自动抽词标引和自动赋词标引是自动标引的两种基本方式。

自动抽词标引是指直接从原文中抽取词或者短语作为标引词来描述文献的主题内容，大致过程如下。

（1）使用计算机分析文献正文或者文摘。

（2）对照停用词表，从正文或者文摘中删除高频的语法功能词（如 a、the 等）。

（3）对保留词的词干进行加工，去掉后缀（或前缀），将每个词还原到其词根。

（4）先分析词根在正文中出现的频率，再按加权函数导出各词根的权值。

（5）将权值大于特定阈值的词选作标引用的关键词。

在自动赋词标引过程中，标引词不是来自文献本身，而是来自受控词表，所以需要人工预先编制好高效率的受控词表，主要过程如下。

（1）为每一个控制词编制一个词情文档（相当于词表）。

（2）分析文献正文或者摘要，找出其中的重要关键词。

（3）将重要关键词与词情文档进行比较。

① https://tartarus.org/martin/PorterStemmer.

（4）如果文献中出现了与词情文档中匹配的语词，则该语词是相关的，并确定将该词用于标引。

经过文本信息预处理后，可以得到候选的标引词。自动标引需要完成的主要工作，即从候选的标引词中选出正式的标引词。自动抽词标引和自动赋词标引虽然最终确定的标引词的来源不同，但都涉及在候选的标引词中选取重要关键词的问题。不同的处理方式产生了不同的自动标引方法。

（二）自动标引的具体方法

自动标引的具体方法大致可以分为以下几类。

（1）词频统计标引法。词频统计标引法以语词在信息资源中出现的频率作为选取正式标引词的依据。一种具有代表性的词频统计标引法是 20 世纪 50 年代 Luhn 提出的方法。Luhn 根据 Zif 定律，提出选用中频词作为标引词的方法。该方法的核心思想是认为高频词多数为语法功能词，不具备标引意义，而低频词通常不会是作者阐述信息资源主题所选用的词，因此，也不具备标引意义。

（2）加权统计标引法。加权统计标引法是在选取正式标引词的过程中，引入语词加权方案，计算候选标引词的权值，基于权值选取正式标引词。较有代表性的加权统计标引法包括位置加权法和逆文档频率法。位置加权法是将词在文献中出现的位置作为权值计算的依据。例如，语词出现在文献标题中，权值可以为 4，出现在文献摘要中，权值可以为 3，出现在正文中，权值可以为 2，等等。逆文档频率法是应用广泛的语词加权方案，其基本思想是字词的重要性随着它在文档中出现的次数成正比增加，但同时会随着它在语料库中出现的频率成反比下降。逆文档频率法实质上包含两部分，即词频（term frequency，TF）和逆文档频率（inverted document frequency，IDF）。逆文档频率法的计算有多种变形，比较常用的计算公式如下：

$$\mathrm{tf}=\frac{\mathrm{freq}_{i,j}}{\max_l \mathrm{freg}_{l,j}}$$

$$\mathrm{idf}=\lg\frac{N}{n_i}$$

$$w_{i,j}=\mathrm{tf}\cdot\mathrm{idf}$$

式中，$w_{i,j}$ 代表语词 k_i 在文档 d_j 中的权值；$\mathrm{freq}_{i,j}$ 代表 k_i 在 d_j 中的原始词频；$\max_l \mathrm{freq}_{l,j}$ 代表文档 d_j 中出现频次最高的词的词频；N 代表文档集合中的文档总数；n_i 代表文档集合中包含语词 k_i 的文档数。

（3）N-gram 标引法。N-gram 是一种统计语言模型，用来根据前 n−1 个项目来预测第 n 个项目。在应用层面，这些项目可以是音素（语音识别应用）、字符（输入法应用）、词（分词应用）或碱基对（基因信息）。一般来讲，可以从大规模文本或音频语料库生成 N-gram 模型①。在 N-gram 模型中，n 的取值通常小于 5。N-gram 标引法是将 N-gram 模

① https://blog.csdn.net/ahmanz/java/article/details/51273500.

型应用于文本分词处理和关键词的提取，如 Cohen 在 1995 年提出的标引法即是代表性的方法（Cohen，1995）。

（4）统计学习标引法。统计学习标引法可以分为学习过程和标引过程两个阶段，学习过程建立候选标引词与对其标引产生正反不同作用的促进词和削弱词集合之间的关系，标引过程根据候选标引词在这种关系中的权值及其词频来确定该词是否可以成为正式标引词。

（5）基于句法分析的自动标引。这种方法通过分析句子中每个词的语法作用以及词之间的语法关系来选择具有标引意义的词或短语。基于句法分析的标引法一般要借助一定的解析规则或语法词典，需要较多的人工干预。句法分析可以分为浅层句法分析和深层句法分析。浅层句法分析，也叫部分句法分析或语块分析，是与深层句法分析相对的，深层句法分析要求通过一系列分析过程，最终得到句子的完整句法树。而浅层句法分析则不要求得到完全的句法分析树，只要求识别其中的某些结构相对简单的成分，如非递归的名词短语、动词短语等。

（6）基于语义分析的自动标引。这种方法通过分析词和短语在特定上下文中的确切含义，在此基础上选择与主题含义相同的词或短语作为正式标引词。学者已经提出了基于语义分析的自动标引方法，如潜语义标引法、信度函数模型、语义向量空间模型等。

（7）基于本体的自动标引。本体是构成语义网知识结构的基础，通过本体对语义网中的概念关系以及在此基础上的规则进行定义，从而进行语义上的推理和判断。基于本体的自动标引一般包括文档处理、本体解析、向量抽取三个功能。文档处理的主要作用是提取待标引文档的核心词汇集，本体解析的主要作用是读取和理解本体，向量抽取的作用是以文档的核心词汇为输入，生成该文档的语义向量。

（8）基于人工智能的自动标引。基于人工智能的自动标引方法让机器从事标引工作中的脑力劳动，让计算机模拟标引人员完成标引文献的工作。例如，采用专家系统，基于知识库实现自动标引。

自动标引的技术从最初的绝对词频法，发展到加权统计法，再到各种机器学习的方法以及人工智能的方法，从基于句法分析的方法到基于语义分析的方法，再到基于本体的方法，该领域的研究和实践呈现出多元化的方法。目前自动标引领域还没有哪一种方法可以达到标引人员的标引能力，多种标引方法集成是未来的发展趋势。

二、自动索引

索引（index）是一种数据结构，可以视为一种指示系统，在标引词与包含该标引词的文档或其在文档中的位置之间建立一种映射关系，从而加快检索的速度。比较常用的索引技术包括倒排文档（inverted file）、后缀数组和签名文件，本节介绍最为通用的倒排文档技术。

倒排文档也称为倒排索引或倒排文件，是实现单词-文档矩阵的一种具体存储形式，通过倒排文档，可以根据单词快速获取包含该单词的文档列表。

倒排文档主要由两部分组成：词汇表（vocabulary 或 dictionary）和记录表（posting list）。

词汇表是文档或文档集合中所包含的所有不同单词的集合，除单词外，通常还包含关于该单词的一些统计信息和指向记录表对应记录的指针。记录表中记录了包含特定单词的所有文档的文档列表及单词在该文档中出现的位置信息，每条记录称为一个倒排项。

建立倒排文档的过程即建立索引的过程。首先需要在文档中提取可用于建立索引的字段，在索引字段后附上文档记录号；之后需要对所有索引字段进行排序，对相同内容进行归并，添加频次、记录号等相关内容。下面将以两个文档为例，介绍倒排文档建立的基本流程。

假设文档集合中包含两个文档：文档 1 和文档 2。

文档 1：Now is the time for all good men to come to the aid of their country.

文档 2：It was a dark and stormy night in the country manor. The time was past midnight.

倒排文档的基本建立流程可以描述如下。

（1）文档被解析并抽取标引词，标引词与文档记录号一起保存。

（2）所有文档解析完成后，排序倒排文档。

（3）合并同一文档的相同词并添加词频信息，如图 7-1 所示。

Term	Doc #
now	1
is	1
the	1
time	1
for	1
all	1
good	1
men	1
to	1
come	1
to	1
the	1
aid	1
of	1
their	1
country	1
it	2
was	2
a	2
dark	2
and	2
stormy	2
night	2
in	2
the	2
country	2
manor	2
the	2
time	2
was	2
past	2
midnight	2

➡

Term	Doc #
a	2
aid	1
all	1
and	2
come	1
country	1
country	2
dark	2
for	1
good	1
in	2
is	1
it	2
manor	2
men	1
midnight	2
night	2
now	1
of	1
past	2
stormy	2
the	1
the	1
the	2
the	2
their	1
time	1
time	2
to	1
to	1
was	2
was	2

➡

Term	Doc #	Freq
a	2	1
aid	1	1
all	1	1
and	2	1
come	1	1
country	1	1
country	2	1
dark	2	1
for	1	1
good	1	1
in	2	1
is	1	1
it	2	1
manor	2	1
men	1	1
midnight	2	1
night	2	1
now	1	1
of	1	1
past	2	1
stormy	2	1
the	1	2
the	2	2
their	1	1
time	1	1
time	2	1
to	1	2
was	2	2

图7-1　倒排文档生成步骤（1）~（3）

（4）将倒排文档分为词汇表和记录表，如图 7-2 所示。

Term	Doc #	Freq
a	2	1
aid	1	1
all	1	1
and	2	1
come	1	1
country	1	1
country	2	1
dark	2	1
for	1	1
good	1	1
in	2	1
is	1	1
it	2	1
manor	2	1
men	1	1
midnight	2	1
night	2	1
now	1	1
of	1	1
past	2	1
stormy	2	1
the	1	2
the	2	2
their	1	1
time	1	1
time	2	1
to	1	2
was	2	2

Term	N docs	Tot Freq
a	1	1
aid	1	1
all	1	1
and	1	1
come	1	1
country	2	2
dark	1	1
for	1	1
good	1	1
in	1	1
is	1	1
it	1	1
manor	1	1
men	1	1
midnight	1	1
night	1	1
now	1	1
of	1	1
past	1	1
stormy	1	1
the	2	4
their	1	1
time	2	2
to	1	2
was	1	2

Doc #	Freq
2	1
1	1
1	1
2	1
1	1
1	1
2	1
2	1
1	1
1	1
2	1
1	1
2	1
2	1
1	1
2	1
2	1
1	1
1	1
2	1
2	1
1	2
2	2
1	1
1	1
2	1
1	2
2	2

图7-2　倒排文档生成步骤（4）

倒排文档词汇表和记录表中所包含的信息一般根据信息检索系统的功能确定，如可以包含词的位置信息，如图 7-3 所示（刘挺等，2008）。

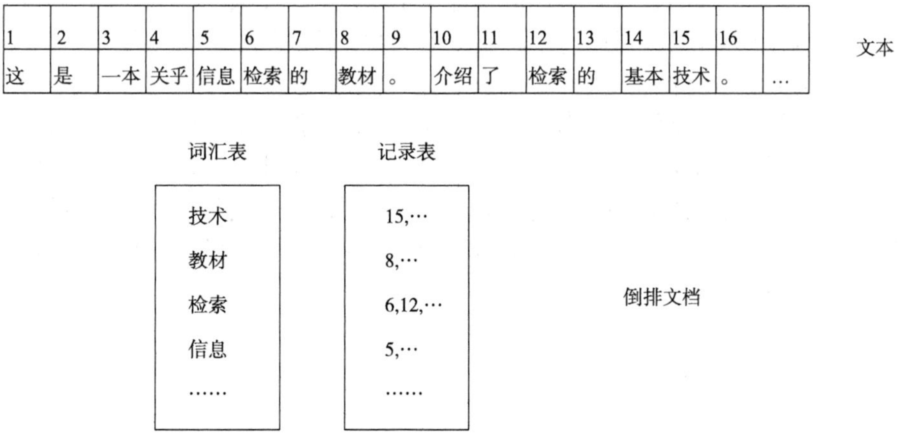

1	2	3	4	5	6	7	8	9	10	11	12	13	14	15	16	
这	是	一本	关乎	信息	检索	的	教材	。	介绍	了	检索	的	基本	技术	。	…

文本

词汇表	记录表
技术	15,…
教材	8,…
检索	6,12,…
信息	5,…
……	……

倒排文档

图7-3　包含词位置信息的倒排文档示例

倒排文档在使用时，需要配合主文档使用，如图 7-4 所示。

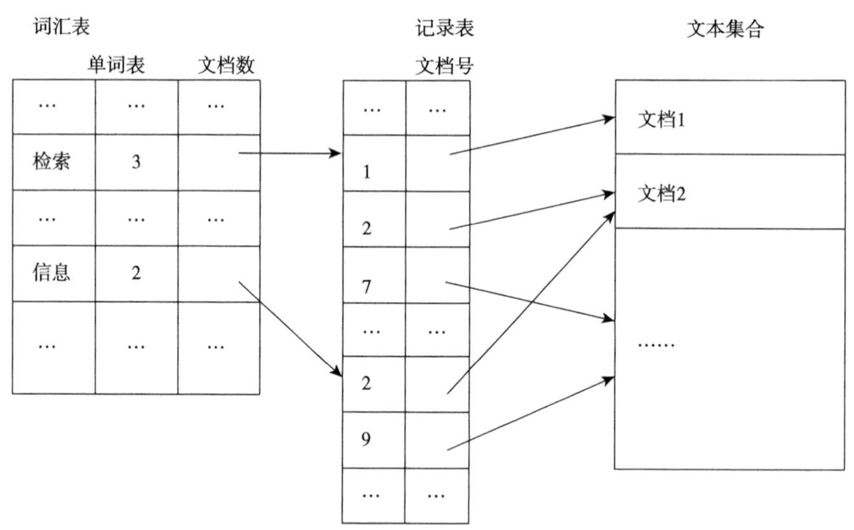

图7-4 倒排文档与主文档关系示例

第三节 自动分类与聚类

一、自动分类

自动分类是在预定的分类体系下，根据待分类对象的特征，将其分配到一个或多个类别的过程。本书以文本信息为主要对象，如无特别说明，本节的自动分类是指文本自动分类。自动分类的方法可以分为两类：基于知识工程的分类方法和基于机器学习的分类方法。基于知识工程的分类方法是指通过专家经验，依靠人工提取规则进行的分类；基于机器学习的分类方法是指通过计算机自主学习、提取规则进行的分类。本节主要介绍基于机器学习的自动分类方法。

自动分类的过程大致包括：①文本信息预处理，根据采用的分类模型，提取和选择文本特征，将文档表示成易于被计算机处理的形式；②构建分类模型，根据预处理的训练集（已预知类别的文档）学习建模，构建出分类器；③分类与评估，利用测试集文档按一定的测试方法测试建立好的分类器的性能，并不断反馈、学习提高该分类器性能，直至达到预定的目标。

（一）文本信息预处理

文本信息预处理的主要任务是文本特征的提取或选择和文档表示的构建，为分类算法的实施进行准备。

文本特征提取主要是通过属性间的关系，改变原特征空间，如组合不同属性得到新的属性。特征选择则是对原特征空间中的特征进行筛选，不会改变其原属性。两者的核心目的都是降低特征向量维度，从原始特征中提取或选择最有区分类别能力的特征项。

文本特征提取常用的方法包括主成分分析法（principal component analysis，PCA）、线性判别分析（linear discriminate analysis，LDA）、奇异值分解（singular value decomposition，SVD）等。PCA 在高维数据中找到方差最大的方向，并将数据映射到一个维度不大于原始数据的新的子空间上。PCA 的关键步骤包括[①]：①对原始的 d 维数据做标准化处理；②构造样本协方差矩阵；③计算协方差矩阵的特征值和特征向量；④选择与前 k 个最大特征值对应的特征向量（k 为新特征空间的维度）；⑤通过前 k 个特征向量构建映射矩阵 W;⑥通过映射矩阵 W 将 d 维输入数据集 X 转换到新的 k 维特征子空间。LDA 用于发现可以最优化分类的特征子空间，算法关键步骤包括[②]：①对 d 维数据进行标准化处理（d 为特征数量）；②对于每个类别，计算 d 维的均值向量；③构造类间的散布矩阵 S_B 以及类内散布矩阵 S_W；④计算 S_W 的转置矩阵与 S_B 乘积的特征值以及对应的特征向量；⑤选取前 k 个特征值所对应的特征向量，构造一个 $d×k$ 维的转换矩阵 W，其中特征向量以列的形式排列；⑥使用转换矩阵 W 将样本映射到新的特征子空间上。SVD 是将原始特征矩阵分解为两个正交矩阵和一个对角矩阵的乘积，对角矩阵只有对角元素，其他元素均为 0，这些对角元素即为原始数据集矩阵的奇异值。将对角矩阵的对角元素由大到小排列，保留前 k 项，其余置 0，原始高维矩阵可以转换为一个近似的低维矩阵，从而达到降维的目的。

文本特征选择常用的方法包括 Filter 方法、Wrapper 方法、Embedded 方法等。Filter 方法的主要思想是通过对每个特征赋予权重，根据其重要程度对特征进行选择。目前，常用的文本特征权值计算方法包括逆文档频率法、信息增益、互信息、χ^2 统计量、期望交叉熵、单词权、单词贡献度等（庞观松和蒋盛益，2012）。Wrapper 方法是将特征选择问题作为寻优的问题，通过对不同组合进行评价和比较，选择出最优的特征集合。目前常用的 Wrapper 方法主要有遗传算法（genetic algorithm，GA）、粒子群优化（particle swarm optimization，PSO）、优化蚁群（ant colony optimization，ACO）算法。Embedded 方法是在建立模型的过程中，筛选出对提高模型准确度最有用的特征（于游等，2019）。

文本表示是将文本表示为易于计算机处理的形式，较为常用的方法是采用向量空间模型，将文本表示为特征项的权值向量。权值的计算方法最常采用逆文档频率法，分别计算 tf 值和 idf 值，再计算二者的乘积。

（二）分类模型

常见的文本自动分类算法包括 Rocchio 分类器、K 最近邻（K-nearest neighbor，KNN）分类器、朴素贝叶斯（naive Bayes，NB）分类器、支持向量机（support vector machines，SVM）分类器等（王知津，2015）。

Rocchio 分类算法也叫中心向量法，是基于向量空间模型和最小距离的算法，该算法用一个中心向量表示特定的类别，如将某一类下所有文档向量相加得到该类别的中心

① https://www.itdaan.com/blog/2018/03/18/8d1ccb8d85ff07e0a4881a740ef0c53c.html.

② https://www.itdaan.com/blog/2018/03/18/f012e44530a051bb450c6bc4dd6491f4.html.

向量，对文档分类时计算每个文档与各类中心向量的距离，依据距离的远近判断文档的类别归属。Rocchio 分类算法简单、易于实现，在类间距离大的情况下分类效果较好，但类间距离小时效果较差。

朴素贝叶斯分类是基于概率理论的分类算法，其基本假设是词项之间相互独立，基本原理是通过计算训练样本获取对样本概率分布的估计，进而计算待分类的文本属于各个类别的概率。朴素贝叶斯分类算法关于词项间相互独立的假设并不成立，这是其理论方面的主要问题，但该算法在实际的分类应用中表现出色，被广泛用于文本分类。

KNN 算法是一种基于实例的分类算法，算法实现无须训练过程，对新文本进行分类时，分别计算该文本与训练集中每个文本的距离或相似度（余弦相似度、内积相似度或欧氏距离等），找出该新文本的 K 个近邻，并依据 K 个近邻的类别归属确定新文本的类别（如依据最高投票决定）。KNN 算法理论成熟，易于实现，其主要问题在于时空开销大，特别是当训练样本数量较大时，因为需要计算待分类文本与训练集中每个文本的距离，会带来相当大的计算量。

SVM 是基于统计学习理论和结构风险最小化原理的分类方法，其基本思想是：给定某一有限训练集合，寻找某个最佳超平面，该超平面可以准确地分割样本且分类间隔最大，分类训练的过程即求解该最佳超平面的过程。SVM 分类法试图找到最大化到已有数据点距离的决策边界，往往可以达到较好的分类精确度。

（三）分类算法性能评估

分类算法或分类器有多种类型，在一项实际的分类任务中，需要对多种分类算法进行性能评估，以确定自动分类所选择的方法。分类算法性能的评估涉及评估语料、评估方法和评估指标。

评估语料是进行分类算法性能评估的基础，语料库中每一个文档都是带有类目标识的，语料库的建设需要花费大量的人力和时间成本。Reuters-21578 是目前应用广泛的文本分类标准测试集之一，包含 1987 年在路透社报纸上的 21 578 篇新闻报道，由 S. Dobbins 等进行人工分类标注，总共包含 135 个类别。20 Newsgroups 是另一个用于文本分类的重要数据集，收集了大约 20 000 篇新闻组文档，均匀分为 20 个不同主题的新闻组集合。随着中文自然语言处理技术的发展，一些用于中文文本自动分类的语料库也陆续推出。TanCorp 是由谭松波等收集整理的中文文本分类语料库，语料库分为两个层次，收集文本 14 150 篇，第一层为 12 个类别，第二层为 60 个类别。复旦大学中文文本分类语料库由复旦大学计算机信息与技术系国际数据库中心自然语言处理小组构建，由各类论文与新闻报道组成，总共包含 20 个类别，测试语料共 9833 篇文档，训练语料共 9804 篇文档。

对分类算法进行评估，需要将语料集划分为训练集和测试集，训练集用来训练分类器，测试集用来评估分类器的性能。合理划分训练集和测试集是分类算法评估需要首先考虑的问题。常用的划分方法包括留出法（hold-out）、交叉验证法（cross validation）、自助法（bootstrapping）等。

留出法直接将数据集划分为两个互斥的集合，其中一个集合作为训练集，另一个作为测试集。训练集和测试集的划分要尽可能保持数据分布的一致性，例如，不同类别的比例应大致相同，可以采用类似分层抽样的方法构建。在数量比例方面，训练集数据的数量一般占 2/3~4/5。单次使用留出法得到的评价结果往往不够稳定可靠，为保证随机性，一般要采用若干次随机划分，重复进行实验评估后取平均值作为留出法的评估结果。

交叉验证法，也叫 k 折交叉验证（k-fold cross validation），是将整个数据集划分为 k 个大小相似的子集，每个子集尽量保持数据分布的一致性。每次用 k–1 个子集的并集作为训练集，余下的一个子集作为测试集，这样就可以获得 k 组训练/测试集，从而可进行 k 次训练和测试，取其均值作为最终的评估指标值。最常用的 k 值为 10。与留出法相似，为减小因样本划分不同而引入的偏差，k 折交叉验证通常要随机使用不同的划分重复 p 次，最终的评估结果是这 p 次 k 折交叉验证结果的均值，例如“10 次 10 折交叉验证”。

自助法以自助采样法为基础，每次随机从数据集（有 m 个样本）抽取一个样本，然后再放回（样本可能被重复抽出），m 次后得到有 m 个样本的数据集，将其作为训练集。这种抽样方法中，始终不被抽出的样本数量大约占 36.8%，保证了训练集样本数（不重复）在 2/3 左右。自助法适用于样本量较小、难以划分时。样本量足够时，用自助法并不如留出法和交叉验证法，因其无法满足数据分布一致。

在文本分类中，一般采用召回率 R（recall）、准确率 P（precision）和 F_1 值来评估分类器的性能。三个指标的计算公式如下：

$$R_i = \frac{l_i}{n_i} \times 100\% , \quad P_i = \frac{l_i}{m_i} \times 100\% , \quad F_{1i} = \frac{2R_i P_i}{R_i + P_i}$$

式中，l_i 表示分类结果中标记为第 i 个类别且标记正确的文本个数；n_i 表示待分类的文本中实际属于第 i 个类别的样本个数；m_i 表示结果中标记为第 i 个类别的文本个数。

前述三个指标评估的是分类器在一个类别的分类效果，对于评价分类器在包含多个类别的语料上的整体性能，通常采用微平均和宏平均方法。微平均从分类器的整体角度考虑，不考虑分类体系的小类别上的分类精度，其计算公式如下：

$$\mathrm{mR} = \frac{\sum_{i=1}^{p} l_i}{\sum_{i=1}^{p} n_i}, \quad \mathrm{mP} = \frac{\sum_{i=1}^{p} l_i}{\sum_{i=1}^{p} m_i}, \quad \mathrm{mF_1} = \frac{2\mathrm{mR} \times \mathrm{mP}}{\mathrm{mR} + \mathrm{mP}}$$

式中，p 是分类体系中类目的个数。宏平均是从分类器小类别的整体考虑，首先计算出每个类别的召回率与准确率，然后对召回率与准确率分别取算术平均得到的宏平均召回率与宏平均准确率。最后根据宏平均召回率与宏平均准确率计算宏平均 F_1 值。其计算公式如下：

$$\mathrm{MR} = \frac{1}{p}\sum_{i=1}^{p} R_i , \quad \mathrm{MP} = \frac{1}{p}\sum_{i=1}^{p} P_i , \quad \mathrm{MF_1} = \frac{2\mathrm{MR} \times \mathrm{MP}}{\mathrm{MR} + \mathrm{MP}}$$

二、自动聚类

自动分类属于有监督学习，语料库需要进行标注，分类模型需要训练。自动聚类则属于无监督学习，不需要人工标注训练数据集，不需要模型的训练。自动分类与自动聚类的另一个不同点在于，自动分类的类目体系需要事先建立，而在自动聚类中没有事先建立的类目体系。自动聚类依据“同类的文档相似度较大，而不同类的文档相似度较小”这一基本假设，将文本集合进行全自动分类处理，其中“类”也被称为“簇”。

文本自动聚类的大致过程包括文本信息预处理、文本特征抽取、文本表示、聚类算法、聚类评估等几个环节。前三个环节与自动分类基本相似，本节主要介绍聚类算法和聚类评价。

（一）聚类算法

主要的聚类算法大致可以分为以下几类。

1. 基于划分的聚类算法

基于划分的聚类算法也叫分割聚类，其任务是把数据集划分为 *K* 个不相交的点集，使每一个子集中的点尽可能同质。

给定一个有 *N* 个元组或者对象的数据集，划分法将构造 *K* 个分组，每一个分组就代表一个聚类，$K<N$。同时，*K* 个分组满足下列条件：①每一个分组至少包含一个对象；②每一个对象属于且仅属于一个分组。对于给定的 *K*，划分算法首先给出一个初始的分组方法，以后通过反复迭代的方法改变分组，使每一次改进之后的分组方案都较前一次好。所谓好的划分的一般准则是：同一个类中的对象尽可能接近或相关，不同类中的对象尽可能远离或不同。

基于划分的聚类算法的关键是评价函数。评价函数也叫作划分准则，通常是一个相似度函数，用于衡量对象之间的“接近”或“远离”程度。

典型的基于划分的聚类算法包括 K-means 算法、K-mediods 算法、围绕中心点的划分（partitioning around mediod，PAM）算法、基于随机选择的聚类算法（a clustering algorithm based on randomized search，CLARANS）等。其中，K-means 算法是最常用的算法之一。

K-means 算法是一种典型的基于划分的聚类算法，该聚类算法的基本思想是在聚类开始时根据用户预设的类簇数目 *k* 随机地在所有文本集中选择 *k* 个对象，将这些对象作为 *k* 个初始类簇的平均值或者中心，对于文本集中剩余的每个对象，根据对象到每一个类簇中心的欧几里得距离，划分到最近的类簇中；全部分配完之后，重新计算每个类簇的平均值或者中心，再计算每篇文本距离这些新的类簇平均值或中心的距离，将文本重新归入目前最近的类簇中；不断重复这个过程，直到所有的样本都不能再重新分配为止。

K-means 算法的优点：对数值属性有很好的几何和统计意义；对待处理文本的输入顺序不太敏感；对凸型聚类有较好的结果；可在任意范围内进行聚类，等等。但是 K-means 算法也有其局限性：需要用户事先给出簇的个数；对初始聚类中心的选取比较敏感，往往得不到全局最优解，得到的多是次优解；容易受到异常点的干扰；算法缺少可伸缩性，等等。

2. 基于层次的聚类算法

这种方法对给定的数据集进行层次式的分解，直到满足某种条件为止。具体又可分为“自底向上”和“自顶向下”两种方案，即合并聚类（由下而上）和分裂聚类（由上而下）。

合并聚类是将语料库中的任一数据都当作一个新的簇，计算所有簇相互之间的相似度，然后将相似度最大的两个簇进行合并，重复这个步骤直到达到某个终止条件（一般为类别个数参数），因此合并聚类方法也被称为由下而上的方法。

分裂聚类恰好与合并聚类进行相反的操作，它是一种由上而下的方法，该方法先将数据集中所有的对象都归为同一簇，并不断地对原来的簇进行划分从而得到更小的簇，直到满足最初设定的某个终止条件。

在层次聚类中，无论自底向上还是自顶向下，都涉及两个类相似度的问题，相似度的计算函数不同，聚类的效果一般也会不同。相似度函数可以分为单连通聚类、全连通聚类和平均连通聚类。在单连通聚类中，取两个类中最相似的文本的相似度作为这两个类的相似度。全连通聚类则相反，取两个类中最不相似的文本的相似度作为类间的相似度。平均连通聚类是对单连通和全连通方法的折中，取两个类的质心之间的相似度作为类别之间的相似度，即取“均值”的相似度。

层次聚类法的优点：适用于发现任意形状的簇；适用于任意形式的相似度或距离表示形式；聚类粒度具有灵活性。其局限性体现在：算法终止的条件很模糊；一旦聚类结果形成，一般不再重新构建层次结构来提高聚类的性能；难以处理大规模数据，也不能适应动态数据集的处理。

3. 基于密度的聚类算法

基于密度的聚类算法的基本思想是，只要一个区域中的点的密度大于某个阈值，就将其加到与之相近的聚类中。换言之，对给定簇中的每个数据点，在给定半径的领域内必须包含不少于规定阈值个数的点。

基于密度的聚类算法与其他算法的一个根本区别是：它不是基于各种各样的距离的，而是基于密度的。这样就能克服基于距离的算法只能发现“类圆形”的缺点，从而可以发现任意形状的簇。基于密度的聚类算法根据实现方式不同，可以分为基于密度连通性的方法和基于密度分布函数的方法，前者代表性的算法是具有噪声的基于密度的聚类（density-based spatial clustering of applications with noise，DBSCAN）算法，后者代表性的算法是基于密度的聚类（density-based clustering，DENCLUE）算法等。

DBSCAN 算法的基本思想是：对于一个类中的每一个对象，在其给定半径 R 的区域中包含的对象数目不小于某一给定的最小数目 MinPts。DBSCAN 算法执行时，取数据集 D 中任意一个对象 p 进行区域查询。如果 p 是核心对象，也就是说，以 p 为圆心、半径为 R 的邻域中包含的对象数不少于 MinPts，则根据算法可以找到一个关于参数 R 和 MinPts 的类。如果 p 是一个边界点，即 p 半径为 R 的邻域包含的对象数小于 MinPts，则没有对象从 p 密度到达，p 被暂时标注为噪声点。之后，DBSCAN 处理数据集 D 中的下一个对象。

DENCLUE 算法的核心思想是每个数据点与其相邻的数据点之间存在一定的影响关系，这种影响关系可以用数学函数进行形式化描述，这种数学函数称为影响函数。数据空间的整体密度（全局密度函数）可以被模拟为所有数据点影响函数的总和，聚类可以通过确定密度吸引点（dentist attractor）来得到，这里的密度吸引点是全局密度函数的局部最大值。

4. 基于模型的聚类算法

基于模型的聚类算法是建立在数据符合潜在的概率分布这一假设的基础之上的。该算法给每一个聚类假定一个模型，尝试优化给定数据与该假设模型的拟合。这种模型可能是数据点在空间中的密度分布函数或者其他。基于模型的聚类算法主要包括基于统计学模型的算法和基于神经网络模型的算法。前者的代表是 Cobweb 模型 ，后者的代表是自组织映射（self organized maps，SOM）网络。

Cobweb 模型是基于统计学的最为著名的聚类方法。该模型以分类树的形式创建层次聚类，假设每个属性上的概率分布相互独立，分类树中的每一个节点对应一个概念和概念的概率描述，用以概述被分类在该节点下的对象。Cobweb 模型采用启发式估算度量分类效果，以指导分类树的构建。

SOM 网络是通过模拟人脑对信号处理的特点而发展起来的一种人工神经网络。SOM 网络是一个单层的神经网络，仅包含输入层和计算层。计算层也称为竞争层，也是输出层，由一系列神经元组成的节点构成，可以是一维的结构，也可以是二维的结构，即计算层是拓扑结构的。SOM 网络起到了降维的作用，将高维度的输入数据映射到一维或者二维空间中。在拓扑结构中，一个节点就是一个聚类①。竞争学习机制是 SOM 网络的主要特征。

（二）聚类评价

聚类评价可以分为聚类效率评价和聚类结果效果评价。本节主要介绍聚类算法的效果评价。聚类算法效果评价的方式主要有两种，一种方式是只利用数据集本身的特征，比较聚类划分的优劣，称为内部标准评价；另一种方式是存在分类测试集的情况下，对聚类结果的质量进行评价，称为外部标准评价。

外部标准评价是有监督的方法，需要基准数据，用一定的度量评判聚类结果与基准数据的符合程度，常用的评价指标包括纯度（purity）和兰德指数（Rand index，RI）等。

纯度衡量一个簇中仅包含一个类别的文档的情况，计算公式如下：

$$\text{Purity}(\Omega,C)=\frac{1}{N}\sum_k \max_j \left|\omega_k \cap c_j\right|$$

式中，N 表示总的样本个数；$\Omega=\left\{\omega_1,\omega_2,\cdots\omega_k\right\}$ 表示聚类簇的划分；$C=\left\{c_1,c_2,\cdots c_j\right\}$ 表示真实类别的划分。纯度在计算时，给每一个聚类簇分配一个类别，该类别为在给定簇中

① https://cloud.tencent.com/developer/article/1407848.

出现次数最多的类别，取该类别出现的次数求和后再除以 N。

兰德指数将聚类看成一系列的决策过程，即对文档集上所有 $N(N-1)/2$ 个文档对进行决策。当且仅当两篇文档相似时，将它们归入同一簇中。其计算公式如下：

$$\mathrm{RI}=\frac{\mathrm{TP}+\mathrm{TN}}{\mathrm{TP}+\mathrm{FP}+\mathrm{FN}+\mathrm{TN}}$$

式中，TP 表示将两篇相似的文档归入一个簇；TN 表示将两篇不相似的文档归入不同簇，FP 表示将两篇不相似的文档归入同一个簇；FN 表示将两篇相似的文档归入不同簇。

内部标准评价是在没有基准数据的情况下对聚类结果的质量进行评估，常用轮廓系数（silhouette coefficient）来进行度量。轮廓系数的取值为[−1,1]，取值越大，说明聚类效果越好。具体计算步骤如下①。

（1）对于已聚类数据中第 i 个样本 x^i，计算样本 x^i 与其同一个簇内的所有其他样本距离的平均值 a^i，用于量化簇内的凝聚度。

（2）选取 x^i 外的一个簇 b，计算 x^i 与簇 b 中所有样本的平均距离，遍历所有其他簇，找到最近的这个平均距离 b^i，用于量化簇之间的分离度。

（3）对于样本 x^i，轮廓系数为 $sc^i=(b^i-a^i)/\max(b^i,a^i)$。

（4）对所有样本 x 求取平均值即为当前聚类结果的整体轮廓系数。

思考题

1. 试解释文本信息预处理的主要工作内容。
2. 中文分词面临的主要困难是什么？中文分词的主要方法包括哪些类型？
3. 自动标引可以采用哪些方法？
4. 试解释倒排文档的生成过程和工作原理。
5. 自动分类和自动聚类的区别是什么？分别有哪些主要方法？

① https://www.cnblogs.com/cola-1998/p/10237190.html.

第八章　信息组织的新方法

【**教学目的与要求**】网络信息环境不断发展和演化，对信息资源的组织提出新的需求。传统文献信息组织方法在网络环境下的拓展，可以在一定程度上满足网络信息资源组织的需求，但还不足以应对这一挑战。伴随着新环境和新技术的发展，一些新的信息组织方法逐渐出现。本章主要对网络信息环境发展过程中出现的新方法进行梳理和介绍，具体包括语义网和本体、自由分类法、关联数据、知识组织系统（knowledge organization system，KOS）和 SKOS 以及知识图谱等。通过本章的学习，应熟悉和了解各信息组织新方法的基本原理和主要应用，理解其对信息组织的意义。

第一节　语义网和本体

一、语义网概述

语义网（semantic Web）是由万维网之父 Tim Berners-Lee 提出的概念，也有学者将其称为 Web 3.0。W3C 认为语义网是一种使用可以被计算机理解的方式描述事物的网络。语义网的基本思想是提供机器可处理的数据语义，并应用这些元数据的启发式进行自动化的信息访问。数据语义的显性表示和领域理论（本体）将使 Web 提供一种全新质量的服务。其最终目标是将人类知识编织成一个巨大的网络，并以机器处理的方式来实现它。各种自动化服务将帮助用户以机器可理解的格式访问和提供信息，并使计算机自动化处理过程和 Web 信息集成更为方便。

语义网是万维网的拓展和延伸，但二者存在显著的差异。万维网主要使用 HTML 表达网页内容，主要是供“人”阅读和使用的。语义网则是要在万维网之上加入一些可以被计算机“理解”的语义信息，它在方便人们阅读和使用的同时，也方便计算机之间的相互交流与合作。万维网可以视作“文档的网络”，而语义网则是“数据的网络”。

Tim Berners-Lee 提出了语义网的体系结构，如图 8-1 所示。

第一层是“字符集”层，该层是整个语义网的基础，其中 Unicode 负责处理资源的编码，URI 负责资源的标识。第二层是根标记语言层，由 XML、NS（name space）和 xmlSchema 组成，在语义网体系结构中该层负责从语法上表示数据的内容和结构，通过使用标准的语言将网络信息的表现形式、数据结构和内容分离。第三层是“资源描述框

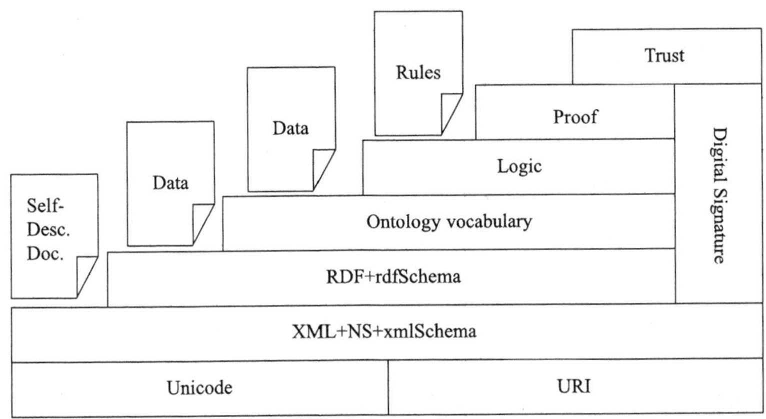

图8-1　语义网的体系结构

架”层，由 RDF 和 rdfSchema 组成。RDF 建立了一种供多种元数据标准共存的框架，rdfSchema 使用一种机器可以理解的体系来定义描述资源的词汇，其目的是提供词汇嵌入的机制或框架，在该框架下多种词汇可以集成在一起实现对 Web 资源的描述。第四层是“本体词汇”层，该层是在 RDF 基础上定义的概念及其关系的抽象描述，用于描述应用领域的知识，描述各类资源及资源之间的关系，实现对词汇表的扩展。第五~七层是 Logic、Proof、Trust。Logic 负责提供公理和推理规则，Logic 一旦建立，便可以通过逻辑推理对资源、资源之间的关系以及推理结果进行验证，证明其有效性。通过 Proof 交换以及数字签名，建立一定的信任关系，从而证明语义网输出的可靠性以及其是否符合用户的要求。

二、本体的概念与分类

本体最初是哲学领域的概念，是对现实世界真实存在所做出的客观描述。20 世纪 90 年代，本体概念被引入人工智能、图书情报和知识工程等领域。在人工智能领域，最早给出本体定义的是 Neches 等，将本体定义为“给出构成相关领域词汇的基本术语和关系，以及利用这些术语和关系构成的规定这些词汇外延的规则的定义”。1993 年，Gruber 给出了一个本体更为流行的定义，即本体是概念模型的明确的规范说明。Borst 在这一基础上，将本体界定为“本体是共享概念模型的形式化规范说明”。Studer 等对上述两个定义进行了深入研究，认为本体是共享概念模型的明确的形式化规范说明。这一定义是目前最为大家所接受的界定（王向前等，2016）。Studer 等对于本体的界定有四层含义。

（1）概念模型（conceptualization）指通过抽象出客观世界中一些现象的相关概念而得到的模型，概念模型所表现的含义独立于具体的环境状态。

（2）明确（explicit）指所使用的概念及使用这些概念的约束都有明确的定义。

（3）形式化（formal）指本体是计算机可读的，即可以被计算机处理。

（4）共享（share）指本体中体现的是共同认可的知识，反映的是相关领域中公认的概念集。

本体的目标是捕获相关领域的知识，提供对该领域知识的共同理解，确定该领域内共同认可的词汇，并从不同层次的形式化模式上给出这些词汇（术语）和词汇间相互关系的明确定义。

本体的基本构成元素包括类（class）、关系（relations）、函数（function）、公理（axioms）和实例（instances），其中类也称为概念（concept）。前述五个元素也称为本体的建模元语。

（1）类：描述领域内的实际概念，既可以是实际存在的事物，也可以是抽象的概念。

（2）关系：用于描述类（概念）之间的关系，如 part-of、kind-of 等。本体类（概念）之间基本的关系有四种：part-of 表达概念之间部分与整体的关系；kind-of 表达概念之间的继承关系，类似于面向对象中的父类和子类之间的关系；instance-of 表达概念的实例和概念之间的关系；attribute-of 表达某个概念是另外一个概念的属性。

（3）函数：函数是一类特殊的关系，在这种关系中前 $n-1$ 个元素可以唯一决定第 n 个元素，如 mother-of 关系就是一个函数，mother-of（x，y）表示 y 是 x 的母亲，x 可以唯一确定其母亲 y。

（4）公理：公理代表本体内存在的事实，代表永真断言，可以对本体内类或者关系进行约束，如概念甲属于概念乙的范围。

（5）实例：表示具体某个类的实际存在，如河北大学是大学的一个实例。

根据本体的领域依赖程度，本体可以分为以下四种类型（邓志鸿等，2002）。

（1）顶层本体：研究通用概念以及概念之间的关系，如空间、时间、事件等，与具体应用无关，完全独立于限定领域，因此可以在较大范围内进行共享。

（2）领域本体：研究的是特定领域内概念及概念之间的关系。

（3）任务本体：定义一些通用任务或相关推理活动，用来表达具体任务内的概念及概念之间的关系。

（4）应用本体：用来描述一些特定的应用，既可以引用领域本体中特定的概念，又可以引用任务本体中出现的概念。

根据本体应用主题，本体可以划分为五种类型。

（1）领域本体。领域本体在一个特定的领域中可重用，提供该领域特定的概念定义和概念之间的关系，提供该领域中发生的活动以及该领域的主要理论和基本原理等。对特定领域的本体研究和开发目前已涉及许多领域，包括生物医药本体、金融本体、法律知识本体、电子政务本体、新闻本体、旅游本体、生物基因本体等。

（2）通用或常识本体。通用或常识本体关注常识知识的使用。通用知识本体的项目较有代表性的如 DBpedia 项目、Cyc 项目和 HowNet 项目。DBpedia[①]项目通过从维基百科的词条里抽取结构化数据，以更加有效的方式获得信息来平衡这个巨大的知识资源。基于维基百科数据集，DBpedia 允许用户进行复杂问题的查询，并链接网上其他数据集到维基百科数据集。Cyc[②]是一个试图综合日常生活常识，建立综合的本体库和数据库的人工智能工程，它的知识库服务器是一个非常庞大的多语境知识库，利用形式语言 CycL，

① https://www.dbpedia.org.

② https://cyc.com.

形式化地表达了大量的人类基础知识，同时 Cyc 还有推理引擎。HowNet（知网）[①]是由中国科学院董振东教授开发的一个汉语和英语的常识知识库，包含中文词典中概念与概念间的关系、概念的属性与属性之间的关系。同时还包含了与中文对应的英文概念，以及概念的属性之间的关系。

（3）知识本体。知识本体的研究重点是语言对知识的表达能力。典型的有斯坦福大学知识系统实验室提供的称为知识交换格式（knowledge interchange format，KIF）的知识描述语言，以及可以在线将各种知识转换为 KIF 的本体服务器 Ontolingua。

（4）语言学本体。语言学本体指关于语言、词汇等的本体。代表性的语言学本体项目如 WordNet。WordNet[②]是由美国普林斯顿大学发起建设的大型英文词汇数据库，是传统词典信息与现代计算机技术以及心理语言学研究成果有机结合的一个产物，被认为是计算语义学、文本分类等相关领域研究者可获取的最为重要的资源。

（5）任务本体。任务本体也称为方法本体，主要研究可共享的问题求解方法，这里的推理方法与领域无关，任务本体主要涉及动态知识，而不是静态知识，任务本体中经常描述的要素包括任务目标、任务数据、执行状态等。具体的研究主题包括通用任务、与任务相关的体系结构、任务方法结构、推理结构和任务结构等[③]。

三、本体的描述语言

本体作为一种共享的、对概念的形式化描述，需要用事先规定的语言对其进行描述或表示。具有代表性的本体描述语言可以划分为两类：基于谓词逻辑的本体描述语言和基于 Web 的本体描述语言（王向前等，2016）。

基于谓词逻辑的本体描述语言主要包括 Ontolingua、OCML、LOOM、Cycl 和 F-logic。其中，Ontolingua、OCML 和 F logic 是基于一阶谓词逻辑和框架模型的本体描述语言，LOOM 是基于描述逻辑的，Cycl 是在一阶谓词逻辑基础上进行扩展的二阶逻辑语言。这些本体描述语言可以通过形式化的表示来实现计算机的自动处理，但不足之处在于有些概念及概念关系难以用谓词逻辑准确地表示，形式化表示具有局限性。

基于 Web 的本体描述语言主要包括 XOL、RDFS、SHOE、OIL、DAML +OIL 和网络本体语言（Web ontology language，OWL）。XOL 是基于 XML 的本体交换语言，SHOE 是简单 HTML 本体的扩展，这两种语言的形式化基础是框架。RDFS、OIL、DAML+OIL 和 OWL 都是基于 RDF 的进一步扩充，继承了 RDF 的语法和表达能力。随着网络的发展，基于 Web 的本体描述语言逐渐成为主要本体描述语言。

OWL 是 W3C 推荐的本体描述语言。W3C 的设计人员针对各类特征的需求制定了三种相应的 OWL 的子语言，即 OWL Lite、OWL DL 和 OWL Full，各子语言的表达能力递增。2009 年，W3C 的 OWL 工作组推出了 OWL 2，2012 年推出了 OWL 2 相关文档的第

---

① https://openhownet.thunlp.org/about_hownet.

② http://wordnet.princeton.edu.

③ https://blog.csdn.net/weixin_43797818/article/details/104885589?utm_source=app.

二版。OWL 2 的结构如图 8-2 所示。

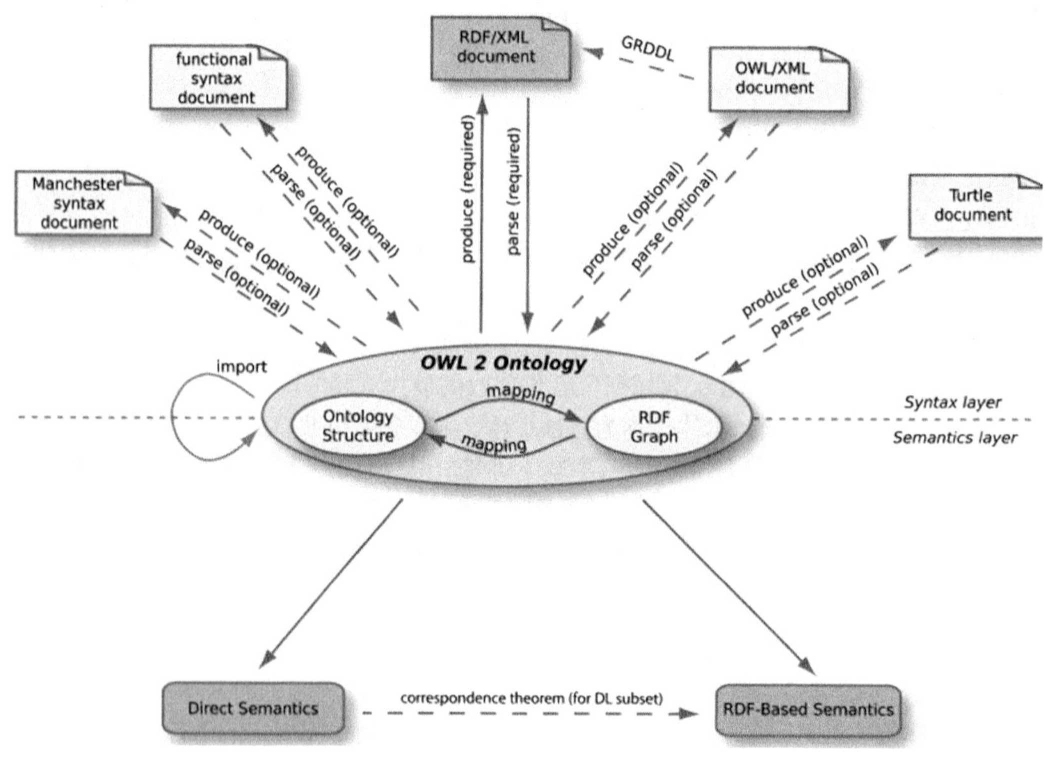

图8-2 OWL 2的结构

资料来源：https://www.w3.org/TR/2012/REC-owl2-overview-20121211.

图 8-2 显示了 OWL 2 主要的构建要素和相互间的关系。中间位置代表着本体的抽象概念，可以理解为一种抽象的结构或 RDF 图。顶部是本体序列化和交换用的各种语法，底层是定义 OWL 2 本体含义的两种语义说明。对于大多数用户而言，在使用 OWL 2 时，只需要选择一种语法和一种语义说明即可。

OWL 2 本体是对特定领域的形式化描述，包含三种语法类。

（1）实体（entities），如类、属性和个体。类（classes）代表一类事物的集合，个体（individuals）代表类的实例，即具体的对象，属性（attributes）代表关系。在 OWL 2 中，属性包括对象属性、数据属性和标注属性。对象属性用于建立对象之间的联系。数据属性将特定的数据值赋予对象。标注属性用于编码与本体有关的信息，如创建者和创建日期等。实体是本体描述的基本术语，构成本体的基础要素。

（2）表达式（expressions），代表被描述领域中的复杂概念，由实体组合而成。例如，原子类“女性”和“教授”可以组合表达“女教授”这一概念，后者可以用 OWL 2 类的表达式表示。

（3）公理（axioms），是被描述领域中为真的陈述，代表现实世界中知识的片段。

实体、表达式和公理用于表达 OWL 2 本体的逻辑部分。在实际应用中，为了存储和交换 OWL 2 本体，需要具体的语法。RDF/XML 是用于 OWL 工具间交换的主要语法，

W3C 的 OWL 工作组要求所有的 OWL 工具都要支持，此外还有其他可以采用的语法。其比较如表 8-1 所示。

表 8-1　OWL 2 的具体语法

语法名称	状态	目的
RDF/XML	强制	交换，可以被所有一致的 OWL 2 软件读写
OWL/XML	可选	更易以 XML 工具处理
Functional Syntax	可选	更易显示本体的形式化结构
Manchester Syntax	可选	更易读写 DL 本体
Turtle	可选	更易读写 RDF 三元组

资料来源：https://www.w3.org/TR/2012/REC-owl2-overview-20121211/#ref-owl-2-specification.

例如，表明类 C1 是 C2 的子类，分别以 RDF/XML 和 Functional Syntax 表示如下：

```
C1 rdfs:subClassOf C2. (RDF/XML)
SubClassOf(C1 C2) (Functional Syntax)
```

再如，表明值 a 是属性 P 的值，分别以 RDF/XML 和 Functional Syntax 表示如下：

```
_:x rdf:type owl:Restriction.
_:x owl:onProperty P.
_:x owl:hasValue a.                (RDF/XML)
ObjectHasValue(P a)                (Functional Syntax)
```

Direct Semantics 和 RDF-Based Semantics 提供了两种为 OWL 2 本体赋予语义的方法，这些语义主要由推理机和其他工具使用。Direct Semantics 将语义直接赋予本体结构，产生一种与 SROIQ 描述逻辑的模型论语义相兼容的语义。SROIQ 描述逻辑是一阶逻辑的片段，Direct Semantics 在其基础上进行了扩展。利用 Direct Semantics 解释的 OWL 2 本体通常被称为 OWL 2 DL 本体。RDF-Based Semantics 将语义直接赋予 RDF 图，通过本体结构向 RDF 图的映射，将语义间接赋予本体结构。RDF-Based Semantics 与 RDF 语义完全兼容，可以应用于任何本体。可以被视为 OWL 2 本体、以 RDF-Based Semantics 进行解释的 RDF 图，通常可以称为 OWL 2 Full 本体。

四、本体的构建方法与工具

目前具有代表性的本体构建方法有骨架法、IDEF5 法、七步法、METHONTOLOGY 法、TOVE 法等（樊小辉和石晨光，2011）。

骨架法，也称为 EO（enterprise ontology）工程法，是 Uschold 和 King 在 1995 年开发 EO 中的经验总结，其基本步骤包括：①明确本体应用的目的和范围；②构建本体；③本体评价；④本体成文。

IDEF5 法，是美国 KBSI（Knowledge Based Systems Inc）公司开发用于描述和获取企业本体时所采用的一种结构化的本体开发方法。IDEF5 通过使用图表语言和细节说明语言，获取关于客观存在的概念、属性和概念间的关系，并将它们形式化，作为知识本体的主要架构。IDEF5 的本体构建方法流程包括：①组织和范围，确定本体项目的目标、观点和语境，组织课题队伍并为组员分配角色；②数据收集，收集本体建设需要的原始数据；③数据分析，分析数据并为抽取本体做准备；④知识本体的初步开发，从收集的数据中建立一个初步的本体；⑤本体的精炼与验证，完成本体建设过程。

七步法，是斯坦福大学医学院提出的基于 Protégé 本体构建工具的一种领域本体构建方法。该方法包括 7 个步骤：①确定知识本体的专业领域和范畴；②考察复用现有知识本体的可能性；③列出本体中的重要术语；④定义类和类的等级体系；⑤定义类的属性；⑥定义属性的分面；⑦创建实例。

METHONTOLOGY 法是由西班牙马德里理工大学 AI 实验室提出的。该方法更接近软件工程开发方法，将本体开发进程和本体生命周期两个方面区别开来，并使用不同的技术予以支持。METHONTOLOGY 法专用于创建化学本体，具体步骤包括：①管理阶段，这一阶段的系统规划包括任务的进展情况、需要的资源、如何保证质量等问题；②开发阶段，分为规范说明、概念化、形式化、执行以及维护五个步骤；③维护阶段，包括知识获取、系统集成、评价、文档说明、配置管理五个步骤。

TOVE 法，也称为评价法，是 Gruninge 和 Fox 等开发 TOVE 工程本体的经验总结。这种方法并非直接构建以本体形式描述的知识的逻辑模型，而是先建立本体的非形式化描述说明，然后将这种描述形式化。这种方法的本体构建基本流程如下：①激励情节的获取，获取激励情节就是定义直接可能的应用和所有解决方案，提供潜在的非形式化的对象和关系的语义表示；②非形式化能力问题的明确表达；③术语的规范化，从非形式化能力问题中抽取非形式化的术语，用本体形式化语言进行规范化定义；④形式化能力问题的明确描述；⑤将规则形式化为公理；⑥调整能力问题解决方案的条件，从而使知识本体趋于完备。

以上方法均是从较抽象的层面讨论本体构建的方法。具体来说，本体的构建可以采用手工构建、自动化或半自动化构建的方法。手工构建是采用前述本体构建方法，借助一定的本体编辑工具，以人工完成本体的构建工作。自动化的构建方法基于自然语言规则或机器学习的方法，自动化地完成本体的构建工作，但是相对发展还不成熟。半自动化的方法介于手工构建和自动化构建之间，借助一定的工具，可以在一定程度上实现本体构建的自动化。例如，基于 Java 语言的 Jena，提供了实现本体形式化的方法，可通过程序调用方法来实现本体的自动构建。

本体开发是一项复杂工程，需要开发工具的有效支持。目前，已有为数众多的本体开发工具，例如，Protégé、Apollo、WebOnto、WebODE、OntoEdit 等。其中，Protégé 是由斯坦福大学开发的免费开源的本体编辑工具，能够提供对中文的支持，目前应用较广。

截至 2020 年 4 月，Protégé 的版本已经发展到第 5.5 版。Protégé 是基于 Java 开发的工具，因此在安装前需要安装 Java 运行环境（Java runtime environment，JRE），可以访问官网（https://protege.stanford.edu）下载最新版本。安装完成后的主界面如图 8-3 所示。

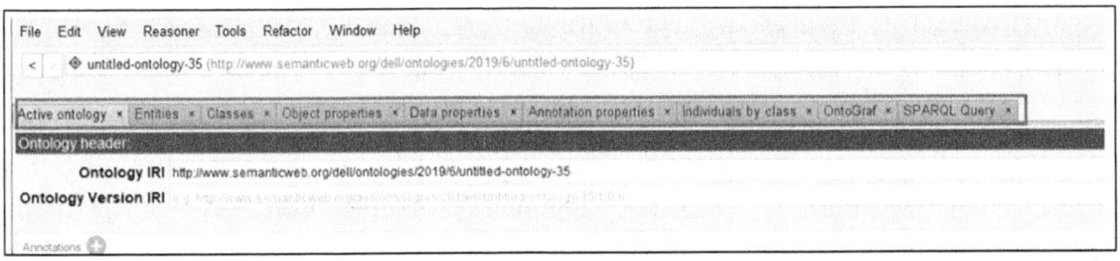

图8-3 Protégé主界面示意图

Protégé 的工作区域包含多个选项卡，对应相应的功能。Active ontology 显示当前的实体名称，以 URI 的形式显示。Entities 可以看作实体的总览，能够显示所创建实体的一些主要信息，是对实体信息的汇总。Classes 用于对本体模型中的类进行编辑，能够定义类之间的层次关系和相互之间的关系。Object properties 用于建立实体间的关系。Data properties 用于定义实体的属性和属性值。Annotation properties 用于定义标注属性。Individuals by class 用于根据类创建实例。OntoGraf 以可视化的形式显示本体。SPARQL Query 利用 SPARQL 实现对本体的查询。

五、本体的应用

随着本体理论和技术的不断发展，本体逐渐被应用于众多领域，其中主要的应用领域包括语义网络、信息融合、信息检索等。

在 Tim Berners-Lee 提出的语义网体系结构中，本体是重要的构成要素之一。本体作为具有共同标准的概念体系，支持逻辑推理，促进计算机相互理解和互操作，可有效提升语义 Web 的性能，提供更加智能化的语义 Web 服务（徐静等，2008）。

网络环境下，网络信息呈现出分布异构的特点，而本体作为共享概念模型明确的形式化规范说明，可以有效解决异构数据的集成和融合问题。

由于本体具有较好的概念层次结构和逻辑推理能力，所以在信息检索领域应用比较广泛。本体在信息检索中的应用主要集中在两个环节：一是利用本体进行文档预处理；二是提高信息检索的准确率。

第二节 Web 2.0 下的信息组织方法

一、Web 2.0 概述

Web 2.0 始于 2004 年 3 月 O'Reilly Media 公司和 Media Live 国际公司的一次头脑风暴会议。Tim O'Reilly 在 2005 年 9 月发表的 *What Is Web* 2.0 一文中概括了 Web 2.0 的概念，并给出了描述 Web 2.0 的框图——Web 2.0 Meme Map。从 2004 年开始，O'Reilly Media、Battelle 和 Media Live 公司在美国连续举办了多届 Web 2.0 大会，极大地推动了 Web 2.0 的发展。

关于 Web 2.0 有不同的界定。Tim O'Reilly 认为，Web 2.0 的经验是有效利用消费者的自助服务和算法上的数据管理，以便能够将触角延伸至整个互联网，延伸至各个边缘而不仅仅是中心，延伸至长尾而不仅仅是头部。也有人将 Web 2.0 界定为包括博客（Blog）、维基（Wiki）、RSS（really simple syndication）、社会性书签（social bookmark）、Tag、SNS（social networking service）、AJAX（asynchronous JavaScript+XML）等一系列技术及其应用。

Web 2.0 是万维网发展的一个阶段，之前的发展阶段通常被称为 Web 1.0。与 Web 1.0 相比，Web 2.0 具有鲜明的特征：从模式上看，Web 1.0 是单纯的“读”，而 Web 2.0 下的用户不仅是信息的使用者，同时是信息的生产者，Web 成为可以“读”“写”的网络；从基本构成单元上看，Web 1.0 是以网页为单位，而 Web 2.0 则是以用户发表或记录的信息为单位，通常称其为微内容；从工具上看，Web 1.0 主要借助浏览器访问和使用，而 Web 2.0 可以基于浏览器、RSS 及其他工具访问和使用；在运行机制上，Web 1.0 采用 Client/Server 模式，而 Web 2.0 则采用 Web/Server 模式；在内容创建者方面，Web 1.0 的内容创建者主要是程序员等专业人士，而 Web 2.0 下普通用户成为内容的创建者。

Web 2.0 以用户为中心，强调去中心化、共享、协作，信息资源更多以微内容的形态存在。Web 2.0 下用户所产生的任何数据都可以视为微内容，如一篇 Blog、评论、图片、书签等。网络成为可以读写的网络，网络信息资源的数量更是出现了前所未有的增长。Web 2.0 的特性以及 Web 2.0 下信息资源的特征都对信息组织提出新的要求和挑战，而自由分类法则是伴随 Web 2.0 发展而出现的一种信息组织方法。

二、自由分类法概述

自由分类法的英文是 Folksonomy，国内也有人将其翻译为大众分类法、社会分类法。Folksonomy 的概念最初是由 Thomas Vander Wal 于 2004 年 8 月提出来的。Folksonomy 一词由 Folk 和 Taxonomy 组合而成，Folk 表示一群人、一伙人，Taxonomy 是“分类、分类学”的意思。Thomas Vander Wal 认为，自由分类法是个人用户为了其检索的需要，对信息或对象自由添加标签的结果，用户添加标签的行为是在一个社会化的环境中进行的，即这个环境是开放和共享的，自由分类法是“自下而上的社会化分类方法”（bottom-up social classification）。

自由分类法可以看作“本体论的新学派”，因为自由分类法可以看作一种“社会化的本体”，本体的构建不需要再依赖专家，而可以从丰富的用户数据中提取。同时，自由分类法的表现形式——标签，则是由用户产生的元数据，区别于以往由专家或网站作者产生的元数据，它能够直接、迅速地反映用户的词汇和需求及其变化（赖茂生等，2009）。

自由分类法是用户基于个人信息管理的目的，使用自己的词汇对信息进行标注，以便再次查找和使用。除了准确定位个人信息，相同的标签能够聚合整个信息空间中的所有相似内容，实现资源的共享，标签的浏览使用户获得意外的发现。用户在资源的共享过程中能够找到与自身拥有相同兴趣的人群，得到关于标签使用的反馈，从而影响其未来的行为。自由分类法的形成和发展具有明显的社会化性质。随着人们使用不同标签标识内容信息，标签总图中一些标签字号变大，一些标签逐渐“淡出”人们的视野，这种更新使人们可随时发现当前人们的“热点”和“走势”。自由、共享、动态更新是自由分类法的突出特点。

根据应用的不同，自由分类法可以分为宽自由分类法（broad folksonomy）和窄自由分类法（narrow folksonomy）。宽自由分类法，面向大众，拥有大量异质用户，用户在认知能力、知识结构和兴趣领域上具有一定差异，每个用户都可能用自己的语言对社区中现有的或尚未添加的内容提供与众不同的标签，每一个内容都存在为数众多的标签来描述。宽自由分类法提供了一种可以了解用户用词习惯的工具。窄自由分类法面向的用户在知识结构和兴趣领域上具有很大的同质性，一般应用于某一领域或专业的信息或知识共享平台。

应用自由分类法较有代表性的网站如 del.icio.us 和 Flickr。del.icio.us（美味书签）于 2003 年上线，是著名的社会化书签（bookmarks）网站。用户可以在网站上保存个人感兴趣的网页，可以为网页添加描述性的标签。通过标签，不仅可以方便地查看个人收藏的网页，还可以查看相同标签下其他用户收藏的网页，发现新知识，找到兴趣相同的用户。网站以标签云图的形式呈现用户提供的标签，标签使用次数越多，字号越大，有助于发现当前的热点问题。Flickr（闪亮文件夹）是目前全球最大的在线图片管理和分享网站，用户注册后就可以上传自己的图片，并可以随时用标签为图片做标志，从而更好地对照片进行管理，也可以借助共享功能，发现其他相似图片，与他人交流共享。

三、自由分类法与其他方法的比较

自由分类法作为 Web 2.0 下出现的新方法，经常被学者与信息组织领域其他的方法进行比较，其中较多的是与传统分类法和元数据的对比。

自由分类法没有采用预定义的分类表或词表，而是由用户进行自由标注。与传统分类法相比，自由分类法的优势体现在以下几个方面（王胜利等，2010）。

（1）平面化、非等级式的体系结构。传统分类法中有一大部分采用的是等级式的体系结构，类目按体系结构层层展开，每一个待分类对象都归属于一个确定的类目。而自由分类法的类目体系是平面化的、非等级式的，用户提供的标签都是平等的，系统通过统计的方法选出使用频率最高的标签作为被标注资源的自由分类，形成一种平面化的分类体系。特定的资源在自由分类法的体系中是可以同时归属于多个类目的。

（2）兼具分类、主题双重功能。传统分类法一般以分类号作为信息资源的内容标识，分类号抽象、不直观，信息资源的分类通常以学科属性为依据。自由分类法则同时具备了分类法和主题法的功能，一方面，标签代表了分类的类目；另一方面，标签是用户选择的、以自然语言形式表达的语词，可以是来自信息资源的关键词，也可以是其他可以反映信息资源主题的语词。

（3）动态变化、易更新。传统分类法的类目体系相对固化，更新较不容易，特别是大型的等级列举式分类表的更新和维护，更是困难。而自由分类法中的类目标签是由用户采用自然语言提供的，具有突出的动态性。随着时间的推移，一些新的标签会进入标签总图，一些热点的标签会在标签总图中突出显示并占据大量空间，而一些标签也会逐渐淡出。

（4）简单易用。传统分类法有复杂的标引技术和分类规定，只有经过专门训练的专业人员才可以使用。而自由分类法最大的特点是自由，用户可以基于个人理解、兴趣、习惯选取自然语言的语词对信息资源进行标注，不需要任何专门训练就可以使用。

与传统分类法相比，自由分类法也有其局限性。

（1）关系揭示不全面。自由分类法是平面化的、非等级式的体系结构，只能突出显示热门标签，但标签之间的关系无法得到揭示。

（2）标签的使用缺乏控制，存在语义模糊性。自由分类法中，标签是由用户自由赋予信息资源的，一般基于个人理解、喜好和习惯，对于相同主题的信息资源，也有可能使用不同的标签，甚至是同一概念的不同表示形式，造成语义模糊性。

（3）存在垃圾标签。在自由分类法的体系中，有些用户为提高点击率而提供与信息资源主题无关的标签，如添加当前的热门标签，会导致在相应标签下检索出不相关的信息条目。

自由分类法中的标签可以看作用户赋予信息资源的元数据，和传统意义上的元数据相比，二者的主要区别如表 8-2 所示。

表 8-2 自由分类法与元数据的比较

比较方面	元数据	自由分类法
定义	关于数据的数据	关于数据的标签
目的	组织信息以方便用户使用	组织信息以方便用户使用
制作者	专业人士	公众（网络用户）
制作成本	高	低
维护费用	高	低（几近为零）
更新周期	长	即时
规范性	分类架构事先制定，严谨、准确、标准、规范、权威	分类架构未事先制定、标签因人而异、自由标注，品质参差不齐
便利性	复杂、麻烦	简单、方便
时效性	滞后	实时
直观性	差	及时反映大众兴趣热点与发展趋势
覆盖面	小	越来越广

自由分类法虽然存在滥用的风险，但在使用和控制方面比元数据更为简单，可以实现对元数据的增值（毛军，2006）。首先，自由分类法实现了从导航到共享。从前元数据的制作由专业人士负责，主要功能是提供一个浏览和导航的结构，而自由分类法则将元数据的制作和使用全部归于大众，并将元数据的共享作为核心和公共价值的体现；其次，自由分类法实现了从复杂到简单。为了最大限度地吸引用户的参与，自由分类法操作和使用都更为简单，并通过标签总图的方式来显示标签的变化情况；此外，自由分类法实现了从生产到消费。元数据推行的前提是大多数人编辑元数据，而自由分类法的目的是大多数人能够使用标签而不是贴标签。

第三节 关联数据

一、关联数据的概念

关联数据的概念由万维网之父 Tim Berners-Lee 在 2006 年提出，他认为语义网不仅仅是将数据发布到网上，而是要建立它们之间的连接，人或者机器才能探索数据网络（周毅等，2019）。

关联数据是国际互联网协会推荐的一种规范，用来发布和连接各类数据、信息和知识，它希望在现有的万维网基础上，建立一个映射所有自然、社会和精神世界的数据网络，通过对大千世界万事万物及其相互之间的关系进行机器可读的描述，使互联网进化为一个富含语义的、互联互通的知识海洋，从而使任何人都能够借助整个互联网的计算设施和运算能力，在更大范围内准确、高效、可靠地查找、分享、利用这些相互关联的信息和知识。

从技术上看，关联数据是在万维网上发布任何"资源"的一种方式。语义万维网将资源定义为"任何有 URI 标识的东西"，分为信息资源和非信息资源两类，信息资源用以表达任何信息，通常以某种编码的文件形式而存在；非信息资源用以指代大千世界中的各类实体对象，可以是自然界、人类社会以及人类意识所创造的精神世界（概念、观念、抽象实体等）的所有对象。

关联数据通过 HTTP URI 方式表示和存取"资源"。如果这个资源是信息资源，则可以直接通过传统的 Web 方式获取；如果是非信息资源，则链接到一个以 RDF/XML 编码的、用以指代该"非信息资源"的数据文件。这个 RDF/XML 编码的文件包含了关于这个"非信息资源"的元数据描述和与其他相关实体对象的关联关系描述。

关联数据的 URI 除了能够在万维网范围内唯一标识资源对象，还能起到定位的作用，从而能够用以"关联"数据。具体的关联是依靠 RDF 文件中的大量资源链接来实现的，这些链接不仅决定了数据的语义，也通过"属性"而关联到其所能链接到的、大量的相关资源实体（刘炜，2011）。

Tim Berners-Lee 为关联数据总结了四个原则，很好地概括了上述关联数据的诸多特性。

（1）使用 URI 作为任何事物的标识名称，不仅是标识文档。

（2）使用 HTTP URI，使任何人都可以参引（dereference）这一全局唯一的名称。

（3）当有人访问名称时，以 RDF 形式提供有用的信息。

（4）尽可能提供链接，指向其他的 URI，以使人们发现更多的相关信息。

总的来说，关联数据并非新的数据，而是数据的一种新的展示方式，其价值在于通过 RDF 数据模型，将网络中的非结构化数据和采用不同标准的结构化数据转换成遵循统一标准的结构化数据，以便机器理解（刘炜等，2013）。关联数据可以看成语义万维网的一种简化实现，是一种语义信息的编码、发布和利用方式。

二、关联数据的技术实现

从关联数据技术实现的角度看，发布和消费是构建关联数据平台和实施关联数据应用应该考虑到的两个重要方面。关联数据的发布是消费的基础，而关联数据的消费是发布的目的。

（一）关联数据的发布技术

关联数据的发布大致包括四个步骤：用 RDF 数据模型描述要发布的数据资源，为其生成 HTTP URI，并生成资源的 RDF 描述文档；在数据与数据之间建立 RDF 链接；在 Web 上发布 RDF 文档（夏翠娟等，2012）；提供一个数据消费的访问接口，如批量下载、SPARQL 端点、Restful WebService 接口等。

根据数据量的大小、数据的更新频率、数据的存储方式和访问方式的不同，一般可考虑采用以下几种方式来发布关联数据：①发布静态的 RDF 文件，适用于数据量很小的情况；②将 RDF 文件存储在 RDF 数据库中，并采用 Drupal、Pubby 等服务器作为关联数据服务的前端，适用于数据量大的情况；③在请求数据时根据原始数据在线生成 RDF 数据，适用于更新频率大的情况；④D2R 方式，即从关系数据库到 RDF 数据转换，适用于将关系数据库存储的数据内容发布成关联数据。

关联数据发布需遵循一定的规范，以利于数据的开放共享。关联数据四原则是规范之一，此外，Tim Berners-Lee 在 2010 年提出开放数据开放程度评价五星模型，也是重要的规范之一。五星模型从数据使用的角度提出了数据开放的等级[①]。

一星：在某一开放协议下使数据上网（任意格式）。

二星：使数据成为结构化的数据（例如，以 Excel 表格代替表格的扫描图片）。

三星：使数据成为非专有的开放格式（例如，以逗号分隔值（comma-separated values，CSV）格式代替 Excel）。

四星：利用 URI 标识事物，以便于对其进行定位。

五星：建立数据与其他数据的关联，提供情境信息。

（二）关联数据的消费技术

随着 Web 上关联数据的日益增多，如何利用这些关联数据成为一个重要问题，关联数据的消费所关注的即是前述问题。自 2010 年起，关联数据的消费（Consuming Linked Data，CoLD）作为国际语义网大会（International Semantic Web Conference，ISWC）的一个专题会议设置，主要关注关联数据消费工具和平台的原理、功能及使用方法。关联数据的消费方式可以分为通用的方式和面向领域的方式。通用的方式包括浏览和检索，

① https://5stardata.info/en.

浏览方式指基于语义浏览器对数据进行浏览，如基于 Disco、Tabulator、Marbles 等语义浏览器进行浏览。检索方式指基于语义搜索引擎进行检索，如基于 SWSE、Swoogle、Falcons、Sig.ma 等语义搜索引擎进行检索。语义浏览器的关联数据消费者一般是人而非机器，语义搜索引擎的消费者既可以是人，也可以是机器。面向领域的方式则取决于不同领域数据源提供的消费接口，其消费方式相对更为多元。

关联数据的消费技术主要涉及关联数据的访问、获取、发现、查询、交换、传输、处理和利用等消费过程中所相关的各类实现方式、技术标准及工具平台（夏翠娟和刘炜，2013）。

1. 数据的访问和获取

1）直接访问和获取

对关联数据的一种简单直接的访问和获取方式是根据关联数据的四原则，直接访问资源对象的 URI 获取关于资源对象的信息。关联数据建立在 Web 技术之上，Web 技术主要包括 HTTP、URL（URI 的子类）和 HTML 等基础技术。关联数据对前述三个技术做了进一步的限定和扩展，用 URI 同时解决命名和定位问题。每一个资源对象都有全球唯一的 HTTP URI，该 URI 是可以参引的，即可通过访问资源对象的 URI 来获取关于这个资源对象的信息，这些信息可以是一个 HTML 页面，也可以是基于某种序列化格式的 RDF 数据。

对于来自客户端对资源对象的参引请求，均采用 HTTP 中的内容协商机制。内容协商机制可以根据客户端请求的类型（一般在 HTTP Header 中指定）返回相应格式的数据。如果请求来自普通浏览器（HTTP Header 包含 text/html 请求，其他多用途互联网邮件扩展（multipurpose Internet mail extensions，MIME）文件类型，如图像文件、音视频文件等，可归入此类），服务器会自动返回 HTML 数据。如果请求来自语义浏览器（HTTP Header 包含 application/rdf+xml 请求），则返回 RDF 数据。具体的内容协商机制，可以通过两种方式实现。

（1）采用 HTTP 的 303 指令重定向功能。面对客户端对资源对象 URI 的参引请求，服务器发送一个 303 See Other 给客户端，再由客户端根据重定向规则发送请求，根据客户端是 HTML 浏览器还是支持 RDF 的浏览器，决定 HTTP Header 请求何种类型的文件。

（2）采用带“#”（hash）的 URI 方式。例如，“http://linkeddata.openlinksw.com/about/Berlin#this”是一个带“#”的 URI，该 URI“#”前面的部分用于浏览器解析定位，带“#”的部分连同该符号，用来标识资源对象，同时具有类似于重定向的功能，允许支持 RDF 的浏览器参引到信息资源文件所在的位置。

2）通过消费接口访问和获取

对关联数据的访问和获取，还可以通过数据集或语义搜索引擎提供的消费接口，包括 SPARQL 端点、Restful WebService 接口、OpenSearch/SRU、各种客户端开发库、专用 API 等。

（1）SPARQL 端点。SPARQL 是为 RDF 开发的一种查询语言和数据获取协议，2008 年 1 月，作为 W3C 的标准发布。SPARQL 为 RDF 数据定义了一种查询语言，数据以 RDF

形式存储或通过中间件以 RDF 形式显示，均可以用 SPARQL 表示查询。

SPARQL 端点（SPARQL endpoint）是一种接收 SPARQL 查询并返回 SPARQL 结果集的服务。W3C 在《发布关联数据的最佳实践》中指出[①]，对于数据集的提供者而言，提供 SPARQL 端点的 URL 以便利于通过程序或 Web 界面访问该数据集是最佳实践。目前，大部分关联数据集如 DBpedia、nature.com、BBC 等都提供这种消费接口，大部分关联数据发布工具和平台如 Drupal、D2RServer、Pubby 等均提供 SPARQL 端点的技术支持。SPARQL 端点既可以提供 Web 界面用于人的浏览，也提供机器访问和获取数据的接口。人可以通过普通浏览器访问关联数据集合的 SPARQL 端点网址，输入并编辑 SPARQL 查询语言，选择所需的数据编码格式，单击按钮就可以获得结果的 RDF 数据。机器访问 SPARQL 端点，通常需要借助处理 SPARQL 查询的客户端开发库（如 Jena 的 ARQ）。图 8-4 所示为 Virtuoso 的 SPARQL 查询窗口。

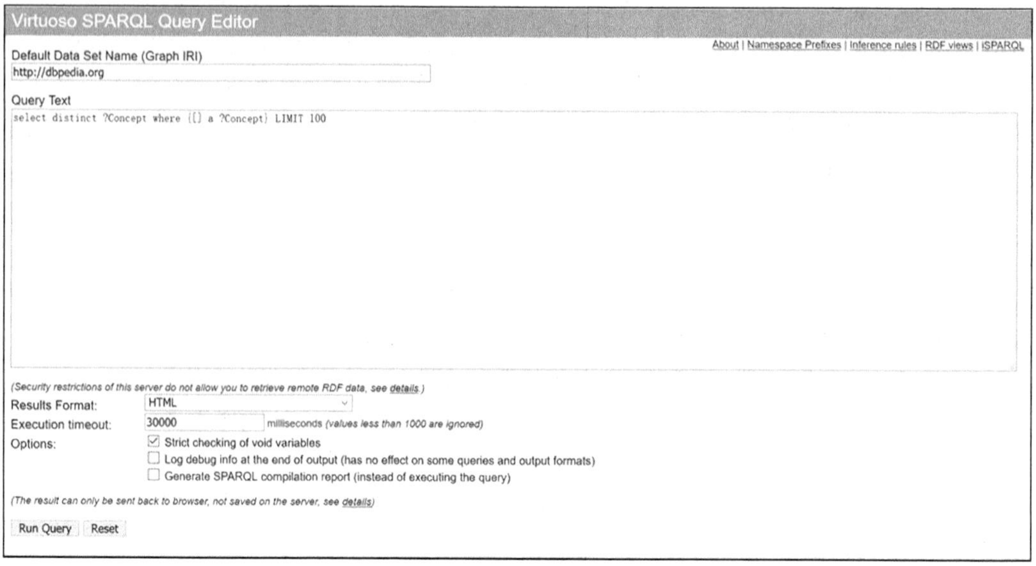

图8-4 Virtuoso的SPARQL查询窗口

（2）Restful WebService 接口。Restful WebService 是一种轻量级的 WebService，利用 URI、HTTP 等通用的 Web 标准技术，对数据进行读取、写入、修改、删除等操作，许多数据集、语义搜索引擎、关联数据平台都提供这一形式的数据消费接口，如 Freebase、Swoogle、Tailis 平台等都提供了 Restful WebService 的消费接口。

通过 Restful WebService 访问和获取关联数据的基本方式是数据消费方直接访问某一资源对象的 URI，通过内容协商机制，获取该资源对象某种指定编码格式的 RDF 描述。更为复杂的 Restful WebService 利用 URL 传递事先定义的参数或专用的结构化检索语言向服务器发送数据查询或处理请求，服务器返回既定或由客户端指定的内容和格式。

（3）其他方式。SPARQL 端点和 Restful WebService 是较为流行的两种访问和获取关联数据的消费方式。除此以外，还可以通过 OpenSearch/SRU、专用 WebService 接口、

① https://www.w3.org/TR/ld-bp/#bib-sparql11-overview.

专用 API、专用客户端开发包等方式访问和获取。同时，很多关联数据集合提供批量下载功能，可以将数据集下载到本地存储，以便进一步开发利用。

2. 数据的发现

数据发现机制是数据发布者和消费者之间的桥梁，当越来越多的关联数据集在 Web 上发布时，就需要引入和建立这种机制。例如，可以建立关联数据集的注册机构或公开目录，提供关于数据集的描述，即数据集的元数据。

数据集的元数据有助于数据的发现，特别是机器的自动发现。VoID（vocabulary of interlinked datasets）是关于 RDF 数据集的元数据方案，是一个 RDF 词表，提供了描述 RDF 数据集的术语和模式。VoID 包括四个方面的元数据：一般元数据，遵循 DC 的模式；访问元数据，描述如何通过多种协议访问 RDF 数据；结构性元数据，描述数据集的结构和模式，对于查询和数据整合等任务是有用的；数据集间链接的描述，对于理解多个数据集间链接的方式以整合利用是有帮助的。

3. 数据的查询

RDF 数据是三元组的集合，描述某个资源的一个或多个三元组称为一个 RDF 图（RDF graph）。对 RDF 图中的数据单元进行查询和处理，需要借助专门的查询语言。前面所论及的 SPARQL 是目前主要的查询语言。SPARQL 查询通过定义匹配三元组的 RDF 图模式，实现对 RDF 库中三元组的查询。

一个简单的 SPARQL 查询如下例所示[①]：

数据

```
<http://example.org/book/book1> <http://purl.org/dc/ele
ments/1.1/title>"SPARQL Tutorial".
```

查询

```
SELECT ?title
WHERE
{
  <http://example.org/book/book1>
<http://purl.org/dc/elements/1.1/title> ?title .
}
```

① https://www.w3.org/TR/rdf-sparql-query.

在上例中，数据部分是RDF库中的三元组，查询实现的是从给定数据集中查询一本书的作者。SELECT命令标识了查询的变量，WHERE则给出了用以匹配数据集图模式的基本模式。

更复杂的查询如下例所示[①]：

数据

```
@prefix foaf:  <http://xmlns.com/foaf/0.1/> .
_:a  foaf:name   "Johnny Lee Outlaw" .
_:a  foaf:mbox   <mailto:jlow@example.com> .
_:b  foaf:name   "Peter Goodguy" .
_:b  foaf:mbox   <mailto:peter@example.org> .
_:c  foaf:mbox   <mailto:carol@example.org> .
```

查询

```
PREFIX foaf:   <http://xmlns.com/foaf/0.1/>
SELECT ?name ?mbox
WHERE
  { ?x foaf:name ?name .
    ?x foaf:mbox ?mbox }
```

前例的查询结果如下：

name	mbox
"Johnny Lee Outlaw"	<mailto:jlow@example.com>
"Peter Goodguy"	<mailto:peter@example.org>

SPARQL的查询结果也是URI，通过结果URI，可以链接到Web上的任何数据，突破了关系数据库查询语言一次只能在单个数据查询的局限。同时，基于SPARQL语义和数据获取协议的SPARQL端点，为查询关联数据提供了标准化的接口，可供人机检索。此外，还出现了基于多个SPARQL端点的联邦SPARQL检索引擎，可以实现多个数据源的数据整合。

在SPARQL查询语言以外，还有一些非标准的RDF查询语言，如Freebase的查询语言MQL（metaquotes language）、Sindice的Sindice Query Language等。

① https://www.w3.org/TR/rdf-sparql-query.

4. 数据的序列化

RDF 只是一种抽象的数据模型，而不是一种具体的数据格式，使 RDF 数据成为机器可读的数据，以便于存储和传输，即是 RDF 的序列化（serialization）。目前 RDF 序列化的方式主要有 RDF/XML、RDFa（the resource description framework in attributes）、Turtle（the terse RDF triple language）、N-Triples、JSON-LD（JavaScript object notation for linked data）等几种。其中，RDF/XML 和 RDFa 是 W3C 的推荐标准，其他序列化格式则是为满足不同的具体需求设计的。

RDF/XML 是用 XML 格式来表示 RDF 数据，XML 技术比较成熟，有许多现成的工具来存储和解析 XML，基于 XML 编码的 RDF 可以实现不同应用领域之间的互操作，但 XML 的格式太冗长，也不便于阅读。RDFa 是 HTML5 的一个扩展，在不改变任何显示效果的情况下，让网站构建者能够在页面中标记实体，如人物、地点、时间、评论等。RDFa 将 RDF 三元组嵌入 HTML 文档之中，适用于能方便修改 HTML 文档模板但难以介入系统体系架构的应用，这种序列化方式的不足是对内容协商机制的支持能力较弱。

Turtle 是一种纯文本的 RDF 序列化格式，以一种紧凑的、纯文本形式描述 RDF 图，Turtle 关于三元组的语法是 SPARQL 查询语言的子集。Turtle 较适用于人的理解。N-Triples 用多个三元组来表示 RDF 数据集，是最直观的表示方法。在文件中，每一行表示一个三元组，方便机器解析和处理，但文件相对较大。JSON-LD 是一种基于 JSON 的 RDF 序列化格式。JSON 是一种轻量级的数据交换格式，适合于服务器与 JavaScript 之间交换数据。JSON-LD 描述了如何通过 JSON 表示 RDF 图。将 RDF 数据发布成 JSON 格式可使程序开发员无须安装额外的开发包就能处理 RDF 数据。

5. 数据的处理和利用

数据的处理和利用是关联数据消费的最终环节。消费端对关联数据的利用主要包括：①为本地数据建立外部关联，如西班牙国家图书馆的关联书目数据，利用 owl: sameA 和 rdfs: seeAlso 分别关联到 DBpedia 和美国国会图书馆的虚拟国际规范档（Viaf）；②基于关联数据构建 Mashup 服务，关联数据很好地描述了数据的结构信息，在数据层就建立了链接机制，可以通过 URI 来确保机器能够自动链接各种数据，为信息聚合的智能化、自动化提供了基础，利用关联数据构建 Mashup 聚合服务的项目主要有 Bio2RDF 系统、Paggr 系统、SensorMasher 平台、Revyu 等（黄永文，2010）；③基于语义挖掘和推理的知识发现，在数据关联的基础上发现新的知识，这是关联数据消费的主要价值所在，如 Researcher Map 是一个基于 FOAF（friend-of-a-friend）的关联数据应用，通过 DBpedia 与数据库系统和逻辑编程（database systems and logic programming，DBLP）关联数据集中的 RDFLinks 发现有关教授的个人信息。

在数据处理和利用的过程中，要对数据查询结果提取和重组、分析和计算，需要基于一些已有的标准规范，也需要一些开发包来支持。规范层面，RDF/XML、SPARQL、OWL 等较成熟的规范都可以提供利用。开发包层面，许多编程语言都提供了处理 RDF 数据的开发包，如 Java 的 Jena、PHP 的 RAP 等，这些开发包支持 SPARQL 协议向 SPARQL 端点发起 SPARQL 查询、处理查询结果、读写序列化的 RDF 数据文件、操作原生 RDF

数据库等。

此外，数据处理过程中，通常会设计不同本体或词表间的映射，R2R 词表映射框架可以帮助关联数据应用在 Web 上发现未知的术语及术语间的映射，并利用这些映射将 Web 上的数据转换到应用的宿主词表，有助于发现异构数据之间的关系。MashQL 是一种用于查询和混聚 Web 上结构化数据的查询构建语言，这一语言并不要求用户了解所查询数据的结构，也不要求数据遵循统一的模式，提供了另一种整合数据的思路。

三、关联数据的应用

关联数据的概念提出以来，吸引了广泛的关注。从 2008 年起，历届互联网年度大会（WWW Conference）都举办了关于 LDOW（linked data on the Web）的专门会议。在国际语义网大会、基于语义技术的数据整合大会（Data Integration through Semantic Technology，DIST）也经常会有相关的专门会议。

2007 年，关联开放数据（linking open data，LOD）项目启动，该项目是开放数据运动（open data movement）在关联数据上的延续，旨在将 Web 上的开放数据源如 Wikipedia、GeoNames、MusicBrainz、WordNet、DBLP Bibliography 等以 RDF 的方式发布出来，同时生成数据源之间的 RDF 链接，以供关联数据浏览器、搜索引擎以及更高级的应用程序使用（沈志宏和张晓林，2010）。2007 年项目伊始时，仅有 12 个数据集，截止到 2019 年 3 月，在 LOD 上发布的数据已经达到 1200 多个，包括 16 000 多个链接，涉及生物医学、政府数据、数学、气象、水文、旅游、图书馆等众多领域。LOD 云图局部如图 8-5 所示。

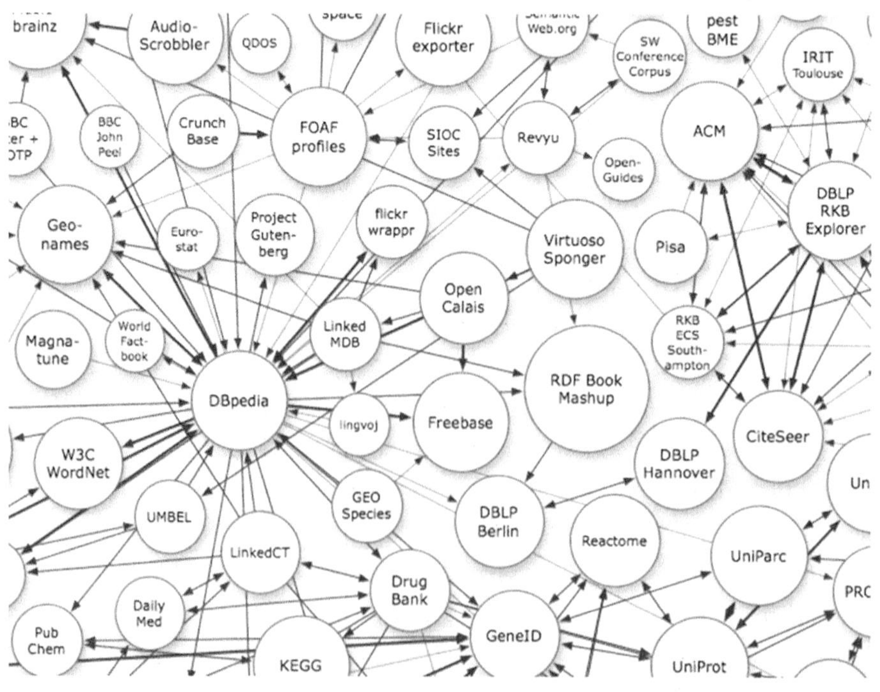

图8-5 LOD云图局部

资料来源：https://lod-cloud.net.

LOD 收录了众多著名的数据集。DBpedia 从维基百科中提取结构化的片段，是关联数据化的维基百科[①]。Bio2RDF 包括 27 个生物、基因与医疗数据集。DBLP Berlin 是计算机科学论文与作者编目的数据集，包括 80 万篇文章，涉及 40 万作者。DrugBank 包括 5000 个美国 FDA 批准的小分子和生物技术药物。FOAF 是一种 XML/RDF 词汇表，以计算机可读的形式描述网页上与人相关的术语[②]。GeoNames 是一个地名数据库，包含上亿条地名数据[③]。MusicBrainz 是一个开放的音乐百科全书，收集音乐的元数据[④]。

关联数据在政府和企业均有应用。政府领域，英国的 data. gov. uk 和美国的 Data. gov 已经尝试将数据发布为关联数据。企业领域，英国广播公司（BBC）、纽约时报、路透社、百思买等都进行了关联数据的发布。以 BBC 为例，BBC 利用关联数据技术，给每个节目都建立了自己专属的网页和静态地址（CoolURL），每个知识单元都有自己的结构化描述和永久地址，每个网页都可以由所有这些知识单元根据模板自动生成。BBC 同时以同样的方法建立了艺术家、播出节目、各音轨、Labels 的完整资料。关联数据技术的应用，增强了 BBC 网站和数据的可用性，优化了搜索引擎的查询效率，使用户体验得到提升。

在图书馆领域，自从 2008 年瑞典国家图书馆首家以关联数据的形式发布了 LIBRIS 国家书目，并将其中的数据与 DBpedia 相关联之后，越来越多的机构将其书目数据发布为关联数据，如美国国会图书馆、英国大英图书馆、法国国家图书馆、德国国家图书馆等。IFLA 于 2010 年 6 月发布了《关联数据与图书馆》的专题报告，探讨了关联数据对于图书馆的意义和应用前景。W3C 专门成立了图书馆关联数据孵化小组（Library Linked Data Incubator Group），该小组旨在充分挖掘现有图书馆领域的相关专业知识，重新定义需求、编制指南、开发新的标准，鼓励图书馆界将它们的各类数据和规范文档以关联数据的形式发布到互联网上，提高图书馆数据在万维网上的互操作性，使图书馆行业成为万维网上最重要的语义数据提供者，并探索和寻求与其他相关领域的数据和应用进行协同的可能性（刘炜，2011）。

第四节 KOS 和 SKOS

一、KOS 与 NKOS

KOS 最初指知识组织系统（knowledge organization system），是各种对人类知识结构进行表达和有组织地阐述的语义工具（semantic tools）的统称，包括传统图书馆建立在文献单元基础上的分类法、标题表、叙词表以及更泛指的情报检索语言、标引语言，也包括网络时代建立在概念单元或知识单元基础上的概念地图（concept maps）、语义网（semantic networks）、概念本体（ontologies）等。后期随着研究与应用的发展，在 KOS

① http://dbpedia.org.

② http://www.foaf-project.org.

③ http://www.geonames.org.

④ https://musicbrainz.org.

的概念中加入了 service 这一内涵，即 knowledge organization system/service，使概念内涵更加丰富和广泛，也突出了知识组织在服务中的重要作用。

KOS 可以分为三种主要类型。

（1）系统分类和大致分组的模式，具体包括以下几种。

①大致分组归类的类表（categorization schemes），十分松散的结构，可以是任何分组归类用的大纲。

②系统分类的分类表(classification schemes),类表中将用于表达泛指主题的类号(数字或字母型) 按照等级或分面形式排列。

③标题表(subject headings): 提供一系列用以表达一个馆藏中各文献主题的受控词，以及一套将标题组配成复合标题的规则。

④知识分类表 (taxonomy): 根据事物的某种特征将事物分成有序的类组，如生物分类学的严格分类体系。

（2）元数据式的系统模式，具体包括以下几种。

①指南（directories）：名称及相关信息的列表。

②地名辞典（gazetteer）：含有名称和类型划分的有关地点的地理参考辞典，辞典中将地理位置词间的相互关系通过地理表达方式以及明确的关系类型来表示。地名辞典可以扩展到包括事件（如飓风）和有命名的时间阶段，在第二种情况下地理参考数据变成时间跨度。

（3）关系模式，具体包括以下几种。

①本体（ontology）：用以表述十分复杂的事物间的相互关系的特定概念模型。

②语义网络（semantic Web）：表达概念的词汇集，按照在复杂多变的关系网络中的节点的模式建造。

③叙词表（thesaurus）：表达概念及其等同、等级、相关关系的词汇集。

（4）词汇单，具体包括以下几种。

①规范文档（authority files）：用于控制用于同一人或事物的不同名称。

②字典（dictionary）：按字母顺序排列的词单，提供词的定义，其中包括对每个词的各种词性的解释。

③术语表（glossaries）：按顺序排列的词汇，通常带有定义。

也有学者将 KOS 的主要类型整理为如图 8-6 所示。

随着网络环境的形成和发展，网络信息资源的组织问题逐渐成为重要的研究课题。NKOS 即网络知识组织系统/服务/结构（networked knowledge organization systems/services/structures），致力于讨论使 KOS 能够作为支持网络信息资源描述与检索的网络交互信息服务的功能模型和数据模型[①]。NKOS 是指应用于网络环境的，用于支持网络信息与知识的表示与检索等活动的知识组织系统（王军和张丽，2008）。NKOS 的出现是网络环境发展的必然需求，一方面随着人类信息活动由纸制环境向电子环境转移，传统 KOS 的数字化、网络化势在必行；另一方面网络信息资源的特点对其组织提出挑战，需要

① https://nkos.slis.kent.edu.

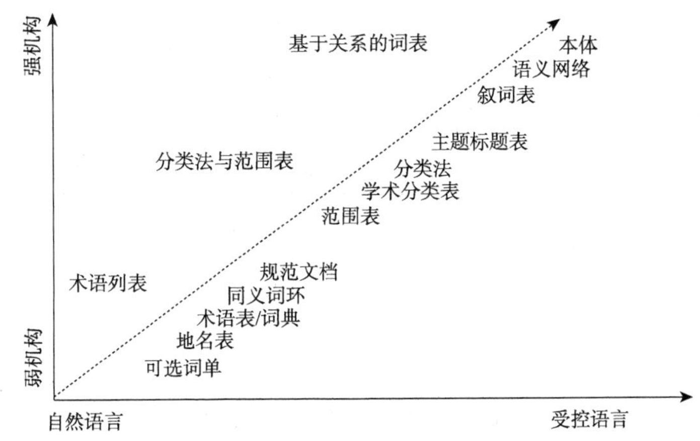

图8-6 KOS的主要类型（陶俊，2018）

资料来源：陶俊. 词表语义组织研究的演进（1998－2018）[J]. 图书情报工作，2018，62（21）：140-148.

发展和拓展传统 KOS，进而出现 NKOS。NKOS 是传统 KOS 的重要组成部分与分支，NKOS 也超越了传统的 KOS，是其未来发展方向之一（王一丁和王军，2007），一些重要的国际会议成立了 NKOS 的专门工作组，如国际数字图书馆联合会议、欧洲数字图书馆会议、都柏林核心与元数据应用国际会议等（司莉和舒欣，2008）。

目前已有为数众多的 KOS，为了更好地管理和共享这些成果，一些机构或组织开展了 KOS 注册服务。BARTOC（the basel register of thesauri，ontologies & classifications）是由瑞士巴塞尔大学图书馆开发的一个 KOS 注册数据库，目的在于提供众多 KOS 的一站式显示，以提高 KOS 的可见性、可比性并促进知识的共享。BARTOC 数据库中包含多种语言、多种出版形式、多个领域以及多种类型的 KOS①。NCBO（National Center for Biomedical Ontology）是由美国国立卫生研究院支持创建的生物医学计算国家中心之一，BioPortal 是该中心维护的门户，是世界上最为综合性的生物医学本体知识库，提供生物医学本体的访问与获取服务②。

各种类型的 KOS 已不断嵌入 Web 服务中用以支持资源的发现与检索。不同的机构、服务和应用需要以传递、交换、转换、作为中介、迁移、整合等多种形式来交流 KOS 的相关数据，如 KOS 的数据模型、类型、协议、状态、责任主体、可用格式、易感性（affectivity）和其他描述数据。这就产生了 KOS 元数据的需求。KOS 的元数据可以用于描述特定 KOS 的特性，辅助 KOS 资源的发现，辅助面向特定应用的 KOS 评价，以及辅助 KOS 资源的共享、重用以及协作。为满足这一需求，DCMI/NKOS 任务工作组开发了一个用于 KOS 资源的都柏林核心应用纲要（NKOS Dublin core application profile，NKOS AP）。NKOS AP 界定了 RDF 类和属性的集合，可以视为一种描述 KOS 资源的元数据模式。2015 年，NKOS AP 推出第二版，主要的类和属性如表 8-3 所示。

① http://bartoc.org.

② http://bioportal.bioontology.org.

表 8-3 NKOS AP 主要的类和属性

类	dct:Agent , dct:AgentClass , adms:Asset , frbrer:Expression , dct:LinguisticSystem , frbrer:Manifestation , dct:MediaTypeOrExtent, dct:RightsStatement , frsad:Thema , frbrer:Work
NKOS 定义的属性	nkos:alignedWith, nkos:basedOn, nkos:serviceOffered, nkos:sizeNote, nkos:updateFrequency, nkos:usedBy
复用的类	dct:audience, dcat:contactPoint, dct:created, dct:creator, wdrs:describedBy, dct:description, dct:format, dct:identifier, frbrer:isEmbodimentOf, dct:isPartOf, frbrer:isRealizationOf, dct:issued, dct:language, dct:modified, dct:publisher, dct:relation, dct:rights, adms:sample, dct:subject, dct: title, dct:type, prov:wasDerivedFrom

资料来源：https://nkos.slis.kent.edu/nkos-ap.html.

二、SKOS 概述

NKOS 的表示是 NKOS 体现其价值与作用的基础，如果无法以恰当的方式表达 NKOS，就无法对其进行有效的利用。根据基础不同，现有 NKOS 表示语言可以分为基于 HTML 的和基于 XML 的，基于 HTML 的表示方式主要产生于网络环境的早期，后期的表示主要是基于 XML 的方式。基于 XML 的表示方式又可以分为基于简单 XML 的表示方式、基于 RDF（S）的表示方式和基于 OWL 的表示方式等。基于简单 XML 的表示方式是采用 XML 语言自身的功能表示 NKOS。RDF 是 Web 资源描述和携带元数据的理想语言，但其仅提供初级的语义关系表达，无法描述更精确的语义关系。OWL 扩展了语义的描述能力，能够定义复杂的概念结构，但其过于苛求的逻辑精确要求、需要专家参与和过高的成本，使其应用的难度较高。因此，需要一种简单可行的标准描述方案用以描述知识组织系统。SKOS 即是在这一背景下发展起来的。

SKOS 源于语义网高级开发欧洲项目，2004 年开始就得到了万维网联盟语义网最佳实践与部署工作组的持续推进，2008~2009 年，W3C 根据征求意见多次补充更新，形成公共工作草案 SKOS Reference、SKOS Primer 及其指南。目前，SKOS 已成为 W3C 的推荐标准。

SKOS 可以视为一种知识组织系统的一般数据模型，可用于 Web 上知识组织系统的共享和连接。SKOS 数据模型为知识组织系统向语义网络的转换提供了一种标准化、低成本的迁移路径，也为开发和共享知识组织系统提供了一种轻量级、创新性的语言（刘磊等，2015）。利用 SKOS，知识组织系统可以表示为机器可读的数据，进而可以在计算机应用之间交换以及以机器可读的形式在 Web 上发布。SKOS 的目的并不是要取代原有使用情境中的概念化的词汇，而是基于一种简化的模型将其转换到一个可共享的空间，进而支持重用和互操作。

SKOS 的数据模型将知识组织系统视为一种概念框架（concept scheme），该框架由一个概念的集合构成。SKOS 的概念框架和概念均可以通过 URI 标识，任何人在任何情境下都可以明确地进行引用，也使其成为 Web 的一部分。SKOS 数据以 RDF 三元组表示，并可以用任何一种具体的 RDF 语法（如 RDF/XML 或 Turtle）进行编码。

SKOS 包括三个主要部分：SKOS Core、SKOS Mapping 和 SKOS Extension，SKOS Mapping 用于概念框架之间的映射，SKOS Extension 用于辅助 SKOS 的特定应用，SKOS Core 发展最为成熟，W3C 已制定相应的工作草案①。

① http://www.w3.org/TR/2005/WD-swbp-skos-core-guide-20051102.

SKOS Core 提供了表达概念框架基本结构和内容的模型。SKOS Core 词汇是 RDF 的一种应用，包括一系列 RDF 类和属性，可以用来以 RDF 图的形式表示概念框架。例如：

```
Term: Economic cooperation
Used For:
   Economic co-operation
Broader terms:
   Economic policy
Narrower terms:
   Economic integration
   European economic cooperation
   European industrial cooperation
   Industrial cooperation
Related terms:
   Interdependence
```

上例为《英国档案叙词表》(UK Archival Thesaurus，UKAT）的一部分，可以采用 SKOS Core 词汇表示为 RDF 图的形式，图中每一个节点，代表了 UKAT 中的一个概念，如图 8-7 所示。

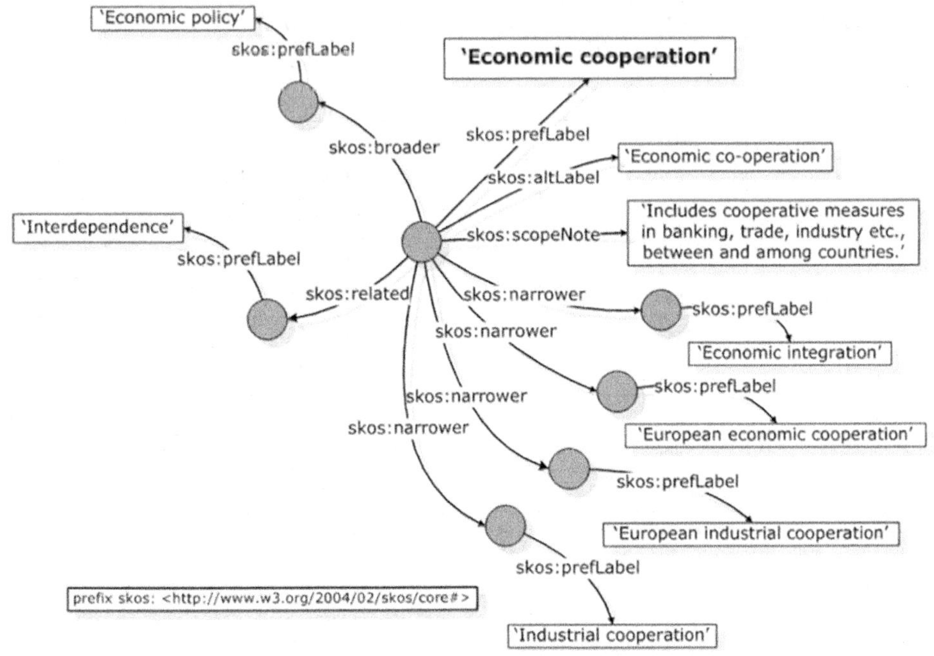

图8-7　SKOS Core表示的RDF图示例

资料来源：https://www.w3.org/TR/swbp-skos-core-guide.

SKOS Core 中主要的类和属性如表 8-4 所示。

表 8-4 SKOS Core 中主要的类和属性

名称	性质	定义
Concept	类	一种抽象的想法或观念；思想单位
ConceptScheme	类	一套概念，可能包含概念间语义关系的声明
Collection	类	概念的有意义的集合
OrderedCollection	类	概念的有序集合，集合分组和排序都是有意义的
CollectableProperty	类	可与 skos:Collection 一起使用的一种属性
altLabel	属性	某一资源可供选择的语词标注
altSymbol	属性	某一资源可供选择的符号标注
hiddenLabel	属性	在生成资源的可视化显示时需要被隐藏的资源的语词标注，但对于自由文本查询操作仍是可及的
prefLabel	属性	特定语言中，某一资源首选的语词标注
prefSymbol	属性	某一资源首选的符号标注
symbol	属性	某一图像是特定资源的符号标注
definition	属性	概念含义的陈述或正式解释
example	属性	概念使用方法的例子
inScheme	属性	概念包含于某一概念框架中
broader	属性	上位概念
narrower	属性	下位概念
hasTopConcept	属性	概念框架中的顶层概念
member	属性	某一集合的成员
memberList	属性	包含有序集合成员的 RDF 列表
related	属性	与某一概念有语义关系
semanticRelation	属性	由含义关联的概念
isPrimarySubjectOf	属性	概念是某一资源的主要主题
isSubjectOf	属性	概念是某一资源的主题之一
primarySubject	属性	特定资源的主要主题是某一概念
subject	属性	特定资源的主题是某一概念
subjectIndicator	属性	某一概念的主题标识符
note	属性	一般的注释，可用于任何目的
scopeNote	属性	用于阐明概念含义的注释
changeNote	属性	关于概念修改的注释
historyNote	属性	某一概念过去状态、含义、使用的注释
editorialNote	属性	面向概念的编辑者、翻译者或维护人员的注释

资料来源：基于 https://www.w3.org/TR/2005/WD-swbp-skos-core-spec-20051102/整理.

SKOS Core 词汇在使用时需要添加前缀 skos，如下例所示（示例以 Turtle 编码）。

【例 8-1】

```
<MyConcept> rdf:type skos:Concept.
```

【例 8-2】

```
<MyScheme> rdf:type skos:ConceptScheme;
skos:hasTopConcept <MyConcept>.
<MyConcept> skos:topConceptOf <MyScheme>.
<AnotherConcept> skos:inScheme <MyScheme>.
```

例 8-1 说明 MyConcept 是一个 SKOS 概念。例 8-2 中描述了概念框架 MyScheme，其顶层概念是 MyConcept，此外还包含 AnotherConcept①。

在 SKOS 提出以来，一些机构和组织开展了相应的实践工作。*SKOS Implementation Report* 总结了向语义网部署工作组报告的与 SKOS 相关的实施经验②。与 SKOS 相关的实践大致可以分为词汇、服务和应用三类。UMBEL（upper mapping and binding exchange layer）、STW Thesaurus for Economics、Astronomy Thesauri、Decimalised Database of Concepts 等词汇表以 SKOS 词汇为核心开展了转换实践。UMBEL Web Services 是基于 SKOS 的软件，可以读写 SKOS 数据。ScOT（schools online thesaurus）是一个受控词汇表，基于 SKOS 进行了转化，相应的 Web 服务可提供 SKOS 数据的查询服务。SKOS Editor 是一个基于 SKOS 的应用，提供应用程序接口，支持多种格式 SKOS 数据的读写操作和 SKOS 数据的一致性检验。

三、SKOS 的应用

SKOS 描述作为表示知识组织系统的标准规范，可将叙词表、分类表、标题表等各种传统的知识组织系统以 RDF 方式描述，使之具有"机器可读"能力，为语义网环境下的知识组织提供描述和转化机制，解决数据资源间的语义互操作问题。SKOS 发布以来，研究人员从不同角度开展了叙词表、分类法、主题词表等的 SKOS 转化研究。

荷兰视听档案通用词汇表、MeSH、LCSH、艺术与建筑叙词表、多语种农业叙词表以及普通多语种环境叙词表等都进行了 SKOS 描述转化。在分类表描述转换中，《杜威十进制分类法》的转换是较有代表性的。2009 年，《杜威十进制分类法》以 SKOS 格式发布，OCLC 提供了前三级类号数据的开放下载。我国的《中图法》《科图法》《中分法》等的 SKOS 表示与转换问题也积累了一定成果和经验（何琳和杜慧平，2011）。

传统知识组织系统的 SKOS 化基本分为 3 个步骤。

（1）确定概念体系，利用 SKOS 核心词汇表完整地表达出知识组织系统的概念体系。通过 skos:ConceptScheme 和 skos:has-TopConcept 对整个知识组织体系进行概括说明，对每个概念通过 skos:inScheme 声明其所属关系。

（2）定义概念，提取知识组织系统的概念、定义、注释、标签等关键项，利用 SKOS 中的类和属性标签分别对其进行语义描述。

（3）描述概念间关系，SKOS 定义了相应的属性标签来描述概念之间的语义关系，

---

① https://www.w3.org/TR/skos-reference.

② https://www.w3.org/2006/07/SWD/SKOS/reference/20090315/implementation.html.

例如，skos:broader、skos:narrower、skos:related 等（贾君枝和李衎，2020）。

第五节 知识图谱[①]

一、知识图谱的起源与发展

知识图谱始于 20 世纪 50 年代，至今大致分为三个发展阶段。

第一阶段（1955~1977 年）是知识图谱的起源阶段，在这一阶段中引文网络分析开始成为一种研究当代科学发展脉络的常用方法。1955 年，加菲尔德提出了将引文索引应用于检索文献的思想。1965 年，普赖斯在 *Networks of Scientific Papers* 一文中指出，引证网络——科学文献之间的引证关系，类似于当代科学发展的“地形图”，从此分析引文网络开始成为一种研究当代科学发展脉络的常用方法，进而形成了知识图谱的概念。

第二阶段（1977~2012 年）是知识图谱的发展阶段，语义网得到快速发展，“知识本体”的研究开始成为计算机科学的一个重要领域。1977 年，在第五届国际人工智能会议上，美国计算机科学家 B.A.Feigenbaum 首次提出知识工程的概念，知识工程是通过存储现存的知识来实现对用户的提问进行求解的系统，其中最典型和成功的知识工程的应用是基于规则的专家系统。1991 年，美国计算机专家 R.Niches 等提出了一种构建智能系统的新思想，该智能系统由两个部分组成，一个部分是知识本体（ontologies），另一部分是问题求解方法（problem solving methods，PSM），知识本体是知识库的核心，涉及特定领域共有的知识结构，是静态的知识；后者涉及在相应领域的推理知识，是动态的知识，PSM 使用知识本体中的静态知识进行动态推理。1998 年，万维网之父 Tim Berners-Lee 提出语义网，同时随着关联开放数据的规模激增，互联网上散落了越来越多的知识元数据。2002 年，机构知识库的概念被提出，知识表示和知识组织开始被深入研究，并广泛应用到各机构单位的资料整理工作中。知识图谱吸收了语义网、本体在知识组织和表达方面的理念，使知识更易于在计算机之间和计算机与人之间交换、流通和加工。

第三阶段（2012 年至今）是知识图谱繁荣阶段，2012 年谷歌提出 Google Knowledge Graph，知识图谱正式得名，谷歌通过知识图谱技术改善了搜索引擎性能。在人工智能的蓬勃发展下，知识图谱涉及的知识抽取、表示、融合、推理、问答等关键问题得到一定程度的解决和突破，知识图谱成为知识服务领域的一个新热点，受到国内外学者和工业界广泛关注。

二、知识图谱的定义

知识图谱以结构化的形式描述客观世界中的概念、实体及其关系，将互联网的信息表达成更接近人类认知世界的形式，提供了一种更好地组织、管理和理解互联网海量信息的能力。知识图谱给互联网语义搜索带来了活力，同时也在智能问答中显示出强大的

① 本节内容主要节选自《知识图谱标准化白皮书》（2019，中国电子技术标准化研究院），有删改和补充。

威力，已经成为互联网知识驱动的智能应用的基础设施。知识图谱与大数据和深度学习一起，成为推动互联网和人工智能发展的核心驱动力之一。

知识图谱不是一种新的知识表示方法，而是知识表示在工业界的大规模知识应用，它将互联网上可以识别的客观对象进行关联，以形成客观世界实体和实体关系的知识库，其本质上是一种语义网络，其中的节点代表实体（entity）或者概念（concept），边代表实体/概念之间的各种语义关系。知识图谱的架构，包括知识图谱自身的逻辑结构以及构建知识图谱所采用的技术（体系）架构。知识图谱的逻辑结构可分为模式层与数据层，模式层在数据层之上，是知识图谱的核心，模式层存储的是经过提炼的知识，通常采用本体库来管理知识图谱的模式层，借助本体库对公理、规则和约束条件的支持能力来规范实体、关系以及实体的类型和属性等对象之间的联系。数据层主要是由一系列的事实组成，而知识将以事实为单位进行存储。在知识图谱的数据层，知识以事实（fact）为单位存储在图数据库。如果以“实体－关系－实体”或者“实体－属性－属性值”三元组作为事实的基本表达方式，则存储在图数据库中的所有数据将构成庞大的实体关系网络，形成知识图谱。

三、知识图谱的主要技术

知识图谱的主要技术包括知识获取、知识表示、知识存储、知识融合、知识建模、知识计算、知识运维七个方面，通过面向结构化、半结构化和非结构化数据构建知识图谱，为不同领域的应用提供支持。

（一）知识获取

知识图谱中的知识来源于结构化、半结构化和非结构化的信息资源。通过知识抽取技术从这些不同结构和类型的数据中提取出计算机可理解和计算的结构化数据，以供进一步分析和利用。知识获取即是从不同来源、不同结构的数据中进行知识提取，形成结构化的知识并存入知识图谱中。

1. 知识抽取的问题

当前，知识获取主要针对文本数据进行，需要解决的抽取问题包括实体抽取、关系抽取、属性抽取和事件抽取。

（1）实体抽取。实体抽取也称为命名实体识别（named entity recognition，NER），是指从文本语料库中自动识别出专有名词（如机构名、地名、人名、时间等）或有意义的名词性短语。实体抽取的准确性直接影响知识获取的质量和效率，是知识图谱构建和知识获取的基础和关键。主要的方法包括基于规则的方法、规则和监督学习相结合的方法、半监督方法、远程监督方法以及海量数据的自学习方法等。

（2）关系抽取。关系抽取是利用多种技术自动从文本中发现命名实体之间的语义关系，将文本中的关系映射到实体关系三元组上。相较于实体抽取，关系抽取更加复杂，研究的难点主要体现在并非所有的关系都很明显，即关系表达的隐含性；实体关系不仅有二元，还有多元，即关系的复杂性；一种关系可能会有多种表述形式，即语言的多样性。

（3）属性抽取。属性主要是针对实体而言的，以实现对实体的完整描述，由于可以把实体的属性看作实体与属性值之间的一种名词性关系，所以属性抽取任务就可以转化为关系抽取任务。

（4）事件抽取。事件是发生在某个特定时间点或时间段、某个特定地域范围内，由一个或者多个角色参与的一个或者多个动作组成的事情或者状态的改变。目前已存在的知识资源（如维基百科等）所描述的实体及实体间的关联关系大多是静态的，事件能描述粒度更大的、动态的、结构化的知识，是现有知识资源的重要补充。

2. 知识获取的方式

知识获取作为构建知识图谱的第一步，通常有以下四种方式：众包法、爬虫、机器学习、专家法（杨玉基等，2018）。

（1）众包法：允许任何人创建、修改、查询的知识库，就是众包模式，百度百科、维基百科就是典型的例子。此类场景下知识库存储的不是大量的杂乱的文本，而是机器可读、具有一定结构的数据格式。现代通过众包法建立的知识图谱如Google和百度的知识图谱都已经包含超过千亿级别的三元组,阿里巴巴于2017年8月发布的仅包含核心商品数据的知识图谱也已经达到百亿级别。

（2）爬虫：网页开发者将网页中出现的实体、实体属性、关系按照某种规则做上标记，Google、百度等搜索引擎通过爬虫就能获取到这些数据，从而达到知识图谱的数据积累。当前不同语言的爬虫框架有不少，如Python的Scrapy、Java的WebMagic等，通过简单的配置即可完成爬虫的规则定义、爬取、清洗、去重、入库等操作，从而获取知识。

（3）机器学习：通过机器学习将数据变成可理解的知识，例如，通过文本分类、主题模型等机器学习模型，可以获取文本的特征，而这些特征就可以理解为知识。

（4）专家法：专家法通常用于垂直领域的工程实践，通过专家的经验，归纳总结后形成知识，例如，在知识图谱中的事件图谱通常是由专家的经验形成的。

现有对知识抽取的研究虽在特定领域数据集上取得了较好的效果，但远远满足不了实际任务的要求。因此，面向资源缺乏（标注资源缺乏）、面向开放域、跨语言及跨媒体等方向的知识抽取是未来的研究趋势。

（二）知识表示

知识表示是将现实世界中存在的知识转换成计算机可识别和处理的内容，是一种描述知识的数据结构，用于对知识的一种描述或约定。知识表示在人工智能的构建中具有关键作用，通过适当的方式表示知识，形成尽可能全面的知识表达，使机器通过学习这些知识，表现出类似于人类的行为。知识表示是知识工程中一个重要的研究课题，也是知识图谱研究中知识获取、融合、建模、计算与应用的基础。

知识表示方法主要分为基于符号的知识表示方法与基于表示学习的知识表示方法。

1. 基于符号的知识表示方法

基于符号的知识表示方法分为早期知识表示方法与语义网知识表示方法。其中，早期知识表示方法包括一阶谓词逻辑表示法、产生式规则表示法、框架表示法与语义网络表示法。

（1）一阶谓词逻辑表示法。基于谓词逻辑的知识表示方法，通过命题、逻辑联结词、个体、谓词与量词等要素组成的谓词公式描述事物的对象、性质、状况和关系。一阶谓词逻辑表示法以数理逻辑为基础，表示结果较为精确，表达较为自然，形式上接近人类自然语言。但是也存在表示能力较差，只能表达确定性知识，对于过程性和非确定性知识表达有限的问题。

（2）产生式规则表示法。20 世纪 40 年代，逻辑学家 Post 提出了产生式规则表示法。根据知识之间具有因果关联关系的逻辑，形成了 IF-THEN 的知识表示形式，该形式是早期专家系统常用的知识表示方法之一。这种表示方法与人类的因果判断方式大致相同，直观、自然、便于推理。除此之外，产生式规则表示法知识的表达范畴较广，包括确定性知识、设置置信度的不确定性知识、启发式知识与过程性知识。但是产生式规则表示法由于具有统一的表示格式，当知识规模较大时，知识推理效率较低，容易出现组合爆炸问题。

（3）框架表示法。20 世纪 70 年代初，美国人工智能专家 M.Minsky 提出了一种用于表示知识的“框架理论”。其依据是人们对客观世界中各种事物的认识都是以一种类似框架的架构存储在记忆中的思想。框架是一种通用数据结构，用于存储人们过去积累的信息和经验。在框架结构中，能够借助过去经验中的概念分析和解释新的信息情况。在表达知识时，框架能够表示事物的类别、个体、属性和关系等内容。框架结构一般由“框架名-槽名-侧面-值”四部分组成，即一个框架由若干个槽组成，其中槽用于描述所论事物某一方面的属性；一个槽由若干个侧面组成，用于描述相应属性的一个方面，每个侧面拥有若干值。框架具有继承性、结构化、自然性等优点，但复杂的框架构建成本较高，对知识库的质量要求较高，同时表达不够灵活，很难与其他的数据集相互关联使用。

（4）语义网络表示法。1960 年，认知科学家 Allan M.Collins 提出了语义网络的知识表示方法。语义网络是一种通过实体以及实体间语义关系表达知识的有向图。在图中，节点表示事物、属性、概念、状态、事件、情况、动作等含义，节点之间的弧表示它所连接的两个节点之间的语义关系，根据表示的知识情况需要定义弧上的标识，一般该标识是谓词逻辑中的谓词，常用的标识包括实例关系、分类关系、成员关系、属性关系、包含关系、时间关系、位置关系等。语义网络由语义基元构成，语义基元可通过三元组（节点 1，弧，节点 2）描述，语义网络由若干个语义基元及其之间的语义关联关系组成。语义网络表示法具有广泛的表示范围和强大的表示能力，表示形式简单直接、容易理解、符合自然。然而语义网络存在节点与边的值没有标准，完全由用户自己定义，不便于知识的共享问题，无法区分知识描述与知识实例等问题。

2. 基于表示学习的知识表示方法

早期知识表示方法与语义网知识表示方法通过符号显式地表示概念及其关系。事实上，许多知识具有不易符号化、隐含性等特点，因此仅通过显式表示的知识无法获得全面的知识特征。此外，语义计算是知识表示的重要目标，基于符号的知识表示方法无法有效计算实体间的语义关系。

符号与表示学习的融合统一、面向事理逻辑的知识表示、融合时空间维度的知识表示、融合跨媒体元素的知识表示等是知识表示方法研究的未来趋势。

（三）知识存储

知识存储是针对知识图谱的知识表示形式设计底层存储方式，完成各类知识的存储，以支持对大规模图数据的有效管理和计算。知识存储的对象包括基本属性知识、关联知识、事件知识、时序知识和资源类知识等。知识存储方式的质量直接影响到知识图谱中知识查询、知识计算及知识更新的效率。

从存储结构划分，知识存储分为基于表结构的存储和基于图结构的存储。

1. 基于表结构的存储

基于表结构的存储，是指运用二维的数据表对知识图谱中的数据进行存储。根据不同的设计原则，可以具有不同的表结构，如三元组表、类型表和关系数据库。三元组表如 Jena 等，优点是简单直接，易于理解。缺点是整个知识图谱都存储在一张表中，导致单表的规模太大。相应的插入、删除、查询、修改的操作开销也大，对实用性大打折扣。复杂查询在这种存储结构上的开销巨大。复杂查询拆分成若干个简单查询的操作，降低了查询的效率。

2. 基于图结构的存储

基于图结构的存储即使用图模型描述和存储图谱数据。这种方式能直接反映图谱的内部结构，有利于知识的查询，结合图计算算法，进行知识的深度挖掘与推理。目前业界公认的图模型有三种，分别是属性图（property graph）、RDF 和三元组超图（hyper graph），其中属性图和 RDF 已广泛运用到多个图数据库产品中。

（1）属性图。属性图或带标签的属性图（labeled-property graph），由顶点（圆圈）、边（箭头）、属性（key:value）和标签组成，顶点和边可以有标签。属性图的表达很贴近现实生活中的场景，也可以很好地描述业务中所包含的逻辑。常见的属性图结构如图 8-8 所示。其中，节点的标签是 User，边的标签是 FOLLOWS。

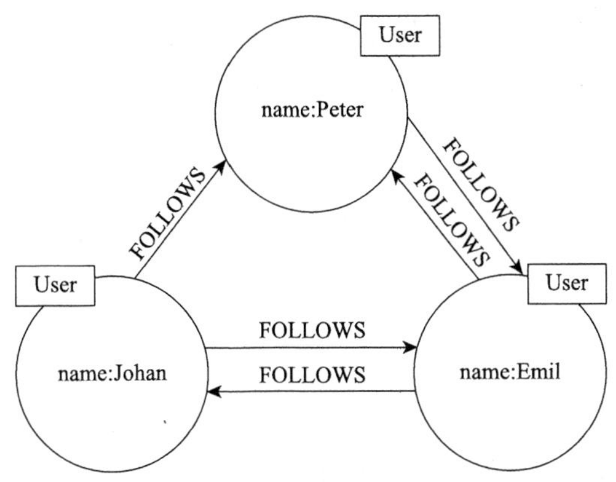

图8-8　属性图结构

资料来源：中国电子技术标准化研究院. 知识图谱标准化白皮书. [2021-10-11].https://zhuanlan.zhihu.com/p/88521196.

（2）RDF。鉴于传统关系数据库拥有较高的通用性、可靠性、稳定性及成熟的技术，基于 RDF 的知识形式也广泛使用关系数据库作为其存储方式。目前主要有以下几种存储方案：基于三元组的三列表存储、水平存储、基于类型的属性表存储和基于谓词存储等。对于基于 RDF 知识的三列表存储，该存储方式将关系数据库表的 3 列分别存储为 RDF 知识三元组的主语、谓语和宾语，即对应（实体，关系，实体）或者（实体，属性，属性值）。该三列表存储方式与传统的结构化数据存储方式相兼容，通用性好。但面向大规模的知识图谱，其本身包含大量的三元组，从而会造成关系数据库低效的查询性能。

（3）超图。超图概念的提出，是为了解决简单图中的共指消解和分割等问题。对于我们熟悉的图而言，简单图的一条边（edge）只能和两个顶点连接；而对于超图来讲，人们定义它的边（超边（hyperedge））可以和任意个数的顶点连接。超图可以完美刻画标签网络中一条边包含多节点的问题。图和超图的示意图如图 8-9 所示。

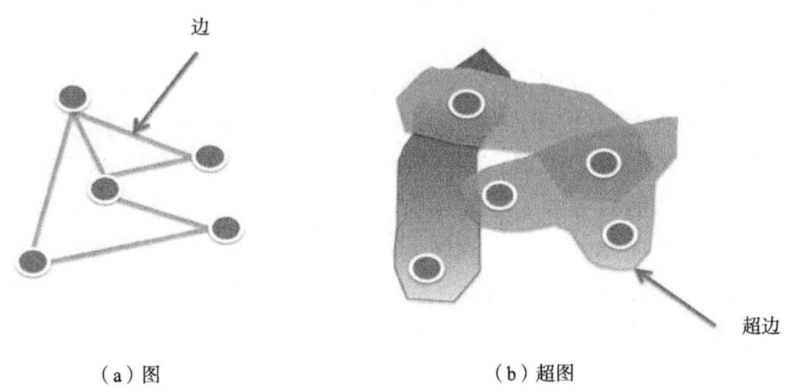

图8-9　图和超图示例

资料来源：中国电子技术标准化研究院. 知识图谱标准化白皮书. [2021-10-11].https://zhuanlan.zhihu.com/p/88521196.

知识图谱的存储并不依赖特定的底层结构，一般的做法是按数据和应用的需求采用不同的底层存储，甚至可以基于现有关系数据库或 NoSQL 数据库进行构建。关系数据库是典型的基于表结构的存储，图数据库是典型的基于图结构的存储。

基于 RDF 知识表示的分布式存储、设计高适应性的知识存储、基于 LOD 的知识存储、超图的进一步研究和应用等是知识存储未来的技术趋势。

（四）知识融合

知识融合的概念最早出现在 1983 年，并在 20 世纪 90 年代得到研究者的广泛关注。知识融合的概念有多种界定。知识融合是指对来自多源的不同概念、上下文和不同表达等信息进行融合的过程。知识融合的目标是产生新的知识，对松耦合来源中的知识进行集成，构成一个合成的资源，用来补充不完全的知识和获取新知识。知识融合是知识组织与信息融合的交叉学科，它面向需求和创新，通过对众多分散、异构资源上知识的获取、匹配、集成、挖掘等处理，获取隐含的或有价值的新知识，同时优化知识的结构和内涵，提供知识服务。

知识融合是面向知识服务和决策问题，以多源异构数据为基础，在本体库和规则库的支持下，通过知识抽取和转换获得隐藏在数据资源中的知识因子及其关联关系，进而在语义层次上组合、推理、创造出新知识的过程，并且这个过程需要根据数据源的变化和用户反馈进行实时动态的调整。

知识融合从融合层面划分可以分为数据层知识融合与概念层知识融合，数据层知识融合主要研究实体链接、实体消解，是面向知识图谱实例层的知识融合；概念层知识融合主要研究本体对齐、跨语言融合等技术。

实体链接问题是数据层知识融合研究的主要任务，其核心是构建多类型多模态上下文及知识的统一表示，并建模不同信息、不同证据之间的相互交互，主要的实体链接方法有基于实体知识的链接方法、基于篇章主题的链接方法和融合实体知识与篇章主题的实体链接方法。

概念层知识融合是对多个知识库或者信息源在概念层进行模式对齐的过程。本体对齐或者本体匹配是概念层知识融合的主要研究任务，是指确定本体概念之间映射关系的过程。本体匹配可以分为单语言本体匹配和跨语言本体匹配，单语言本体匹配是指同一自然语言中本体的对齐映射，跨语言本体匹配是指从两个或多个独立的语言本体中建立本体之间映射关系的过程。本体匹配的研究核心就在于如何通过本体概念之间的相似性度量，发现异构本体间的匹配关系，本体匹配基本方法包括基于结构的方法、基于实例的方法、基于语言学的匹配算法、基于文本的匹配算法和基于已知本体实体联结的匹配算法。

在大数据时代背景下，如何将跨语言的知识图谱进行对齐与融合，实现知识的全球共享，为跨语言知识服务提供便利，是知识图谱进一步研究的过程中需要解决的问题。跨语言知识图谱研究的目的是构建一个包含当前重要知识库的大规模跨语言知识库，提高不同语言之间链接数据的国际化以及知识共享全球化，便于跨语言信息检索、机器翻译和跨语言知识问答等跨语言处理任务的研究与应用。例如，XLORE2 是一个有 42 万中英跨语言实体链接的双语言知识图谱，自动化融合了来自维基百科、百度百科和互动百科的信息。

现有的知识融合工具包括 Falcon-AO、YAM++、Dedupe 等。以 Falcon-AO 为例，其是由南京大学计算机软件新技术国家重点实验室开发院的一个基于 Java 的自动本体匹配系统，已经成为 RDF（S）和 OWL 所表达的 Web 本体相匹配的一种实用和流行的选择。Falcon-AO 系统采用了相似度组合策略，首先使用项目管理办公室（project management office，PMO）进行分而治之，然后使用语言学算法（V-Doc、I-Sub）进行处理，然后使用结构学算法（GMO）接收前两者结果再做处理，最后连通前面两者的输出使用贪心算法进行选取。

尽管知识融合已经在学术和工业应用中取得了非常显著的成效，然而随着网络社会数据特征、跨语言融合、知识规模增加等带来的挑战越发紧迫，针对短文本及资源缺乏环境下的实体链接方法、融合先验知识的深度学习端到端实体链接方法、大规模本体的高效匹配方法将成为未来研究的重要趋势。

（五）知识建模

知识建模是指建立知识图谱的数据模型，即采用什么样的方式来表达知识，构建一个本体模型对知识进行描述。在本体模型中需要构建本体的概念、属性以及概念之间的关系。知识建模的过程是知识图谱构建的基础，高质量的数据模型能避免许多不必要、重复性的知识获取工作，有效提高知识图谱构建的效率，降低领域数据融合的成本。不同领域的知识具有不同的数据特点，可分别构建不同的本体模型。

按实现途径，知识建模的方法包括自顶向下和自底向上两种。

（1）自顶向下的方法指在构建知识图谱时首先定义数据模式即本体，一般通过领域专家人工编制。从顶层的概念开始定义，然后逐步细化，形成结构良好的分类层次结构；自底向上的方法则相反，首先对现有实体进行归纳组织，形成底层的概念，再逐步往上抽象形成上层的概念。

（2）自底向上的方法则多用于开放域知识图谱的本体构建，因为开放的世界太过复杂，用自顶向下的方法无法考虑周全，且随着世界变化，对应的概念还在增长，自底向上的方法则可满足概念不断增长的需要。

按实际操作中的处理方式，知识建模的方法可以分为手工建模和半自动建模两种。

（1）手工建模。手工建模方式的过程主要可以分为以下六个步骤：明确领域本体及任务、模型复用、列出本体涉及领域中的元素、明确分类体系、定义属性及关系、定义约束条件。在人工建模的过程中，以上的六个步骤并不是一一顺序执行的，可以根据知识建模的具体需求，组合其中的步骤达到知识建模的目的。其一般过程如图 8-10 所示。

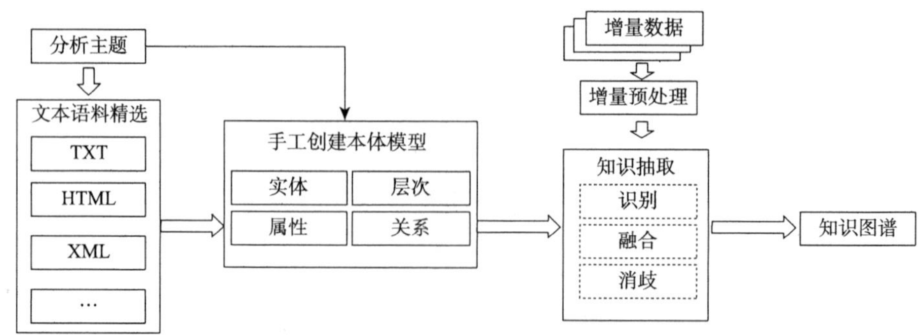

图8-10 手工建模过程示意

资料来源：中国电子技术标准化研究院. 知识图谱标准化白皮书. [2021-10-11].https://zhuanlan.zhihu.com/p/88521196.

（2）半自动建模。半自动建模方式先通过自动方式获取知识图谱，然后进行大量的人工干预过程，其一般过程如图 8-11 所示。运用自然语言处理技术先自动建模的方法可以分为三大类：基于结构化数据的知识建模方法、基于半结构化数据的知识建模方法和基于非结构化数据的知识建模方法。近年来，对于非结构化数据的知识建模方法研究较多，涌现出一批优秀的基于非结构化数据的知识建模方法高水平的研究成果。

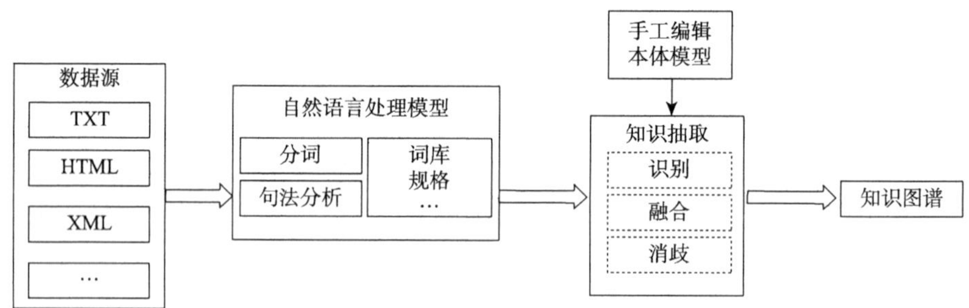

图8-11 半自动建模过程示意

资料来源：http://www.cesi.ac.cn/201909/5589.html.

知识建模核心解决了采用什么样的形式高效组织和表达知识的问题，偏向于知识建模的方法论，在未来的发展趋势中，将会解决知识建模的规范化和标准化。同时随着大数据时代的到来，知识建模将会朝着对大规模数据进行建模的方向发展，届时多人在线编辑，并且实时更新知识建模将成为可能。针对传统人工知识建模耗时、耗力、效率低下等弊端，知识建模可与自动语义处理算法进行结合，实现全自动建模方式，避免人工干预和操作；另外，快速集成现有的结构化知识模型，支撑起事件、时序等复杂知识形式的表达模式，建立功能更加完善、表达更加强大的知识模型。

（六）知识计算

知识计算是基于已构建的知识图谱进行能力输出的过程，是知识图谱能力输出的主要方式。主要包括知识统计与图挖掘、知识推理两大部分内容，知识统计与图挖掘重点研究的是知识查询、指标统计和图挖掘；知识推理重点研究的是基于图谱的逻辑推理算法，主要包括基于符号的推理和基于统计的推理。

1. 知识统计与图挖掘

知识统计与图挖掘是指基于图论的相关算法，实现对知识图谱的基础性查询、统计分析和图挖掘计算，主要包括图查询检索、图特征统计、关联分析、节点分类、异常检测、预测推理、时序分析等。

（1）图查询检索。图查询和检索是最常见的计算，常用于查询目标节点的 n 度关联方或者查询某子图结构，主要是以深度优先或广度优先等方式遍历网络，输出关联节点或同构实例。

（2）图特征统计。图特征统计是指对图谱中单一节点或多个节点的图特征以及属性特征进行统计计算的过程。其中，单主体图特征包括出度、入度、介度和中心度，出度表征某节点发出的边的多少，定义为统计节点发出的关系总条数；入度表征某节点接收到的边的多少，定义为统计指向该节点的关系总条数；介度表征某节点桥接作用的重要性；中心度表征节点在当前子网中的重要性。

（3）关联分析。关联分析是指分析图谱中两个节点间或多个节点间的关联关系、紧密程度，进而可以实现社群发现和分割，例如，两个公司间的多度投资关系、个人与某公司的最短路径、两人之间的加权距离，多个账户之间的转账关系等。常用的方法有路径查询、距离计算，输出结果为节点及节点间边的距离和边的集合（路径）。

（4）节点分类。节点分类是指对节点根据图特征或者关联属性特征进行分类，例如，信用违约公司具有典型的风险路径，且一旦关联方中的违约公司数量等均可作为分类特征指标，洗钱账户的转账关系子图特征可作为洗钱标签的分类依据。常用方法为标注目标节点、图特征提取、分类算法等，输出结果为特征图谱库等。

（5）异常检测。异常检测是指在全网内发现异常节点、异常子图模式，例如，出入度数值离群的节点、闭环的投资关系、未知业务含义但是罕见的频繁子图等。常见方法是聚类、子图发现算法等。输出结果以异常节点库、异常子图结构模式库为主。

（6）预测推理。预测推理是指通过规则或者机器学习等方法，从已有知识图谱中预测推理新的关系和信息，适用于弱关系的推理、链接预测、概率推理等。常见方法有规则推理、机器学习等，输出结果为新节点、新关系、新属性等信息。

（7）时序分析。时序分析是指对单一关系、事件做时序分析，或者对网络拓扑结构的变化做时序分析，如频繁工商变更的行为、风险在网络中的传播等。常见方法有时序分析、风险传播模型等，输出结果为时序异常、风险评分等。

2. 知识推理

知识推理可以定义为按照某种策略，根据已有知识推出新知识的过程。知识推理可以分为基于符号的推理和基于统计的推理。基于知识推理的典型应用主要包括智能搜索、智能推荐、智能问答等。

如何解决小样本量场景的知识计算、一致性动态变化下的知识计算以及面向多元关系和多源信息等方面的知识计算将成为未来重要且亟待突破的方向。

（七）知识运维

知识运维是指在知识图谱初次构建完成之后，根据用户的使用反馈、不断出现的同类型知识以及增加的新的知识来源进行全量行业知识图谱的演化和完善的过程，运维过程中需要保证知识图谱的质量可控及逐步丰富衍化。知识图谱的运维过程是个工程化的体系，覆盖了知识图谱从知识获取至知识计算等的整个生命周期。

1. 基于增量数据的知识运维

构建知识图谱是一个持续和增量的过程，随着数据的不断更新（爬虫数据不断积累、业务数据持续更新等），如何持续地对图谱进行更新成为一个重要的问题。普通的知识图谱增量更新包括新元素的加入（节点、边或对应的属性）、旧元素属性的更改。在更复杂的场景下可能会涉及已有元素的删除操作。工程上高效、自动的增量更新策略对于维护一个动态更新、准确性高的知识图谱意义重大。根据不同的使用场景和不同的数据来源，主要存在以下两种增量方式：数据从消息队列导入图谱、利用工作流引擎定时更新图谱。

2. 图谱内容统计监控

如果知识运维人员要高效地进行知识图谱的运维工作，需要对知识图谱中的实体、本体、属性、关系进行统计，掌握目前的知识图谱的规模和状况，也可以对图谱中的知识进行上传或者下载操作，方便进行图谱内知识的管理。同时系统需具备对图谱运行中间产生的各种异常情况进行集中的展示、问题提醒等功能，报告知识图谱中出现的问题，方便运维人员及时进行修正。

3. 知识审核与修正

从业务的正确率的要求程度、数据的量级等角度考虑，需要对知识图谱有明确的新增知识入库的标准和流程。对于准确率要求高的知识图谱支撑应用，对新识别的实体、变更的实体属性、实体或关系冲突等，需要通过明确的列表方式呈现并由有相关知识背景的专家来进行审核确认后方能入库，审核入库过程要有记录。对已经构建好的知识图谱需要有可以直接增、删、改的途径。此外，由于知识图谱中非事实型的行业知识往往具有模糊性，在构建和运维图谱的时候需要有冲突检测以及多人协同编辑的功能，如果系统自动检测到冲突点或者不同的知识运维人员运维同一知识点产生的认知不一致，那么需要系统提供多人协同工作以便讨论确定对知识的统一认知，以便加入知识图谱。

4. 知识版本管理

在知识图谱的管理中，可以引入版本概念，按照知识的更迭进行管理，可以设置当前对外服务的知识版本，可以对历史的知识版本进行作废或者回滚处理。基于版本的知识图谱运维可以实现知识图谱的升级切换，方便线上应用业务的平滑升级，也可以在新版本知识图谱上线出现问题的情况下快速切换回原有版本，减少对业务的冲击，同时避免误操作后的知识丢失。

5. 知识安全管理

知识图谱在构建的过程中往往倾向于将各种不同来源的数据进行融合，构建成为一个完整的知识体系，这样的好处是打破数据壁垒造成的知识缺失。融合的知识对于决策与分析价值更大，但是也降低了原始数据源中的数据访问权限的控制，带来了数据的安全风险。因此对于不同部门或者层级的人员可见或者使用的知识范围要有明确的限定，对知识的上层应用要控制开放的知识范围，降低因为知识融合产生的知识泄密风险。针对此挑战，需要引入权限管理，对维护、使用知识的人员、系统进行账号分配、权限分配，对于人员权限可能需要对接组织已经建设的统一登录和单点登录系统，将知识图谱管理和使用的权限与人员在组织内的角色有机结合，降低人员变动后的数据安全风险。在整个知识图谱的运行过程中，要有日志监控、操作记录、变更内容的记录等，便于追踪异常，堵住漏洞。

6. 知识容灾备份

一个知识图谱可能含有上亿个节点以及上百亿条边，单台机器很明显无法存储和处理如此海量的数据，保证分布式图谱服务在某个或者某些节点失效时还能稳定可用就是知识图谱高可用的定义。一个完善的知识图谱通常拥有重大的价值，高可用只保证了服务阶段的可用性，保证在意外发生的时候图谱数据不至于完全丢失是图谱灾备需要解决的重要问题。

四、知识图谱的应用

目前，知识图谱在智慧金融、智慧医疗、智慧制造、智慧教育、智慧政务、智慧司法、智慧交通、智能电网、智能公安、智慧农业、社交网络、新零售、智慧外交等众多领域均有应用[①]。

以智慧金融领域为例，通过构建已知的主要欺诈要素（包括手机号码、账号和密码、地理位置等）的关系图谱，全方位了解借款人风险数据的统计分析，基于知识图谱挖掘疑似欺诈用户，并对疑似欺诈用户进行规则判定、图谱验证、欺诈判定等过程，从而可以对潜在的欺诈行为做出及时而迅速的反应。

再以智慧医疗领域为例，应用知识图谱技术可以针对药事服务场景建立大规模、跨语言、高覆盖、高准确性的药学知识采集系统，完成多元异构结构、非结构化药学文档数据的统一知识表达，形成药物使用指导手册，辅助医生安全合理地用药。还可以应用知识图谱技术辅助临床医学决策。

随着知识图谱技术的成熟和完善，未来知识图谱在社会生活中将具有更为广阔的应用前景。

---

① 中国电子技术标准化研究院. 知识图谱标准化白皮书. [2021-10-11].https://zhuanlan.zhihu.com/p/88521196.

思考题

1. 什么是语义网？什么是本体？二者之间是什么关系？
2. 自由分类法与传统分类法相比，有什么优缺点？
3. 自由分类法与元数据相比，有什么优缺点？
4. 如何发布关联数据？
5. 关联数据的消费技术包括哪些内容？
6. 试列举 KOS 的主要类型。
7. 什么是 SKOS？SKOS 有什么作用和价值？
8. 结合特定的领域，谈谈知识图谱的应用场景。

参 考 文 献

曹树金. 1989. 文献主题分析与标引的核心技巧和规则研究[J]. 图书情报知识，(1)：41.

程变爱. 2006. 试论资源描述框架（RDF）—— 一种极具生命力的元数据携带工具[J]. 现代图书情报技术，(6)：62-64.

戴维民. 2014. 信息组织[M]. 3 版. 北京：高等教育出版社.

邓志鸿，唐世渭，张铭，等. 2002. Ontology 研究综述[J]. 北京大学学报（自然科学版），38（5）：730-738.

段明莲. 2008. 信息资源编目[M]. 2 版. 北京：北京大学出版社.

樊小辉，石晨光. 2011. 本体构建研究综述[J]. 舰船电子工程，31（6）：15-18，53.

国家图书馆《中国图书馆分类法》编辑委员会. 2016. 中国图书馆分类法（第五版）使用手册[M]. 北京：国家图书馆出版社.

何琳，杜慧平. 2011. 层累制分类表的 SKOS 化转换研究评价[J]. 现代图书情报技术，(6)：79-84.

黄永文. 2010. 关联数据驱动的 Web 应用研究[J]. 图书馆杂志，29（7）：55-59.

贾君枝，李衔. 2020. 传统知识组织系统的关联数据化发展[J]. 数字图书馆论坛，(3)：33-40.

蒋永福. 2000. 论知识组织[J]. 图书情报工作，44（6）：5-10.

赖茂生，屈鹏，谢静. 2009. 知识组织最新研究与实践进展[J]. 图书情报工作，53（2）：19-23.

冷伏海，冯璐，徐跃权. 2008. 信息组织概论[M]. 2 版. 北京：科学出版社.

李培. 2004. 数字图书馆原理及应用[M]. 北京：高等教育出版社.

刘嘉. 2001. 元数据：理念与应用[J]. 中国图书馆学报，(5)：32-36，45.

刘磊，郭诗云，何琳. 2015. 简单知识组织系统（SKOS）模型及其应用研究进展[J]. 图书情报工作，59（4）：137-145.

刘挺，秦兵，张宇，等. 2008. 信息检索系统导论[M]. 北京：机械工业出版社.

刘炜，夏翠娟，张春景. 2013. 大数据与关联数据：正在到来的数据技术革命[J]. 现代图书情报技术，(4)：2-9.

刘炜. 2011. 关联数据：概念、技术及应用展望[J]. 大学图书馆学报，29（2）：5-12.

马张华. 2008. 信息组织[M]. 3 版. 北京：清华大学出版社.

毛军. 2006. 元数据、自由分类法（Folksonomy）和大众的因特网[J]. 现代图书情报技术，(2)：1-4，9.

庞观松，蒋盛益. 2012. 文本自动分类技术研究综述[J]. 情报理论与实践，35（2）：123-128.

沈志宏，张晓林. 2010. 关联数据及其应用现状综述[J]. 现代图书情报技术，(11)：1-9.

司莉，舒欣. 2008. 国外网络知识组织系统研究现状与发展趋势[J]. 图书情报知识，(5)：82-85.

陶俊. 2018. 词表语义组织研究的演进（1998 – 2018）[J]. 图书情报工作，62（21）：140-148.

王军，张丽. 2008. 网络知识组织系统的研究现状与发展趋势[J]. 中国图书馆学报，34（1）：65-69.

王胜利，白雪梅，何贤英. 2010. 自由分类法与传统分类法的比较研究[J]. 情报杂志，29（S1）：178-181.

王向前，张宝隆，李慧宗. 2016. 本体研究综述[J]. 情报杂志，35（6）：163-170.

王一丁，王军. 2007. 网络知识组织系统表示语言：SKOS[J]. 大学图书馆学报，25（4）：30-35.

王知津. 2015. 信息检索与处理[M]. 北京：机械工业出版社.

夏翠娟，刘炜，赵亮，等. 2012. 关联数据发布技术及其实现：以 Drupal 为例[J]. 中国图书馆学报，38（1）：49-57.

夏翠娟，刘炜. 2013. 关联数据的消费技术及实现[J]. 大学图书馆学报，31（3）：29-37.

徐静，孙坦，黄飞燕. 2008. 近两年国外本体应用研究进展[J]. 图书馆建设，（8）：84-90.

杨玉基，许斌，胡家威，等. 2018. 一种准确而高效的领域知识图谱构建方法[J].软件学报，29（10）：2931-2947.

叶继元. 2015. 信息组织[M]. 2 版. 北京：电子工业出版社.

余敏. 2011. 从 CNMARC 到 MARC21 数据转换研究[J]. 图书馆论坛，31（3）：105-108.

于游，付钰，吴晓平. 2019. 中文文本分类方法综述[J]. 网络与信息安全学报，5（5）：1-8.

张敏，张晓林. 2000. 元数据（Metadata）的发展和相关格式[J]. 四川图书馆学报，（2）：63-70.

张琪玉. 1985. 文献主题的构成因素及层次[J]. 图书情报知识，（1）：39-41.

赵晓红，宋晓丹. 2003. 《美国国会图书馆标题表（LCSH）》的使用方法[J]. 图书馆建设，（6）：51-53.

中国电子技术标准化研究院. 知识图谱标准化白皮书[EB/OL]. [2021-10-11]. https://zhuanlan.zhihu.com/p/88521196.

周毅，刘峥，张建勇. 2019. 关联数据研究的主题结构和研究进展解析[J]. 农业图书情报，31（3）：13-24.

Cohen J.D. 1995. Highlights: Language and domain independent automatic indexing terms for abstracting[J]. Journal of the American Society for Information Science，46（3）：162-174.